RECHTSTHEORIE

Zeitschrift für Juristische Methodenlehre, Rechtsinformatik, Kommunikationsforschung, Normen- und Handlungstheorie, Soziologie und Philosophie des Rechts

---

SONDERHEFT *Juristische Methodenlehre*

Vom Scheitern und der Wiederbelebung juristischer Methodik im Rechtsalltag – ein Bruch zwischen Theorie und Praxis?

Herausgegeben von

Werner Krawietz und Martin Morlok

Mit einem Vorwort von

Martin Morlok

32. Band 2001 Heft 2/3

Duncker & Humblot · Berlin

RECHTSTHEORIE

Zeitschrift für Juristische Methodenlehre,
Rechtsinformatik, Kommunikationsforschung, Normen- und
Handlungstheorie, Soziologie und Philosophie des Rechts

Begründet von
Karl Engisch, H. L. A. Hart, Hans Kelsen
Ulrich Klug, Sir Karl R. Popper

Herausgegeben von
Harold J. Berman, Thomas Hoeren, Werner Krawietz
Jürgen Schmidt, Martin Schulte, Boris N. Topornin, Dieter Wyduckel

Editor-in-Chief und Geschäftsführender Redaktor:
Professor Dr. Dr. Dr. h. c. mult. Werner Krawietz, Lehrstuhl für Rechtssoziologie, Rechts- und Sozialphilosophie

Redaktionsstab:
Prof. Dr. Thomas Lundmark, Rechtsanwalt Andreas Schemann, Rechtsanwältin Dr. Petra Werner

Redaktionsanschrift:
Prof. Dr. Dr. Werner Krawietz, Universität Münster, Geschäftsführender Direktor des Internationalen Zentrums für Deutsch-Russische Rechtsstudien, Arbeitsstelle Zeitschrift Rechtstheorie, Hüfferstraße 1 a, 48149 Münster

e-mail: izdrr@uni-muenster.de; werner.krawietz@uni-muenster.de
Phone: +49 (0)251 / 8 32 19 65; *Fax:* +49 (0)251 / 8 32 19 66

Die Zeitschrift erscheint viermal jährlich im Gesamtumfang von ca. 552 Seiten. Abonnementspreis jährl. € 118,– / sFr 199,– zzgl. Porto, für Studenten jährl. € 94,40 / sFr 159,– zzgl. Porto, Einzelheft € 32,– / sFr 55,50 zzgl. Porto.

Bestellungen können an jede Buchhandlung oder direkt an den Verlag gerichtet werden. Abbestellungen müssen 6 Wochen vor Jahresende erfolgen.

Verlag Duncker & Humblot GmbH, Carl-Heinrich-Becker-Weg 9, 12165 Berlin
Ruf: 0 30 / 79 00 06 - 0, Telefax: 0 30 / 79 00 06 31

Satz: Fotosatz Voigt, Berlin
Druck: Berliner Buchdruckerei Union GmbH, Berlin
ISSN 0034-1398
ISBN 3-428-10991-0

Die Deutsche Bibliothek – CIP-Einheitsaufnahme

Vom Scheitern und der Wiederbelebung juristischer Methodik im Rechtsalltag – ein Bruch zwischen Theorie und Praxis? : juristische Methodenlehre ; Sonderheft der Zeitschrift „Rechtstheorie“ 2 - 3 / 2001 / Hrsg.: Krawietz, Werner ; Morlok, Martin. Mit einem Vorw. von Martin Morlok. – Berlin : Duncker und Humblot, 2002
ISBN 3-428-10991-0

Inhalt

Vorwort: Theorie/Praxis-Bruch in Juristischer Methodenlehre und Soziologie *(Martin Morlok)* . . . 135

I. Analytische Rhetorik und skeptische Methodik mit Blick auf die normativen und faktischen Entscheidungsprämissen des Rechts

Agnes Launhardt
Methodenlehre aus rechtsrhetorischer Perspektive: Abschied von der Normativität? . . . 141

Doris Lucke
Doxa und Prudentia: Rationalitätenkonflikte und Kommunikationsprobleme als Paradoxien rechtlicher Professionalisierung . . . 159

Katharina Gräfin von Schlieffen
Rhetorik und rechtsmethodologische Aufklärung . . . 175

Hans-Joachim Strauch
Theorie-Praxis-Bruch – aber wo liegt das Problem? . . . 197

II. Juristische Dialogik und Rhetorik versus Theorie juristischer Argumentation?

Rolf Gröschner
Verhältnis zwischen Theorie und Praxis in einer dialogisch rekonstruierten Techne der Jurisprudenz . . . 213

Martin Hochhuth
Methodenlehre zwischen Staatsrecht und Rechtsphilosophie – zugleich eine Verschleierung des Theorie-Praxis-Bruchs? . . . 227

Ulfrid Neumann
Juristische Methodenlehre und Theorie der juristischen Argumentation . . . 239

III. Habitualisierung und Professionalisierung der rechtlichen Handlungs- und Entscheidungspraxis oder Perspektivismus im modernen Rechtsdenken?

Alfons Bora
Referenz und Resonanz – Zur Funktion von Methoden in Rechtstheorie, Rechtslehre und Rechtspoiesis . . . 259

Jörg Frommer
Typisierung, Idealtypenbildung und qualitatives Urteil . . . 273

Martin Morlok und *Ralf Kölbel*
Rechtspraxis und Habitus . . . 289

Jan Schapp
Methodenlehre, allgemeine Lehren des Rechts und Fall-Lösung . . . 305

IV. Strukturtheorie des Rechts und Pragmatik der Gesetzesbindung

Ralph Christensen und *Michael Sokolowski*
Theorie und Praxis aus der Sicht der strukturierenden Rechtslehre . . . 327

Werner Krawietz
Ausdifferenzierung von Praxis und Theorie in juristischer systemtheoretischer Perspektive . . . 345

Friedrich Müller
Virtualität im Rahmen der strukturierenden Rechtslehre . . . 359

Verzeichnis der Mitarbeiter

Prof. Dr. *Alfons Bora*, Institut für Wissenschafts- und Technikforschung, Universität Bielefeld, PF 10 01 31, 33501 Bielefeld

Dr. *Ralph Christensen*, Repetitor, Neckarstraße 24, 68549 Ilvesheim

Prof. Dr. *Jörg Frommer*, M.A., Lehrstuhl für Psychosomatische Medizin und Psychotherapie, Universitätsklinikum, Leipziger Straße 44, 39120 Magdeburg

Prof. Dr. *Rolf Gröschner*, Lehrstuhl für Öffentliches Recht und Rechtsphilosophie, Friedrich-Schiller-Universität Jena, Rechtswissenschaftliche Fakultät, 07740 Jena

Dr. *Martin Hochhuth*, Wissenschaftlicher Assistent am Institut für Öffentliches Recht, Albert-Ludwigs-Universität Freiburg/Br., Kaiser-Joseph-Straße 268, 79098 Freiburg/Br.

Dr. *Ralf Kölbel*, Wissenschaftlicher Mitarbeiter, Friedrich-Schiller-Universität Jena, Rechtswissenschaftliche Fakultät, 07740 Jena

Prof. Dr. Dr. Dr. h.c. mult. *Werner Krawietz*, Universität Münster, Rechtswissenschaftliche Fakultät, Lehrstuhl für Rechtssoziologie, Rechts- und Sozialphilosophie, Bispinghof 24/25, 48143 Münster

Agnes Launhardt, Wissenschaftliche Mitarbeiterin, Fachbereich Rechtswissenschaft, Heinrich-Heine-Universität Düsseldorf, Universitätsstraße 1, 40225 Düsseldorf

Prof. Dr. *Doris Lucke*, Rheinische Friedrich-Wilhelms-Universität Bonn, Seminar für Soziologie, Adenauerallee 98a, 53113 Bonn

Prof. Dr. *Martin Morlok*, Lehrgebiet für Öffentliches Recht, Rechtstheorie und Rechtssoziologie, Fernuniversität Hagen, PF 940, 58084 Hagen

Prof. Dr. *Friedrich Müller*, Von der Tann-Straße 15, 69126 Heidelberg

Prof. Dr. *Ulfrid Neumann*, Lehrstuhl für Strafrecht, Strafprozeßrecht, Rechtsphilosophie und Rechtssoziologie, Fachbereich Rechtswissenschaft, Universität Frankfurt/M., Senckenberganlage 31–33, 60054 Frankfurt/M.

Prof. Dr. *Jan Schapp*, Lehrstuhl für Bürgerliches Recht und Rechtsphilosophie, Fachbereich Rechtswissenschaft, Universität Gießen, Licher Straße 76, 35394 Gießen

Prof. Dr. *Katharina Gräfin von Schlieffen*, Lehrgebiet für Öffentliches Recht, Juristische Rhetorik und Rechtsphilosophie, Fernuniversität Hagen, PF 940, 58084 Hagen

Michael Sokolowski, Freier Autor in Heidelberg, c/o R. Christensen

Dr. *Hans-Joachim Strauch*, Präsident des Thüringer Oberverwaltungsgerichts, Kaufstraße 2–4, 99423 Weimar

RECHTSTHEORIE 32 (2001), S. 135–137
Duncker & Humblot, 12165 Berlin

VORWORT:

THEORIE/PRAXIS-BRUCH IN JURISTISCHER METHODENLEHRE UND SOZIOLOGIE

Nach dem common sense juristischer Praktiker verdienen die Theoreme zur Auslegung und Anwendung von Rechtsnormen, die in den Lehrveranstaltungen der juristischen Grundlagenfächer gelehrt werden und in Vorlesungen zu den Fachgesetzen implizit mitgedacht sind, als wenig hilfreich kaum Beachtung. Das Alltagshandwerk scheint „irgendwie“ anders zu sein als die theoretischen Vorbilder, weniger wissenschaftlich und zugleich schwieriger. Der „Praxisschock“ als das Gefühl, an realen Berufsanforderungen vorbei gelernt zu haben, gehört daher zu den Lebenserfahrungen jedes Richters.[1] Umgekehrt aber diagnostiziert die akademische Methodenlehre häufig (zumindest unterschwellig) eine kaum hinnehmbare Methodenvergessenheit der Praktiker.

Sieht man darin einen ausreichenden Hinweis auf einen Bruch zwischen juristischer Methodentheorie und -praxis, eröffnet sich damit unvermittelt auch ein neues Feld (juristischer, soziologischer usw.) Theorie. Um eine systematische Annäherung an diesen Gegenstand anzustoßen, lud ich mit Unterstützung der Volkswagen Stiftung für den 27. bis 29. Oktober 2000 einige Kollegen aus Wissenschaft und gerichtlicher Praxis zu einem Kolloquium nach Hagen ein. Die gemeinsame Prämisse vieler Teilnehmer war die Annahme, dass sich im Theorie/Praxis-Bruch nicht allein eine mangelhafte Bereitschaft aufeinander zuzugehen manifestiert und dass es sich auch nicht primär um eine Folge von widrigen Arbeitsbedingungen oder Verständigungsproblemen handelt, sondern dass ganz grundsätzliche Grenzen der Wirksamkeit von Gesetzen bzw. Theorien bestehen, die bislang noch nicht angemessen analysiert, geschweige denn methodisch-normativ berücksichtigt wurden.

Unsere Ausgangsannahme ging also nicht dahin, dass man – wenn nur die akademische Methodenlehre das richtige vorbildhafte Entscheidungsmodell entwickelt und sofern man ideale Arbeitsbedingungen schafft und auch (zumindest gedanklich) die störenden personalen oder sozialen Variablen ausschaltet – zu einer und genau einer gesetzeskonformen (genauer: methodisch korrekten) Rechtspraxis gelangen könne. Vielmehr kann man einen kleinsten gemeinsamen Nenner der Tagungsteilnehmer in der Prämisse sehen, dass die „Gesetzlosigkeit“ der Rechtspraxis einen

---

1 Der praktischen Bewältigung des Themas wegen behandeln die nachfolgenden Beiträge die Richter stellvertretend für alle anderen juristischen Praktiker.

Ausdruck dafür abgebe, wie wenig das Allgemeine das Besondere von sich aus bestimmen kann. Wissenssoziologisch lässt sich diese These dergestalt formulieren, dass gegenüber der unhintergehbaren Vielförmigkeit einzelner Erscheinungen alle Theorie sich notwendigerweise selektiv verhalten muss und dass sich damit umgekehrt die Deduktionsfähigkeit theoretischer Sätze ebenso notwendigerweise stark verringert.

Geht man von dieser eher rechtssoziologischen Perspektive über zu einer rechtsmethodischen Sichtweise, stellt sich die Frage, ob der Theorie/Praxis-Bruch auf alltagspraktisch bedingten Einflüssen außerrechtlicher „Stör-Faktoren“ beruht oder ob sich darin konstituierende, d.h. der juristischen Entscheidungstätigkeit notwendig immanente Vorgänge manifestieren. Da sich die juristische Methodenlehre traditionell als Anleitung zur richtigen Auslegung und Anwendung der geltenden Gesetze verstanden hat und da nach diesem Selbstverständnis diejenigen rechtlichen Entscheidungen, die von rechtsmethodischen Vorgaben abweichen, zugleich die vom Gesetz gezogenen Grenzen überschreiten, wird hier der Theorie/Praxis-Bruch regelmäßig zusammenhängend mit dem Gesichtspunkt der Gesetzesbindung thematisiert.

Außer Frage steht dabei mittlerweile, dass sich die richterliche Entscheidungstätigkeit nicht auf die bloße Gesetzeserkenntnis reduzieren lässt. Wenn also die groben Antagonismen zwischen positivistischen und interpretativen Ansätzen die Methodenlehre insoweit zwar nicht mehr bestimmen, wird die Steuerungsfähigkeit von Recht und die Integration „externer“ Faktoren aber doch recht unterschiedlich akzentuiert. Soweit manche Konzepte den Theorie/Praxis-Bruch vorrangig als Konsequenz einer zu „Scheinbegründungen“ neigenden Subsumtionsideologie interpretieren, führt das zur Entwicklung allgemeiner Begründungsregeln, die nicht vom Gesetz determinierte Wertungen sichtbar und einer rationalen Beurteilung zugänglich machen sollen. Während dies vor allem auf eine abstrakt-normative Entscheidungs*rechtfertigung* abzielt, bleiben die *alltagspraktischen* Faktoren der Rechtsfindung dabei weitgehend außer Betracht. In anderen Konzeptionen wird demgegenüber die Analyse der Entscheidungs*herstellung* für vorrangig gehalten und jedenfalls in der Tendenz eine gemeinsame Vorstellung akzeptiert, wonach sich rechtliche Normativität erst in der fallbezogenen Rechtsentscheidung entfaltet. Hiernach könnten sich die personalen und sozialen „Einflussvariablen“ als unhintergehbare Bedingungen von Recht erweisen.

Diese wissenschaftliche Ausgangslage führte zu folgender Tagungskonzeption: Insgesamt kennzeichnet der Theorie/Praxis-Bruch ein zentrales Problemfeld in der juristischen Methodenlehre. Insofern waren Vertreter verschiedener moderner Konzeptionen aufgefordert, die spezifische Sichtweise ihrer methodologischen Konzeption für das Theorie/Praxis-

Verhältnis auszuformulieren. Da gleichzeitig aber vieles darauf hin deutet, dass eine Überwindung des Theorie/Praxis-Bruchs durch die Entwicklung einer „realistischen Methodenlehre für die Praxis“ erst möglich ist, wenn die realen Rechtsmethoden der Praxis zunächst einmal erhoben und in rechtstheoretische Konzepte übersetzt werden[2] und da nach dem hiesigen Eindruck die sozialwissenschaftliche Forschungslage dafür bislang kaum rezipiert wurde und die Methodenlehre die realen Prozesse der juristischen Praxis so entweder nur auf vortheoretischem Niveau oder in abstrakter Überhöhung thematisieren konnte, sollte die ausdrückliche Einbeziehung *soziologischer* Konzepte eine Lücke schließen. Insofern suchte die Tagung gerade die Konfrontation beider Denkweisen.

Im Folgenden sind die Hagener Beiträge[3] fast vollständig wiedergegeben. Endgültige Antworten waren von vornherein nicht zu erwarten, und sie konnten auch weder von soziologischer noch von rechtstheoretischer Seite gegeben werden. Allerdings wurde eine neue Diskussion angestoßen und fruchtbar geführt – Grund genug, um die Leser der „Rechtstheorie“ einzubeziehen.

Martin Morlok

2 Für ein solches Forschungsprogramm sind bislang bestenfalls erste Ansätze sichtbar. Freilich fehlt es nicht an (weitgehend programmatisch gebliebenen) Ermahnungen, gerade diesen Weg zu beschreiten, vgl. dazu etwa *J. Esser*, Vorverständnis und Methodenwahl in der Rechtsfindung, 2. Aufl. 1972, S. 7 ff.; *W. Krawietz*, Juristische Entscheidung und wissenschaftliche Erkenntnis. Eine Untersuchung zum Verhältnis von dogmatischer Rechtswissenschaft und rechtswissenschaftlicher Grundlagenforschung, Wien/New York: Springer, 1978, S. 57 f., 187 f.

3 Für wesentliche Hilfe bei Konzeption, Vorbereitung und Durchführung dieser Tagung danke ich Dr. Ralf Kölbel und Agnes Launhardt.

I. Analytische Rhetorik und skeptische Methodik mit Blick auf die normativen und faktischen Entscheidungsprämissen des Rechts

RECHTSTHEORIE 32 (2001), S. 141–157
Duncker & Humblot, 12165 Berlin

METHODENLEHRE AUS RECHTSRHETORISCHER PERSPEKTIVE: ABSCHIED VON DER NORMATIVITÄT?

Von Agnes Launhardt, Hagen

I. Einleitung

Rechtliche Entscheidungen vollziehen sich in der Praxis anders, als es die gängigen Konzeptionen der juristischen Methodenlehre vorsehen[1]. Will man diesen Befund nicht schlicht auf Unwilligkeit oder Inkompetenz seitens der Praxis zurückführen, so muß sich die Methodenlehre die Frage gefallen lassen, ob sie grundlegende Bedürfnisse und Bedingungen der Praxis verfehlt, sich also in lebensfernen Konstrukten erschöpft und deswegen ihren Anspruch, nämlich Anleitung und Kontrolle der Praxis zu gewährleisten, nicht einzulösen vermag. Folgerichtig muß es darauf ankommen, die tatsächlichen Anforderungen und Restriktionen rechtlicher Entscheidungstätigkeit zu rekonstruieren, um die Bruchstellen zwischen Theorie und Praxis verorten und erklärbar machen zu können. Damit aber ist ein Forschungsinteresse formuliert, das einen Rückgriff auf die rhetorische Rechtstheorie nahelegt, die sich seit ihrer Begründung in Deutschland durch Theodor Viehweg darauf konzentriert, Musterhaftigkeiten und Wirkungsweisen des juristischen Denkens und Handelns aus analytischer Perspektive aufzudecken[2]. Die unter der Bezeichnung Rechtsrhetorik zusammengefaßten Ansätze teilen insoweit die Annahmen, daß sich die Jurisprudenz als Prozeß der Erzeugung und Durchsetzung von Meinungen unter Entscheidungszwang aufzufassen ist, daß dieser Prozeß sich nur in Anbetracht seiner Sprach- und Situationsgebundenheit verstehen läßt, und daß das Instrumentarium der Rhetorik als sprachbezogener Wirkungsforschung in besonderem Maße geeignet ist, Einsichten in diesen Prozeß zu vermitteln.

Im ersten Teil der folgenden Ausführungen soll diese rhetorische Sichtweise wenigstens in Grundzügen erläutert und dabei gezeigt werden, daß alle Versuche der Methodenlehre, den Gang des tatsächlichen Entschei-

---

1 Dazu *M. Morlok/R. Kölbel,* Rechtspraxis und Habitus, in diesem Heft.

2 Vgl. *T. Viehweg,* Topik und Jurisprudenz. Ein Beitrag zur rechtswissenschaftlichen Grundlagenforschung, 5. Aufl., München 1974 (1. Aufl. 1953) sowie als Überblick *O. Ballweg/T.-M. Seibert* (Hrsg.), Rhetorische Rechtstheorie, FS zum 75. Geburtstag von Theodor Viehweg, Freiburg/München 1982.

dungsprozesses vorwegzunehmen oder die materielle Qualität des Ergebnisse zu gewährleisten, als chancenlos zu erachten sind. Wenngleich sich demnach Ideal und Wirklichkeit der Rechtsgewinnung also nicht zur Deckung bringen lassen, so stehen sie allerdings auch nicht unverbunden nebeneinander. Wie im zweiten Teil darzulegen sein wird, ergibt sich daher als methodologische Konsequenz aus der rechtsrhetorischen Dekonstruktion der Rechtsgewinnung nicht etwa die Verabschiedung des Gesetzesbindungspostulats als methodischem Leitbild, sondern die Verabschiedung der damit bisher verbundenen überzogenen Rationalitätserwartungen. Damit eröffnet sich die Perspektive einer Methodenlehre, die – eben weil sie die Grenzen der Gesetzesbindung anerkennt – praktikable Vorgaben zu deren Realisierung zu formulieren vermag.

II. Die rechtsrhetorische Analyse des juristischen Denkens

1. Materielle Dimension: Der Gerechtigkeitsbezug des juristischen Denkens

Als grundlegend für das rechtsrhetorische Verständnis des juristischen Denkens ist nach wie vor der Versuch Viehwegs zu erachten, die aristotelische Topik als einer Hilfsdisziplin der Rhetorik für eine Charakterisierung der juristischen Denkweise fruchtbar zu machen[3]. Ausgangspunkt hierfür bildet die Überlegung, daß die in einem bestimmten Wissensbereich anzutreffende Denkweise nicht genauer sein könne als ihr Gegenstand, sondern ihrem jeweiligen Gegenstand *angemessen* sein müsse. Der Gegenstandsbereich der Jurisprudenz aber wird Viehweg zufolge konstituiert durch die Gerechtigkeitsfrage, und deren Beantwortung ist offenkundig mit spezifischen Unwägbarkeiten verbunden. Viehweg spricht insoweit vom „aporetischen“ Charakter der Gerechtigkeitsfrage, wobei der Begriff der „Aporie“ – oder „Weglosigkeit“[4] – als Kennzeichnung solcher Fragestellungen zu verstehen ist, in deren Bereich weder eine empirische noch eine theoretische Verifizierung gewonnener Antworten in Betracht kommt[5]. Damit ist der Gegensatz zu Fragestellungen insbesondere natur-

---

3 *Viehweg* (FN 2), passim; vgl. *Aristoteles*, Topik,. Organon V, übers. von E. Rolfes, 2. Aufl., Leipzig 1922; *ders.*, Sophistische Widerlegungen, Organon VI, übers. von E. Rolfes, 2. Aufl., Leipzig 1922; *ders.*, Rhetorik, übers. von F. G. Sieveke, München 1980.

4 Vgl. *Viehweg* (FN 2), S. 31 ff.

5 Die in der Literatur anzutreffende Auseinandersetzung mit *Viehweg* ist insoweit leider über weite Strecken durch eine mangelhafte Bereitschaft geprägt, sich auf das Verständnis der Gerechtigkeitsfrage als „aporetischer“ Fragestellung einzulassen. Nur stichwortartig sei insoweit bemerkt, daß die Rede vom „aporetischen“ Denken in dem von *Viehweg* hergestellten Zusammenhang eine eigenständige Wendung erfährt und durchaus nicht mit der bei *N. Hartmann,* Diesseits von Idealismus und Realismus, in: Kant-Studien, Bd. XXIX, 1924; S. 160 ff., anzutref-

wissenschaftlicher Art hervorgehoben, die sich auf empirische Gegenstände richten und für deren Beantwortung in Gestalt des Falsifikationsprinzip ein allgemein anerkannter Beurteilungsmaßstab zur Verfügung steht[6]. Danach sind im naturwissenschaftlichen sowohl sachhaltige als auch gesicherte Aussagen dadurch zu gewinnen, daß sie daraufhin überprüft werden, ob und inwieweit sie zutreffende Vorhersagen über empirisch meßbare Ausschnitte des Gegenstandsbereichs ermöglichen.

Eine solche Vorgehensweise muß im Hinblick auf die „Gerechtigkeit" offenbar ausscheiden[7]. Antworten lassen sich hier ausschließlich im Bezug auf die (inter-)subjektiv konstituierten Gerechtigkeitsvorstellungen derer gewinnen und beurteilen, die danach fragen und zwischen denen die jeweiligen Lösungen ausgehandelt werden. Da sich diese Gerechtigkeitsvorstellungen aber ihrer Entstehung und Ausprägung nach als unbestimmt, inhomogen und veränderlich erweisen und einer Objektivierung nicht zugänglich sind, ist im Bereich der Gerechtigkeitsfrage kein Verfahren ersichtlich, vermittels dessen sich unterschiedliche Gerechtigkeitsauffassungen zuverlässig widerlegen oder bestätigen ließen: Darüber, was gerecht sei, lassen sich infolgedessen keine gesicherten – wahren – Aussagen treffen, sondern lediglich – bestenfalls wahr scheinende – Meinungen vertreten. Die Diskussion bleibt insoweit offenbar die einzige Kontrollinstanz, und es ist damit aus juristischer Perspektive von höchstem Interesse, wie überzeugende Meinungen zu gewinnen sind und welche Denkweise einem meinungsmäßigen Gegenstandsbereich – wie dem der „aporetischen" Gerechtigkeitsfrage – demnach angemessen ist. Auf eben diese Frage zielt die Topik.

---

fenden Verwendung dieses Ausdrucks identifiziert werden muß. Insbesondere die bei *Viehweg* implizierte Gegenüberstellung „aporetischen" und naturwissenschaftlichen Denkens aber wird offenbar als trivial und/oder irreleitend wahrgenommen. Dies mag aus der Auffassung resultieren, die Unterschiede juristischen und naturwissenschaftlichen Denkens seien so selbstverständlich bzw. so grundlegend, daß aus dem Vergleich nichts zu gewinnen sei. Berücksichtigt man demgegenüber, daß maßgebliche Autoren bei eigenen Untersuchungen des juristischen Denkens terminologisch wie strukturell Analogien zu naturwissenschaftlichen Modellen herstellen, erscheint dies vorschnell. Vgl. insoweit nur *M. Kriele,* Theorie der Rechtsgewinnung, 2. Aufl., Berlin 1976, insb. S. 119 ff., sowie *C.-W. Canaris,* Systemdenken und Systembegriff in der Jurisprudenz, 2. Aufl., Berlin 1983.

6 Zum Falsifikationsmodell in der Wissenschaftstheorie *K. Popper,* Logik der Forschung, 10. Aufl., Tübingen 1994.

7 Kritisch zu den Versuchen, das Falsifikationsmodell auf den Bereich der juristischen Argumentation zu übertragen, *U. Neumann,* Juristische Argumentationslehre, Darmstadt 1986, S. 37 ff. m. w. N.

2. Strukturelle Dimension: Die topische Struktur des juristischen Denkens

Die Topik bezeichnet ein gedankliches Verfahren, das der Gewinnung und Begründung meinungsmäßiger Prämissen dient[8], und das sich nach Auffassung Viehwegs als erhellend und kennzeichnend für die Struktur des juristischen Denkens erweist[9]. Die Beschaffenheit eines entsprechend topisch strukturierten Denkens läßt sich modellhaft demonstrieren, indem man die gedanklichen Arbeitsschritte zu rekonstruieren versucht, im Wege derer sich die zunehmende Erschließung und meinungsmäßige Verfestigung eines „aporetischen" Problembereichs vollziehen könnte.

Ergibt sich in einem solchen Bereich eine konkrete Problemstellung, so läßt sich der Prozeß ihrer Lösung vereinfachend so darstellen, daß – mehr oder weniger unreflektiert – die wie auch immer mit dem Problem verhafteten Gesichtspunkte gesucht und versuchsweise geordnet werden, bis sich Prämissen und Folgerungen ergeben, die zu einer befriedigenden Auflösung führen. Das Problem wird also durch entsprechende Umformulierung in einen Ableitungszusammenhang gebracht, aus dem heraus sich die Lösung erschließt[10]. Eine solche Form der gedanklichen Problemlösung läßt sich als topisches Denken charakterisieren: Topisch deshalb, weil die Bildung der zur Problemlösung geeigneten Prämissen unter Rückgriff auf allgemein anerkannte und übergeordnete Leitgesichtspunkte oder eben *Topoi* erfolgt, die dazu dienen, den Kontext, in dessen Rahmen sich das Problem stellt, möglichst umfassend zu durchdringen und zu strukturieren[11]. Diese Strukturierung erfolgt dabei im Hinblick auf immer schon vorhandene, latente Ordnungsvorstellungen, die sowohl Grundlage als auch Maßstab des gesuchten Lösungszusammenhangs bilden: Erst diese nämlich bewirken, saß sich eine bestimmte Konstellation überhaupt als „problematisch" darstellt, und sie motivieren und lenken zugleich die Suche nach einer Lösung. Woraus solche vorgängigen Ordnungsvorstellungen – die als solche nicht erfaßt werden – resultieren,

---

8 Vgl. *Aristoteles,* Topik (FN 3), 1. Buch, 1, Kapitel, 1. Absatz: Die Topik verfolgt die Aufgabe, „eine Methode zu finden, nach der wir über jedes aufgestellte Problem aus wahrscheinlichen Sätzen (endoxa) Schlüsse bilden können und, wenn wir selbst Rede stehen sollen, in keine Widersprüche geraten". Dazu *Viehweg* (FN 2), S. 19 ff. sowie der Überblick bei *Kriele* (FN 5), S. 133 ff.

9 Es geht also nicht darum, juristische Arbeitstechniken durch das von *Aristoteles* in der Topik (FN 3) geschilderte Verfahren der Disputation zu ersetzen.

10 Zum folgenden *Viehweg* (FN 2), S. 32 ff.

11 *Viehweg* (FN 2), S. 24, kennzeichnet die Topoi im aristotelischen Sinne als „vielseitig verwendbare, überall annehmbare Gesichtspunkte, die im Für und Wider des Meinungsmäßigen gebraucht werden". Vgl. *Aristoteles,* Rhetorik (FN 3), 1. Buch, 2. Kapitel, 21. Satz (Rz. 1358a).

ob sie sich tatsächlich als konsistent erweisen und jemals systematisch übersehbar machen lassen, ist dabei zunächst offen. Die Wirkung der Topik liegt insoweit darin, hinsichtlich unterschiedlichster Problemstellungen zur Findung von Prämissen zu verhelfen, die an bestehende Ordnungsvorstellungen der Beteiligten anschließen, diese konkretisieren und zugleich auch bestätigend auf sie zurückwirken. Die damit gewonnene Verständigungsbasis macht die Plausibilität der topisch gewonnenen Problemlösungen aus[12].

Eine solche Form der topischen Problemlösung kann sich – wie insbesondere im Alltagsleben – intuitiv vollziehen, aber er wird erleichtert, wenn sich in Hinblick auf einen bestimmten Gegenstandsbereich etablierte „Kataloge" einschlägiger Topoi herausbilden. So verfestigte Topiokataloge stellen unhierarchische Sammlungen nützlicher Leitgesichtspunkte für dar, deren Brauchbarkeit und Stellenwert sich allerdings immer erst im Hinblick auf das konkrete Problem erweist. Im vorliegenden Zusammenhang soll der Frage nach dem materiellen Gehalt solcher fachspezifischen Topoikataloge aber nicht nachgegangen werden, vielmehr steht die formale Bedeutung der Topik im Vordergrund. Denn an der Funktion der Topoi bei der Problemlösung ändert sich durch deren inhaltliche Zurichtung und Katalogisierung hin auf fachspezifische Fallgruppen nichts: In formaler Hinsicht strukturieren die Topoi immer nur den Raum, in dem sich eine Lösung bewegen kann, ohne dabei die Entscheidung über die einzuschlagende Richtung schon vorwegzunehmen.

Wendet man sich ausgehend davon wieder dem modellhaften Nachvollzug der Bewältigung eines Erschließung eines „aporetischen" Problembereichs zu, so läßt sich weiter vorstellen, daß im Laufe der Zeit ein zunehmender Bestand jeweils topisch gewonnener Problemlösungen in Gestalt einer Vielzahl kleiner Ableitungszusammenhänge entsteht, deren Verträglichkeit nicht klar ist, von denen aber jeweils Richtigkeit und in ihrer Gesamtheit Verträglichkeit erwartet wird[13]. Es erscheint dann naheliegend, die jeweils lösungsrelevanten Gesichtspunkte zu ordnen und zu versuchen, die Vielzahl der konkreten Einzellösungen auf eine einigermaßen überschaubare Menge abstrakter Grundbegriffe und Kernsätze zurückzuführen. Je mehr Konstellationen auf diese Weise systematisch verarbeitet und in einen möglichst umfassenden logischen Zusammenhang gebracht werden, desto effektiver lassen sich entsprechende Problemlagen fortan auf der Grundlage des entstandenen Systementwurfs konsistent und vorhersehbar beurteilen.

---

12 *Viehweg* (FN 2), vgl. insb. S. 34, 41.

13 Vgl. zum folgenden *Viehweg* (FN 2), S. 38 ff., 82 ff.

Einem so skizzierten Systematisierungsprozeß sind im Bereich „aporetischer“ Fragestellungen allerdings unhintergehbare Grenzen gesetzt. Denn seinen Abschluß fände dieser Vorgang erst dann, wenn alle als Prämissen verwendeten Sätze auf andere Sätze und schließlich auf letzte Kernsätze zurückzuführen oder umgekehrt aus diesen abzuleiten sind. Dies forderte ein exaktes, d.h. ein formalisiertes deduktives System, das es sodann zuließe, eindeutige und – bezogen auf die dem System zugrundegelegten Kernsätze – zwingende Ergebnisse abzuleiten. Für topisch-inventives Denken bliebe darin kein Raum mehr, weil die Ableitung eindeutiger und zwingender Lösungen aus einem System die Einschaltung neuer oder veränderter Prämissen weder erfordert noch zuläßt – wenngleich andererseits natürlich der Rückgriff auf die Topik immer dann wieder erforderlich wird, wenn neue, vom bisherigen System nicht erfaßte Problemstellungen gelöst werden müssen. Dort jedoch, wo – wie etwa im Bereich der Gerechtigkeitsfrage – kein Verfahren zur Gewinnung sowohl sachhaltiger als auch gesicherter Antworten zur Verfügung steht, sondern wo eine Fragestellung in Abhängigkeit von veränderlichen gesellschaftlichen Bedingungen und Bedürfnissen in immer neuer Gestalt auftritt und es einer fortwährenden Überprüfung und Anpassung einmal gewonnener Lösungen bedarf, muß eine Reduzierung des Problemstoffes auf einen festen Bestand weniger letzter Prämissen ausscheidet – die Errichtung eines logisch perfekten Systems ist dort weder möglich noch erstrebenswert. Die Topik kann hier noch nicht einmal zeitweise und partiell in den Hintergrund treten, denn es wird permanent die Einschaltung neuer oder modifizierter Prämissen erforderlich. Infolgedessen muß sich das juristische Denken dadurch kennzeichnen, daß darin die Topik eine *latente Wirksamkeit* entfaltet[14].

Diese Analyse des juristischen Denkens im Sinne *Viehwegs* wird bestätigt durch den Blick auf das tatsächliche bestehende Rechtssystem.

---

14 Das juristische „topische“ Denken unterscheidet sich damit nicht nur graduell von einem naturwissenschaftlichen „Systemdenken“. Zwar müssen selbstverständlich auch naturwissenschaftliche Systementwürfe Korrekturen und Ergänzungen zugänglich bleiben, was einen Rückgriff auf inventive gedankliche Verfahren erforderlich macht. Solche Systemänderungen unterliegen jedoch durch die Anbindung an das Falsifikationsprinzip konturierten Vorgaben. Damit ist es möglich, sich ausgehend von forschungspraktischen Erwägungen auf selbstdefinierte Fragehorizonte zu beschränken und systemüberschreitende Problemstellungen aus Gründen der Systemerhaltung abzuweisen. Wenn aber Systemänderungen vorgenommen werden, erfolgen diese explizit und unter Wahrung der Genauigkeit des entstehenden Nachfolgesystems. Vgl. insoweit auch die Unterscheidung zw. dogmatischem und zetetischem Denken bei *T. Viehweg,* Ideologie und Rechtsdogmatik, in: W. Maihofer (Hrsg.), Ideologie und Recht, Frankfurt/M. 1969; S. 81 ff., sowie zu den naturwissenschaftlichen Restriktionen des Objektbereichs sowie der Sprache *O. Ballweg,* Rechtswissenschaft und Jurisprudenz, Basel 1970, S. 48 ff., 55 ff.

Dessen unhintergehbare und inzwischen nicht mehr bestrittene „Offenheit" – vielfach diskutiert unter den Stichworten Zeitlichkeit, Umgangssprachlichkeit, Unvollständigkeit, Wertungswidersprüche des Rechtssystems – ermöglicht und fordert innerhalb der Entscheidungsfindung immer wieder die Einschaltung der Topik. Die „Topik-These" stieß und stößt gleichwohl auf Widerstand, weil vermutet wird, daß ein topisches Rechtsverständnis zu ungenauer und „unsystematischer" Arbeitsweise, zu Willkür und Beliebigkeit, wenn nicht gar zu einem Rückfall in primitive Frühformen des Rechts führte. Diese Befürchtungen erschöpfen sich offenbar nicht in reiner Polemik, sondern beruhen auf einem Mißverständnis: *Viehweg* geht es nicht um die Forderung einer topischen Arbeitsweise unter Preisgabe systematischer Errungenschaften, sondern um die Einsicht, daß sich die Jurisprudenz als Denken im „offenen" System nicht anders denn als topisch verfahrende, beim konkreten Problem ansetzende Denkweise rekonstruieren und verstehen läßt[15].

3. Funktionelle Dimension: Handlungsorientierung und Verständigungsfunktion

Dieser Befund Viehwegs läßt sich daher weder durch Hinweis auf das Gesetzesbindungspostulat abstreiten noch bietet er Anlaß, die mangelnde Genauigkeit juristischen Denkens zu beklagen. Vielmehr ermöglicht es erst die topische Struktur des juristischen Denkens, die spezifischen Anforderungen und Schwierigkeiten ihres Gegenstandsbereichs zu bewältigen. Insoweit ist zur Kontrastierung noch einmal der Vergleich mit den Naturwissenschaften zu bemühen. Das naturwissenschaftliche Denken läßt sich seiner Funktion oder Richtung nach durch das Ziel des Erkenntnisgewinns charakterisieren. Demgegenüber ließe sich mit Blick auf den Gegenstandsbereich der Jurisprudenz unter dem Aspekt des Erkenntnisgewinns nur die Absurdität einer Situation beklagen, in der der Mensch fragt, während die Welt sinnwidrig schweigt. Bemißt man dagegen das juristische Denken an seiner *Verständigungsfunktion,* so wird dessen Leistungsfähigkeit sichtbar. Das unablässige Suchen nach Antworten auf die Gerechtigkeitsfrage, das sich im juristischen Denken manifestiert, ist demnach vor dem Hintergrund der unabweisbaren *praktischen Notwendigkeit* zu sehen, die in vielerlei Hinsicht problematisch erscheinende Welt überschaubar zu machen und Handlungsorientierung und Handlungskoordination zu ermöglichen[16]. Daraus erwächst das Er-

[15] Vgl. hierzu *T. Viehweg,* Systemprobleme in Rechtsdogmatik und Rechtsforschung, in: A. Diemer (Hrsg.), System und Klassifikation in Wissenschaft und Dokumentation, Meisenheim/Glan 1968, S. 96 ff.

[16] Vgl. dazu *H. Garrn,* Rechtsproblem und Rechtssystem, Baden-Baden 1973, S. 13.

fordernis, eine Handlungssicherheit vermittelnde Ordnung – die im Wege der Erkenntnis nicht zu gewinnen ist – im Wege der Verständigung herzustellen, d.h. dadurch, daß gemeinsame Ordnungsvorstellungen entwikkelt und erhalten werden. Hierfür sind die Bemühungen, die anhand konkreter Problemstellungen und zwischen konkreten Personen topisch entwickelten Einzellösungen in eine systematische Ordnung zu bringen, insoweit von besonderer Bedeutung, als mit der Systematisierung zugleich eine Dogmatisierung einhergeht[17]: Die einmal gewonnenen Ergebnisse werden damit der Fraglichkeit entzogen, was der anzustrebenden Konsistenz und Vorhersehbarkeit rechtlicher Problemlösungen ebenso wie der Arbeitseffektivität zugute kommt.

Zugleich ist aber zu beachten, daß im Wandel der gesellschaftlichen Wirklichkeiten die dauerhafte Bewährung und Akzeptanz eines so verfestigten Rechtssystems abhängig bleibt von dessen fortwährender Anpassung und Überprüfung anhand jener veränderlichen, (inter-)subjektiv konstituierten Vorstellungswelten, denen auch die darin verarbeiteten Einzellösungen entstammen. Ein Rechtssystem kann seine Wirksamkeit daher nur dann dauerhaft erhalten, wenn man darin jeweils zu den sich stellenden Problemen befriedigende Antworten finden kann. Dies jedoch wird nur gewährleistet durch eine topisch-inventive Denkweise, die die Begriffe und Sätze des Systems aus der konkreten Situation heraus und mit Bezug auf die Gerechtigkeitsfrage deutet und gegebenenfalls modifiziert, indem sie flexibel die latenten Ordnungsvorstellungen und -erwartungen der Beteiligten aufnimmt und eine gemeinsame Verständigungsbasis herstellt. Die Topik sichert mithin die Beweglichkeit des Denkens und verhilft dadurch zu einer kontinuierlichen Verständigung über die vorstellungsmäßigen Kriterien und Grenzen „vertretbarer" Problemlösungen.

Andererseits kann aber auch das topische Denken nicht ohne Bindungen auskommen. Denn da die Überzeugungskraft topischen Denkens gerade aus dem Aufbau einer gemeinsamen Verständigungsbasis resultiert, kann diese Verständigungsbasis auch nicht ohne Verlust des Beweisverständnisses überschritten werden[18]. In dem Maße also, in dem ein bestehendes Rechtssystem geteilte und anerkannte Ordnungsvorstellungen repräsentiert, kann sich topisches Denken nicht etwa beliebig oder willkürlich über dessen Vorgaben hinwegsetzen. Ihre Wirksamkeit entfaltet die Topik im juristischen Denken vielmehr dadurch, daß sie neue Gesichtspunkte unter Wahrung der bisherigen Vorstellungen interpretativ zu verarbeiten vermag und anerkannten und bewährten Sätzen und Be-

---

17 Vgl. *Viehweg* (FN 15); *O. Ballweg,* Phronetik, Semiotik, Rhetorik, in: Ballweg/Seibert (FN 2), S. 27 ff. (45 f.).

18 Vgl. *Viehweg* (FN 2) S. 41 f.

griffen des Systems neue Wendungen gibt. Deduktive und inventives Prozesse gehen innerhalb der Rechtsgewinnung insoweit untrennbare Verflechtungen ein. Indem sich die laufend erforderliche Anpassung des Rechtssystems auf diese Weise geschmeidig und bruchlos vollzieht, wird es vermieden, dessen Geltungs- und Universaldeutungsanspruch in Frage zu stellen. Aus dieser Perspektive also erweist sich die unvermeidliche Wirksamkeit der Topik innerhalb des juristischen Denkens nicht nur als Grenze rechtlicher Systematisierungsbemühungen, sondern ebenso als deren Bedingung.

4. Formelle Dimension: Die natürliche Sprache als Medium des Rechts

Für die Wirkungsweise der Topik, die sich gemäß der Rekonstruktion des juristischen Denkens durch Viehweg innerhalb des Rechtssystems in fortlaufenden Interpretationsprozessen manifestiert, muß nun offenkundig die Sprache, indem sie die Fülle immer neuer Verständigungs- und Vorstellungshorizonte in sich aufzunehmen und zu transportieren vermag, als Medium des Rechts eine zentrale Rolle spielen. Ganz folgerichtig hat sich ausgehend von den Überlegungen Viehwegs daher das Interesse neuerer rechtsrhetorischer Ansätze auf die Untersuchung der Rechtssprache gerichtet, die ihrerseits die bereits von Viehweg gewonnenen Befunde bestätigen. Die klassische rhetorische Situationsbestimmung, die auf das Verhältnis zwischen Redner, Gegenstand der Rede und Auditorium zielt, wird insoweit aufgenommen und durch einen Rückgriff auf die Semiotik, d. h. die Analyse der Bildung und Verwendung sprachlicher Zeichen in der Umgangssprache, präzisiert. Demgemäß werden die Beziehungen zwischen Zeichen und Zeichenverwendern (Pragmatik), zwischen den sprachlichen Zeichen untereinander (Syntax) sowie zwischen den Zeichen und den Gegenständen, auf die sie angewendet werden (Semantik) unterschieden[19]. Im Hinblick auf die semantische und syntaktische Dimension ist insoweit hervorzuheben, daß zwischen Umgangssprache und außersprachlicher Wirklichkeit kein vorgegebenes und gleichsam „natürliches" Abbildungsverhältnis besteht, das es erlauben würde, in Anschauung der empirisch gegebenen Außenwelt die Bedeutung sprachlicher Zeichen definitiv zu bestimmen und allgemeine

---

19 Grundlegend *C. W. Morris,* Grundlagen der Zeichentheorie, Frankfurt/M. 1979; für die Rechtsrhetorik *O. Ballweg,* Entwurf einer analytischen Rhetorik, in: H. Schanze/J. Kopperschmidt (Hrsg.), Rhetorik und Philosophie, München 1989, S. 235 ff.; *ders.* (FN 17), S. 57 ff.; *T. Viehweg,* Schritte zu einer Rhetorischen Rechtstheorie, in: R. Herren/D. Kienapfel/H. Müller-Diez (Hrsg.), Kultur – Kriminalität – Strafrecht, FS für T. Würtenberger zum 70. Geburtstag, Berlin 1977, S. 3 ff.; *T. M. Seibert,* Aktenanalysen, Tübingen 1981, S. 12 ff.

Regeln ihrer richtigen Anwendung bzw. Verknüpfung festzulegen[20]. Vielmehr unterliegen die Beziehungen zwischen den sprachlichen Zeichen untereinander sowie zu den bezeichneten Objekten innerhalb der Umgangssprache permanenten Eingriffs- und Veränderungsmöglichkeiten der Zeichenverwender[21]. Diese weisen also den sprachlichen Zeichen und dem Bezeichneten – und bezeichnet werden auch die Zeichenverwender selbst – vermittels ihrer Vorstellungskraft Bedeutungen zu, wodurch eine Relationierung und Positionierung der bezeichneten Gegenstände sowie der Sprecher hergestellt wird. Außersprachliche Sachverhalte werden demnach nicht objektiv repräsentiert und mitgeteilt, sondern es werden Sachverhalte und Vorstellungen, die in der außersprachlichen Wirklichkeit „als solche" gar nicht vorhanden sind, sprachlich erst hergestellt und denkbar gemacht.

Die Sprachverwendung läßt sich demnach als intra- und intersubjektiver Prozeß von Bedeutungszuschreibungen rekonstruieren, der sich durch seine jeweils wirklichkeitskonstituierende Wirkung kennzeichnet und zur Bildung gemeinsamer Wirklichkeitsvorstellungen hinführt, während er zugleich umgekehrt das Bestehen bestimmter geteilter Wirklichkeitsvorstellungen – einer geteilten „Lebensform"[22] – als Bezugsrahmen immer auch schon voraussetzt. Diese kontinuierliche Produktion und Reproduktion von Bedeutungszusammenhängen im Wege der Sprache gewährleistet, daß die Welt im Wechsel der Situationen nicht in eine Fülle kontingenter Daten und Verhaltensformen zerfällt, sondern vorstellungsmäßig eine dauerhafte und geordnete Gestalt annimmt, die ein Zurechtfinden darin ermöglicht. Obwohl allgemeine Bedeutungsfeststellungen unter diesen Voraussetzungen immer nur solche über die bedingte Wahrscheinlichkeit eines möglichen individuellen Zeichengebrauchs innerhalb eines gegebenen Kontexts sein können[23], sind sich allerdings die Zeichenbenutzer ihrer Definitionsmacht bei der Bedeutungsproduktion re-

---

20 Kritikwürdig ist an einer solchen Vorstellung nicht die Annahme, im Wege der Sprache ließe sich auf Sachverhaltseigenschaften Bezug nehmen, sondern die weitergehende Annahme, Bedeutung und Referenzgegenstand seien merkmalsrealistisch verknüpfbar und sprachliche Inhaltselemente auf vorsprachliche, kognitiv auffindbare Eigenschaften im Sinne eines ursprünglichen Referenzverhältnisses übertragbar; vgl. etwa *B. Jeand'Heur,* Sprachliches Referenzverhalten bei der juristischen Entscheidungstätigkeit, Berlin 1989, S. 38 ff., 66 ff.

21 Demgegenüber zielt die Wissenschaftssprache auf die Aufhebung der Subjektbeziehung zu Zeichen und Objekten durch eine restringierte Zeichenverwendung, um so zu Modellen zu gelangen, die sowohl über den Charakter eines Zeichensystems als auch über Objektqualität verfügen, vgl. *Ballweg* (FN 17), S. 59 f.

22 Zur Rezeption dieses Wittgensteinschen Terminus vgl. *M. Herbert,* Rechtstheorie als Sprachkritik, Baden-Baden 1995, insb. S. 214 f.; *D. Busse,* Juristische Semantik, Berlin 1993, S. 175 ff.

23 Vgl. *W. Schreckenberger,* Rhetorische Semiotik, Freiburg/München 1978, S. 40 ff.; *T.-M. Seibert,* Von Sprachgegenständen zur Sprache von juristischen Ge-

gelmäßig nicht bewußt, sondern erleben die Bedeutung sprachlicher Zeichen als deren originäre Eigenschaft oder als unmittelbare Entsprechung tatsächlicher Umstände der Außenwelt. Indem so die eigentlichen Zuschreibungsprozesse und die damit vollzogenen Positionierungen und Relationierungen ausgeblendet und objektiviert werden, lassen sich Beeinträchtigungen deren komplexitätsreduzierender und verhaltensstabilisierender Wirkungskraft vermeiden[24]. Unter diesem Aspekt muß mithin die deskriptive gegenüber der direktiven Sprachfunktion in den Hintergrund treten, woraus sich in semiotischer Hinsicht ein Vorrang der Pragmatik vor Syntax und Semantik ergibt, da sich in der Pragmatik die direktive Sprachfunktion entfaltet.

Entsprechend läßt sich auch der juristische Sprachgebrauch, insbesondere die Verwendung von positivierten Rechtssätzen, nur in seiner pragmatischen Dimension hinreichend erfassen[25]: Gesetzestexte markieren bei der sprachlichen Konstruktion juristischer Wirklichkeit den Ausgangs- und Zielpunkt, vermögen den Konstruktionsprozeß aber nicht im Sinne der Bindung an eine vorgegebene Gesetzesbedeutung oder den Gesetzeswortlaut zu determinieren. Vielmehr vermag die Jurisprudenz unter den spezifischen Anforderungen, die sich unter den sie kennzeichnenden Bedingungen von Entscheidungs- und Begründungszwang ergeben, nur und gerade aufgrund ihres Charakters als einer umgangssprachlichen Fachsprache zu genügen: Denn mit dem Erfordernis, ausgehend von einer feststehenden Zahl von Rechtssätzen eine grundsätzlich unbegrenzte Zahl von Problemstellungen zu entscheiden und anhand von Normtexten zu rechtfertigen, korrespondiert das Erfordernis einer hochgradig interpretierbaren Sprache. Diese erst ermöglicht es, die Kluft zwischen konkretem Fall und abstraktem Rechtssatz sprachlich zu überbrücken, indem die zu entscheidende Problemlage und der in Bezug genommenen Normtext wechselseitig ausgedeutet und angenähert werden, bis der Normtext seine Bedeutung gerade in der Entscheidbarkeit des Sachverhalts findet, als der die zugrunde liegende Problemlage im Hinblick auf diesen Normtext rekonstruiert wurde. Innerhalb der Begründung ermöglicht es die Rechtssprache dabei zugleich, die in diesen Deutungsprozeß eingehenden subjektiven und wertenden Elemente durch eine ontologisierende und hypostasierende Begriffsbildung, eine nur an-

---

genständen, in: ARSP LVIII, 1972, S. 43 ff.; *H. Rodingen,* Ansätze zu einer sprachkritischen Rechtstheorie, in: ARSP LVIII, 1972, S. 161 ff.

24 Vgl. *O. Ballweg,* Analytische Rhetorik als Grundlagenforschung, in: ARSP, Beiheft 44, 1991, S. 45 ff. (49 ff.).

25 Zur Unzulänglichkeit einer allein semantischen Betrachtung der sich in der Entscheidungspraxis vollziehenden Konkretisierung und Realisierung von Recht auch *D. Busse* (FN 22) sowie *R. Christensen,* Was heißt Gesetzesbindung?, Berlin 1989; *F. Müller,* Juristische Methodik, 7. Aufl., Berlin 1997.

deutende, enthymematische Begründungsstruktur[26] über weite Strecken zu überspielen sowie die Überzeugungswirkung der Begründung durch den Einsatz rhetorischer Figuren zu unterstützen[27]. Mit Entscheidungs- und Begründungszwang geht demzufolge ein Deutungszwang einher. Die Vornahme und Rechtfertigung entsprechender Deutungsprozesse wird allerdings erleichtert und eingegrenzt durch den Rückgriff auf anerkannte Sätze der Rechtsdogmatik.

III. Rechtsmethodologische Konsequenzen

1. Herstellungs-Darstellungs-Bruch als methodologisches Problem: Abschied von der Normativität ...

Ausgehend von den dargelegten Befunden ist zusammenfassend zu konstatieren, daß sich rechtliche Entscheidungen als Ergebnis situationsgebundener und interaktiv vermittelter sprachlicher Konstruktionen auffassen lassen, die sich an Gesetzestexten orientieren, ohne allerdings in diesen klar konturierte Grenzen zu finden. Die dabei unvermeidlich in den Entscheidungsprozeß einfließenden subjektiven und wertenden Momente vollziehen sich nicht beliebig, sondern im Hinblick auf verfestigte und geteilte Vorstellungs- und Verständigungshorizonte, die insbesondere durch Rechtsdogmatik und -lehre vermittelt und gepflegt werden. Insoweit darf inzwischen als allgemein anerkannt gelten, daß die Komplexität der Entstehungsbedingungen rechtlicher Entscheidungen, die mit formal-logischen Mitteln nicht zu bewältigen ist, das vom klassischen Subsumtionsmodell erhobene Ideal eindeutiger Entscheidbarkeit ein für allemal illusorisch macht. Die vielfältigen und diffusen Faktoren, die in die Entscheidungsherstellung eingehen, spiegeln sich jedoch in der Rechtfertigung oder Begründung der Entscheidungen nicht wider. Dieses Auseinanderfallen von Herstellung und Darstellung hat der überkommenen Methodenlehre den Vorwurf eingetragen, durch den von ihr geforderten deduktiven Begründungsweise die Verschleierung der tatsächlich entscheidungsleitenden Motivationen durch bloße „Scheinbegründungen" zu legitimieren[28]. Mit dieser Kritik verbindet sich der An-

---

26 Dazu *K. Sobota,* Sachlichkeit, Rhetorische Kunst der Juristen, Frankfurt/M. 1990; *M. H. Wörner,* Enthymeme – ein Rückgriff auf Aristoteles in systematischer Absicht, in: Ballweg/Seibert (FN 2), S. 73 ff.; zum Unterschied zwischen Korrektheit und Überzeugungskraft von Argumenten und zur Überzeugungsfähigkeit logischer Fehler siehe *N. Luhmann,* Juristische Argumentation, in: G. Teubner (Hrsg.): Entscheidungsfolgen als Rechtsgründe, Baden-Baden 1995, S. 22 ff.

27 Vgl. *K. Sobota,* Argumente und stilistische Überzeugungsmittel in Entscheidungen des Bundesverfassungsgerichts, in: Rhetorik. Ein internationales Jahrbuch, 1996, S. 115 ff (120 ff.); *dies.,* Rhetorisches Seismogramm, in: JZ 1992, S. 231 ff.

spruch neuerer methodischer Konzeptionen, Begründungsstandards angeben zu können, die auch außergesetzlichen Aspekten Raum geben und diese dadurch sichtbar und kontrollierbar machen. Ehrlichkeit und Vollständigkeit der Begründung sollen dabei gewährleisten, daß sich die Entscheidung – gleichsam unter Neutralisierung ihrer tatsächlichen Entstehungsgeschichte – anhand ihrer Begründung als Ergebnis gesetzesorientierter und im übrigen jedenfalls den Maßstäben von Rationalität und Vernünftigkeit verpflichteter Erwägungen rekonstruieren und mithin umfassend legitimieren läßt.

Demgegenüber erscheint es aus rhetorischer Perspektive als vorschnell, die „Scheinbegründungstechnik“ der klassischen Methodenlehre zu verurteilen. Zu berücksichtigen ist vielmehr, daß der wirkliche Herstellungsprozeß ebenso wie dessen wirkliche Darstellung als Urteilstext zu unterscheiden sind von einem vorstellungsmäßigen Bild der Herstellung, das die Darstellung im Wege implizierter selbstreferenzieller Aussagen evoziert[29]. In diesen Bildern oder Herstellungs-Darstellungen manifestiert sich das lebensweltliche Selbst- und Rechtsverständnis des Rechtsentscheiders, und sie zielen auf die ebenfalls lebensweltlichen Vorstellungen und Erwartungshaltungen der Adressaten[30]. Wenn mithin die Herstellung im Wege eines ontologisierenden und deskriptiven Begründungsstils als objektgeleiteter und objektgerichteter Vorgang präsentiert wird, innerhalb dessen feststehende Gesetzesinhalte auf vorgegebene Sachverhalte nur übertragen werden[31], während eigene Wertungen oder Zweifel des Entscheiders nicht vorkommen, so zeugt dies von einer zielvollen und kunsthaften – wenn auch regelmäßig unreflektierten – rhetorischen Gestaltung der Darstellung, in die inoffizielle Konstruktionsanleitungen ebenso eingehen wie solche der offiziellen Methodenlehre, in der aber ausgehend von einer analytischen Betrachtungsweise keine „Unehrlichkeit“ zu erblicken ist: Die „Entstehungslegenden“, die auf diese

28 Insoweit ähnlich etwa *J. Esser,* Vorverständnis und Methodenwahl in der Rechtsfindung, 2. Aufl., Frankfurt/M. 1972, S. 36; *R. Alexy,* Theorie der juristischen Argumentation, Frankfurt/M. 1978, S. 302; *H.-J. Koch/H. Rüßmann,* Juristische Begründungslehre, München 1982, S. 28.

29 *Sobota* (FN 26), S. 13 ff.; vgl. *P. L. Berger/T. Luckmann,* The Social Construction of Reality, 1966; *S. Wolff,* Der rhetorische Charakter sozialer Ordnung 1976, S. 77 ff.; *H. Blumenberg,* Anthropologische Annäherung an die Rhetorik, in: Wirklichkeiten, in denen wir leben, 1981, S. 104 ff., 132 ff.

30 Eine Trennung von Herstellung, Darstellung und der sinnhaften Herstellungs-Darstellung, die sich wechselseitig bedingen, ist allerdings nur unter analytischen Bedingungen durchführbar; vgl. *Ballweg* (FN 24), S. 48 f.; *Sobota* (FN 26), S. 25.

31 Neben Herstellungs-Darstellungen, die dergestalt ein kognitiv-objektivistisches Rechtsverständnis zum Ausdruck bringen, sind allerdings auch andere Formen der Selbstbeschreibung anzutreffen, dazu *Sobota* (FN 26), S. 37 ff.

Weise erzählt werden, erweisen sich vielmehr als unverzichtbare Deutungsmittel, die das Verständnis von und die Verständigung über Recht erleichtern. Sie erst verleihen den unablässigen Zuschreibungs- und Koordinationsprozessen, in denen Recht je und je seine Wirksamkeit und Wirklichkeit findet, in der Lebenswelt eine beständige, sinnhafte und überzeugende Gestalt.

Ausgehend davon wird deutlich, daß die innerhalb neuerer Konzeptionen erhobene Forderung nach Ehrlichkeit und Vollständigkeit der Begründung, die aber keineswegs eine Dokumentation des tatsächlichen Herstellungsprozesses meint, sondern die Einhaltung eines auf ein bestimmtes Vernünftigkeitsideals zugeschnittenen Begründungsschemas verlangt, ebenfalls auf eine rhetorisch gezielte Darstellung der Herstellung hinausläuft. Die Etablierung eines entsprechend veränderten offiziellen Begründungsmodus würde demzufolge zwar eine Modifikation der vorherrschenden „Entstehungslegenden" nach sich ziehen und damit auch auf den Herstellungsprozeß zurückwirken. Dies könnte aber nicht verhindern, daß etwa an die Stelle von Begründungen, die als deduktive Gesetzesanwendung daherkommen, solche Begründungen treten, die sich nur scheinbar als Vollzug gerade der gedanklichen Arbeitsschritte rekonstruieren lassen, deren legitimitätsstiftende Wirkung von der zugrunde liegenden Konzeption behauptet wird, etwa der Durchführung einer Folgenanalyse oder der Befolgung von Diskursregeln. In dem einen wie dem anderen Falle hängt die Akzeptabilität und Überzeugungskraft der jeweiligen Begründung davon ab, ob es gelingt, ein Bild von der Entscheidung zu zeichnen, das sich stimmig in die Kulisse der – fachspezifisch geprägten – lebensweltlichen Ordnungsvorstellungen und Erwartungshaltungen der Adressaten einfügt.

Insgesamt folgt damit, daß sich im Wege methodischer Vorgaben – sei es zur Herstellung, sei es zur Darstellung – eine umfassende Beherrschung und Kontrolle der Entscheidungsfindung und -begründung ebenso wenig gewährleisten läßt wie die Gewißheit über die inhaltliche Richtigkeit und Legitimität der gewonnenen Entscheidungen. Denn die abstrakten Unterweisungen einer Methodenlehre können die hochkomplexen Wirkungszusammenhänge, denen die Rechtsgewinnung in der Praxis unterworfen ist, weder determinieren oder neutralisieren, noch die Deutungs- und Wertungsproblematik, vor die sich der Entscheider angesichts der „inneren Unendlichkeit" der jeweiligen Entscheidungssituation gestellt sieht, vorwegnehmen. Insoweit kann erst der institutionalisierte Handlungsrahmen, innerhalb dessen sich die tatsächliche Entscheidungsfindung vollzieht, einerseits praktische juristische Professionalität vermitteln und andererseits eine relative Gleichförmigkeit und Anschlußfähigkeit der Rechtsgewinnungsprozesse gewährleisten.

2. ... oder Wiederbelebung der Methodenlehre?

Wenn man sich allerdings von den überzogenen Rationalitätserwartungen verabschiedet, die nicht anerkennen können, daß sich Bereich der von Viehweg als „aporetisch“ gekennzeichneten Gerechtigkeitsfrage Gewißheiten nicht gewinnen lassen, wird es möglich, die Leistungen gerade der überkommenen juristischen Methodenlehre zu würdigen und Perspektiven für deren Verbesserung zu entwickeln. Dies allerdings setzt die Einsicht voraus, daß sich die rechtliche Wirklichkeit anders konstituiert, als es durch die Beteiligten in ihrem alltäglichen Handeln wahrgenommen und dargestellt wird. Das Auseinanderfallen von Theorie und Praxis, das sichtbar wird, wenn man die Anforderungen und Restriktionen der Entscheidungspraxis sowie die daraus resultierenden Musterhaftigkeiten tatsächlicher Herstellungs- und Darstellungsprozesse mit den Vorgaben der juristischen Methodenlehre vergleicht, erweist sich dann als unvermeidlicher Ausdruck der Funktion des Rechts, dem praktischen Bedürfnis nach sinnhafter Handlungsorientierung und effektiver Verhaltenskoordinierung zu entsprechen. Die idealisierenden Anweisungen der Methodenlehre geben insoweit nicht Aufschluß darüber, wie eine Entscheidung wirklich zustande kommt und überzeugend präsentiert wird, sondern sie zielen auf eine normative Repräsentation des Rechts in der Lebenswelt, die so in der Wirklichkeit keine Entsprechung findet und finden kann, die aber auch nicht unverbunden neben ihr steht.

Diese Leitbildfunktion juristischer Methodik wird durch eine empirisch fundierte Rekonstruktion des tatsächlichen Entscheidungshandelns keineswegs entbehrlich, vielmehr macht gerade eine realistische Betrachtungsweise verständlich, warum sich das überkommene „unrealistische“ Rechtanwendungsmodell über weite Strecken bewährt hat. Denn die „Entstehungslegende“ des Subsumtionsmodells fordert und fördert eine Begründungsweise, die Gesetzesbindung und Sachlichkeit darstellt[32]. Den Gesetzestexten wird dabei grundsätzlich höchster Stellenwert beigemessen und deren interpretative Verarbeitung an die Prämissen einer anerkannten und bewährten Systematik und Dogmatik zurückgebunden. Die Bewältigung der im Einzelfall zutage tretenden Wertungs- und Deutungsproblematik erfolgt nicht in unmittelbarer Berufung auf Interessen, Gemeinwohl, Fairneß, Folgen u. ä., sondern bedarf der begrifflichen Einbindung in satzförmige Prämissen, die wiederum nach Maßgabe etablierter Topoikataloge und Prüfungsschemata ihren Platz finden müssen. Der entstehende enthymematisch strukturierte Begründungszusammenhang muß insoweit den Regeln der traditionellen Logik folgen und läßt sich im

---

32 *Sobota* (FN 26), 118 ff., 140 ff.

Wege einer explizierenden Prüfung auf seine innere Widerspruchsfreiheit auf Folgerichtigkeit hin überprüfen.

Ausgehend davon käme einer „rhetorisch aufgeklärten Methodenlehre" nicht etwa die Aufgabe zu, den Bruch zwischen Herstellung und Darstellung zu überwinden, sondern diesen handhabbar und verständlich zu machen. Damit wäre die Grundlage geschaffen, um die bestehenden Regelhaftigkeiten und Wirkungsformen einer deduktiv-sachlichen Attitüde reflektiert und bewußt einzuüben, anzuwenden und fortzubilden: Denn eine Methodik, die anwendungsrelevant sein will, muß nicht nur um die tatsächlichen Anforderungen wissen, die die Praxis an die Rechtsentscheider stellt und diesen eine nicht unerhebliche Verantwortung aufbürdet, sondern muß dazu verhelfen, diese Anforderungen effektiv zu bewältigen. Einer Methodik, die das Rechtsanwendungsmodell als Leitbild und offizielle Entstehungslegende aufrechterhält, und die zur Verwirklichung dieses Leitbildes auf ein rhetorisches Instrumentarium verweist, läßt sich auch nicht entgegenhalten, daß sie auf den Schutz eines illegitimes Standesinteresse an der Durchsetzungsfähigkeit jeweiliger politischer Wertungen und Präferenzen hinauslaufe und diese gegen aufklärerische Kritik immunisiere. Insoweit ist vielmehr zu berücksichtigen, daß zum einen nicht jede beliebige Entscheidung überzeugend zu begründen ist, sondern deren Akzeptabilität von der Anschlußfähigkeit an allgemeine Vorstellungshorizonte abhängt, sowie zum anderen, daß mit der Einübung fachgerechter rhetorischer Konstruktionen zugleich die Fähigkeit zu deren Dekonstruktion einhergeht. Eine kritische Analyse einer Entscheidung und die Explikation der darin latent gehaltenen Wertungen bleibt insoweit immer dann gewährleistet, wenn diese ernsthaft bezweifelt wird.

Schließlich findet ein „rhetorisches Rechtsanwendungsmodell" seine Rechtfertigung aber nicht nur in der Faktizität seiner überzeugungsfördernden Wirkung, sondern auch im normativen Anspruch des Gesetzesbindungspostulats. Dessen Geltung muß gerade in Anbetracht des Umstands, daß Gesetzestexte den Entscheidungsfindungsprozeß tatsächlich nur in einem begrenzten und unbestimmten Maße zu steuern vermögen, auf den Bereich der Herstellungs-Darstellungen bezogen werden, weil es dort seine eigentliche Wirksamkeit zu entfalten vermag. Das Gesetzesbindungspostulat impliziert so verstanden eine dynamische Verweisung auf all jene Prozesse, die erforderlich sind, um ausgehend von diesen Gesetzestexten zu einer überzeugenden Entscheidung zu gelangen, und es reklamiert diese Entscheidung gleichwohl für sich: Es beansprucht und leistet nicht eine Determinierung des Entscheidungsvorgangs, aber es verlangt vom Rechtsentscheider, sich selbst und dem Adressaten die jeweilige Entscheidung als folgerichtige Konsequenz der Gesetzeslage vorzustellen. Indem sich der Entscheider dadurch an sein eigenes Verständnis der Gesetze sowie an das der Adressaten gebunden sieht, ist eine Grenze des Entscheidungsspielraums markiert, die sich nicht abstrakt bestimmen läßt, die der Entscheider aber – ungeachtet seiner methodischen Aufgeklärtheit – regelmäßig deutlich zu sehen vermag[33]. Das Gesetzesbindungspostulat findet seinen Ansatzpunkt also nicht etwa in einer objektiven Wortlautgrenze, sondern in der intersubjektiv konstituierten Vorstellung davon. Der rhetorische Zwang, die Entscheidungsfindung als Gesetzesanwendungsprozeß zu präsentieren, zielt auf die Bildung solcher vorstellungsmäßiger Grenzen und zugleich auf die Gewinnung einer stabilen Verständigungs- und Handlungsbasis. Dieses Ziel bedarf weder einer Überhöhung noch einer Diskreditierung aufgrund von zeitübergreifenden Vernünftigkeitsansprüchen.

---

[33] Das Wissen von der Ungewißheit der persönlichen wie der gesetzlichen Wertungen sowie von der Bedeutung, die der – beruflichen – Sozialisation und „Leitkultur" insoweit zukommt, erscheint eher als Aufforderung denn als Hindernis, wohlüberlegt nach einer sowohl angemessenen als auch dogmatisch begründbaren Lösung zu suchen. Überzogen daher m. E. *Kriele* (FN 5), S. 192: „Zwar verfahren die Relativisten, wenn sie praktisch zu interpretieren haben, im allgemeinen nicht anders als andere; aber sie lassen ihre Methode unreflektiert, oder glauben theoretisch an irgendeine falsche Theorie mit dem Effekt, daß die wahre Rationalität unbewußt, unkontrolliert, dumpf intuitiv bleibt und sich dadurch der Kontrolle durch die Öffentlichkeit im allgemeinen und der Staatsrechtswissenschaft im besonderen entzieht".

RECHTSTHEORIE 32 (2001), S. 159–173
Duncker & Humblot, 12165 Berlin

DOXA UND PRUDENTIA: RATIONALITÄTENKONFLIKTE UND KOMMUNIKATIONSPROBLEME ALS PARADOXIEN RECHTLICHER PROFESSIONALISIERUNG

Von Doris Lucke, Bonn

Von professionalisierungs- und damit zusammenhängenden rationalisierungstheoretischen Überlegungen ausgehend soll das Argument entwickelt werden, dass es neben der „Paradoxie der Rationalisierung“[1] auch eine Paradoxie der Professionalisierung gibt. Diese beruht auf einer unbeabsichtigten und damit ihrerseits paradoxen Inkompatibilität zwischen der juridischen Rationalität der auf sie gegründeten Profession auf der einen und der doxischen Rationalität des Alltagslebens auf der anderen Seite und gerät zu einer „Paradoxie des Rechts“[2]. Der ihr zugrunde liegende Rationalitätsbruch zwischen der professionell repräsentierten Prudentia der Jurisprudenz und der Doxa der prima facie nicht kolonialisierten Lebenswelt manifestiert sich auch und ganz besonders in einer fortschreitenden Entfernung der von Experten, den Juristen, konstruierten und interpretierten Rechtswirklichkeit von der sozialen Wirklichkeit, die von missionierten Laien – das sind die aufgeklärten Alltagsmenschen – ihrerseits zunehmend kompetent typisiert und interpretiert wird[3].

Die auf kognitiver und kommunikativer Ebene entstandenen Rationalitätslücken entsprechen nicht nur den Typifikationen erster und zweiter Ordnung, denjenigen der Alltagsmenschen und der Soziologen, in der

1 *W. Schluchter*, Die Paradoxie der Rationalisierung, in: ZfSoz 1976, S. 256 ff.

2 Zur theoretischen Grundierung dieser – doppelten – Paradoxiethese werden neben der klassischen Rationalitätstypenlehre aus *Max Webers* „Zwischenbetrachtungen“ in den Gesammelten Aufsätzen zur Religionssoziologie I (1988, S. 536 ff.) die Typologie der sozialen Wahrnehmungsweisen nach *P. Bourdieu* (Die feinen Unterschiede, 1972) sowie von der *Verf.in* an anderer Stelle angestellte Vorüberlegungen zu einer Akzeptanztheorie des Rechts (Die Akzeptanzorientierung juristischer Entscheidungen als Preisgabe des Juridischen, in: F. Haft/S. Wesche (Hrsg.), Bausteine zu einer Verhaltenstheorie des Rechts, 2001) herangezogen.

3 D.h. der Rationalitätsbruch äußert sich nicht nur im Auseinanderfallen von elaborierter und damit tendenziell unverständlicher Rechtssprache und einer, wie man seit *Ludwig Wittgensteins* sprachphilosophischen Analysen weiß, notorisch ungenauen und gerade dadurch allgemein verständlichen Alltagssprache. Der Bruch zeigt sich auch nicht nur im Auseinanderfallen von juristischem Wissen und Alltagswissen, wie er in den Friktionen zwischen etablierter „herrschender Meinung“ und verbreitetem „common sense“ zutage tritt.

Phänomenologie von *Alfred Schütz*. Sie korrespondieren auch mit den „multiple realities“, den mannigfachen Wirklichkeiten, in den Collected Papers I[4]. Beide zusammen lassen die Kommunikationsprobleme zwischen Juristen und Laien zu einem über Missverständnisse der Sprache oder einfache „knowledge lags“ hinausgehenden Problem der interkulturellen Kommunikation zwischen einander fremden Welten werden, wie sie *Nathan Caplan* für den gebrochenen Dialog zwischen Theorie und Praxis, Wissenschaft und Gesellschaft, im us-amerikanischen „knowledge utilization research“ mit seiner „two communities“-Theorie bereits in den 70er Jahren konzeptualisiert hat[5]. In dieser interkulturellen Kommunikation, die sich in diesem Fall weder auf Territorien noch auf Ethnien bezieht, ist – so die These – der „gesunde Menschenverstand“ dem juristischen Sachverstand und dessen „déformations professionelles“ immer häufiger überlegen und die Selbstimmunisierungskraft und Alltagsresistenz rechtlicher Diskurse (weitgehend) verloren gegangen. Als ehemalige „quantité négligeable“ kann der in seiner doxischen Urteilskraft wiederentdeckte Alltagsverstand – so das Fazit – allenfalls um den Preis einer sinkenden Glaubwürdigkeit und abnehmenden Effizienz des Rechts gerade wegen seiner naiven Authentizität und juristisch unbefangenen Lebensnähe nicht mehr konsequenzlos ignoriert werden, wenn die zwischen Rechtswirklichkeit und Lebenswelt wechselseitig abhanden gekommene kommunikative Erreichbarkeit wiederhergestellt werden soll.

Weiterhin wird davon ausgegangen, dass konstatierbare Tendenzen einer Deprofessionalisierung und einsetzenden Entrationalisierung des Rechts, wie sie derzeit auch auf anderen Feldern der gesellschaftlichen Rationalisierung zu beobachten sind, nicht das Problem darstellen. Der hier vertretenen Auffassung zufolge deuten sich in diesen Entwicklungen vielmehr Wege einer möglichen Lösung an, wenn es darum geht, die Kommunikationsprobleme zwischen Alltagswissen, Laienverstand und herrschender Meinung aufzuheben und den Theorie-Praxis-Bruch, der nicht nur einen Rationalitäts-Kommunikabilitäts- und einen Rationalitäts-Realitäts-Konflikt, sondern auch einen Rationalitäts-Sozialitäts- und einen Rationalitäts-Legitimitäts-Konflikt markiert, zu beseitigen. Statt mit weiterer Professionalisierung und Rationalisierung sind – so die von der *Verf.in* gezogene Schlussfolgerung – die Praxiswirksamkeit und Alltagsrelevanz des Rechts in Zukunft nur über die wieder zu gewinnende lebensweltliche Anschlussfähigkeit zu sichern.

---

4 *A. Schütz*, Collected Papers I. Multiple Realities, 1967 (zuerst 1945), S. 207 ff., 229 ff.; zur Phänomenologie *ders.*, Der sinnhafte Aufbau der sozialen Welt, 1974 (zuerst 1932).

5 *N. Caplan*, The Two Communities Theory and Knowledge Utilization, in: American Behavioral Scientist 22, 1979.

I. Theoretische Grundlegungen

Im Zuge der gesellschaftlichen Rationalisierung haben sich unterschiedliche Wertsphären ausdifferenziert, die in ihren Regeln und Axiomen ausschließlich ihrer jeweiligen Eigenrationalität gehorchen[6]. Eine solche Rationalität besteht idealtypischerweise neben einem Systemimperativ („Mehre deinen Profit!", „Strebe nach Erkenntnis!") aus einem rationalitätskonstitutiven Code, wie Recht – Unrecht, wahr – falsch, sowie aus Programmen und Prinzipien mit je eigenen, auf den betreffenden Geltungsbereich beschränkten und prinzipiell inkompatiblen Relevanzhierarchien.

Während die Rationalitätstypenbildung *Webers* einerseits der Klassifikation von kognitiven Prozessen und Handlungsmustern sowie der Charakterisierung unterschiedlicher Modi der Weltbeherrschung, aber auch der Beschreibung verschiedener Arten der Lebensführung diente, wurden zugleich systematische Beziehungen zwischen vier Typen des (zweck- und wertrationalen, affektualen und traditionalen) sozialen Handelns und drei legitimen Ordnungen (der traditionalen, charismatischen und rationalen Herrschaft) hergestellt und Wahlverwandtschaften zwischen ihnen begründet[7]. *Pierre Bourdieus* Typologie sozialer Wahrnehmungsweisen[8] baut auf *Webers* Rationalitätstypenkonzept auf. Er unterscheidet Doxa, Allodoxia, Paradoxie, Orthodoxie und Heterodoxie und beschreibt damit unterschiedliche Welteinstellungen. Verbindet man beide Typologien nach dem Vorbild der „pattern variables" (pv) von *Talcott Parsons*[9], so gelangt man zur folgenden idealtypischen Gegenüberstellung von doxischer und juridischer Rationalität (vgl. folgendes Schaubild).

6 *Weber* trennt in den „Zwischenbetrachtungen" (s. FN 2) bekanntlich ökonomische, politische, ästhetische, erotische und intellektuelle Rationalität und ordnet diese den betreffenden Rationalisierungssphären, also der Ökonomie, der Politik und der Kunst usw., zu. Andererseits unterscheidet *Weber* praktische und theoretische, materiale und formale Rationalität. Ausführlich dazu *S. Kalberg,* Max Webers Typen der Rationalität, in: W. Sprondel/C. Seyfahrt (Hrsg.), Max Weber und die Rationalisierung sozialen Handelns, 1981, S. 9 ff., 13–19.

7 Zu den Typen legitimer Herrschaft *M. Weber,* Die Typen der Herrschaft, in: ders., Wirtschaft und Gesellschaft, 5. Aufl. 1980, S. 122–124.

8 Vgl. *P. Bourdieu* (FN 2) in der Rezeption von *H.-P. Müller,* Kultur, Geschmack und Distinktion, in: KZSS-Sonderheft 27, 1986, S. 162 ff., 172.

9 *T. Parsons* u. a., Toward A General Theory of Action, 1951.

Unterscheidungs-merkmale	**Doxische Rationalität**	**Juridische Rationalität**
Rationalitätstyp:	• praktisch-material, theoretisch unreflektiert • selbstexplikativ • implizit normierend • unstrukturiert, fragil, vorläufig • kontextuiert, indexikalisch • ganzheitlich • trivial, säkularisiert	• theoretisch-formal • elaboriert • explizit normativ • strukturiert, stabil, endgültig • routinisiert, standardisiert • spezialisiert • professionalisiert, sakralisiert
Wirklichkeitsbezug:	durch eigene Sinnesanschauung unvermittelte Lebensnähe	über konstruierte Rechtswirklichkeit vermittelter Realitätsbezug
Geltungssphäre:	bereichsüberschreitend prinzipiell unabgeschlossen	bereichsspezifisch z. B. auf dem Instanzenweg beendbar
Sprachliche Repräsentanz:	ungenau mit interpretationsoffenen Alltagsfloskeln	systematische Taxonomie mit präziser Begrifflichkeit und indikativisch-affirmativen Argumentationsfiguren
Kommunikationsstruktur:	laienhaft-inklusiv demokratisch	expertenhaft-exklusiv elitär hegemonial vermachtet, hierarchisch, orthodox, dogmatisch
	diskursiv entgrenzt ohne kommunikative Selbstbeschränkungen Exkommunikation der „Warum?"-Frage	selbstreferenziell bei alleiniger Zulässigkeit juristisch wasserdichter Argumente explizite Begründetheit
Verständigungsgrundlage:	lebensweltlicher Konsens von unhinterfragter Selbstverständlichkeit und generalisierter Akzeptabilität	orthodoxer Konsens unter systematischem Ausschluß systemgefährdender Dissense und undogmatischer Diskurse bei einem auf die „community" der Definitions- und Interpretationsmächtigen beschränkten Akzeptanzerfordernis
Wissensbasis:	autodidaktisch angeeignetes Wissen des Laienpublikums	Arkandisziplin mit zertifizierten Kompetenznachweisen rekrutierter Fachvertreter

Unterscheidungs-merkmale	**Doxische Rationalität**	**Juridische Rationalität**
Entscheidungs-typ:	ergebnisorientierte Ad hoc-Entscheidungen situations- und person-abhängig, optional	verfahrensorientiert nach vorab festgelegten Regeln getroffene Entscheidungen durch bürokratisches Will-kürverbot beschränkt, obli-gatorisch
Methode:	„common sense"-gesteuer-tes, teilweise undurchschau-bares und scheinbar zufalls-generiertes „muddling through"	methodisch kontrollierte, transparente Verfahren
Code:	viabel – non-viabel	regelgerecht – regelwidrig
Prüfkriterien:	Alltagsplausibilität und situativer Handlungserfolg	juristische Verfahrensfehler-freiheit und diskursive Anschlussfähigkeit an pro-fessionsinterne Mehrheits-meinung
Prinzip:	prinzipielle Prinzipien-losigkeit	unbedingte Prinzipien und Apriorien

II. Soziologische Diagnose

Im Zuge allgemeiner Legitimationskrisen, die in einer subjektorientierten Neuakzentuierung soziologischer Legitimationsdebatten vor allem Folgen eines grundlegenden „Strukturwandels der Akzeptanz"[10] sind, hat nach der traditionalen und der charismatischen Herrschaft auch die rationale Herrschaft an Überzeugungskraft eingebüßt und an Wirkungsmacht verloren. Der mit ihrer Hilfe errichtete Rationalitätsvorsprung erwies sich, wie *Luhmanns* schon eine Stufe tiefer gelegtes „Lob der Routine"[11], als nicht hoch genug und reichte – ursprünglich als Legitimationsgrund eines prozeduralisierten Rechts konzipiert – als Schutzwall aus Legalisierung, Formalisierung und Prozeduralisierung zusammen mit anderen Strategien der Selbstverteidigung gegen feindliche Übernahmen durch konkurrierende Rationalitäten mit prinzipiell gleichgültigem Geltungsanspruch nicht aus.

---

10 *D. Lucke*, Akzeptanz. Legitimität in der „Abstimmungsgesellschaft", 1995; *dies.*, Grenzen der Legitimation. Zum Strukturwandel der Akzeptanz, in: L. Clausen (Hrsg.), Gesellschaften im Umbruch, 1996, S. 473 ff.

11 *N. Luhmann*, Legitimation durch Verfahren, 1969.

Gleichzeitig hat die Eigenrationalität des Subsystems Recht auch gegenüber der Alltagsrealität an (selbst-)legitimatorischer Kraft verloren und mit dem Verlust ihrer Vormachtstellung den bis dahin unangefochtenen hegemonialen Rationalitätsvorsprung gegenüber Alltagswissen und Laienverstand eingebüßt. Selbstreferenzielle Überzeugungssysteme, in ihren Verpflichtungsgraden hierarchisch abgestufte Selbstbindungen höchstrichterlicher Urteile und auf Rechtsquellen („Das Gesetz schreibt vor") und personifizierte Entscheidungsinstanzen („Der Gesetzgeber will") rekurrierende Legitimationssentenzen können am Ende selbst-(kritische) Juristen nicht mehr überzeugen und erstarren zu kraftlosen Berufungsformeln.

Entgegen den unter I. theoretisch rekonstruierten Verhältnissen mit klar gegeneinander abgegrenzten Geltungsbereichen und den unterschiedlichen Rationalitätssphären eindeutig zuordenbaren Richtigkeits- und Wichtigkeitsvorstellungen mit je eigenen Ordnungsprinzipien ist eine „gesellschaftliche Repräsentanz des Richtigen" *(Niklas Luhmann),* aber auch des Wahren oder Gerechten heute weit und breit nicht zu sehen. In Ermangelung eines Meta-Textes oder einer „Meta-Erzählung" *(Wolfgang Welsch),* die nicht nur von allen Gesellschaftsmitgliedern gelesen, sondern auch von allen intersubjektiv „richtig" verstanden werden könnten, ist die Frage nach der Überlegenheit einer „höheren" Rationalität rational, d.h. von einem für alle verbindlichen Standpunkt und nach einem einheitlichen Maßstab, nicht (mehr) entscheidbar[12]. Bei gleichzeitiger Abwesenheit einer alle Sub-, Para-, Pseudo- und Gegen-Wirklichkeiten integrierenden Real-Realität, die als eine Art Super-Welt auch im übertragenen Sinne „über den Dingen steht" und alles „richtet", entstehen immer mehr (Selbst-)Missverständnisse, selbst über das ehedem Von-Selbstverständliche und über die Systemgrenzen hinweg von allen An-Erkannte. In dem Maße, in dem zugleich die Fehlwahrnehmungen innerhalb und zwischen den Subsystemen und Rationalitätssphären überhand nehmen, wir den eigenen fünf Sinnen nicht mehr trauen können und immer häufiger werdenden Sinnestäuschungen unterliegen, kommt es zu Irritationen und kommunikativen und perzeptiven Verwerfungen. Diese Verunsicherung betrifft nicht nur die Doxa und den lebensweltlichen Dialog. Auch an die Stelle professionellen Für-wahr- und Für-richtig-Haltens und als Recht-Erkennens treten in zunehmender Häufigkeit allodoxisches *Ver*-Kennen und paradoxes *Ver*-Trauen.

Während zunächst ohne nennenswerten Widerstand behauptete Rationalitätsüberlegenheit zu Monopolbildungen in der exklusiven Verwal-

---

12 Nichts anderes bedeutet Rationalität – in Zitation von *P. Diesing,* Reason in Society, 1962, S. 339 – als eine „Ordnung, welche dank der Existenz eines herrschenden Prinzips erkennbar ist".

tung einer Rationalität[13] führte, die Eigenrationalität ehedem Alleinvertretungsansprüche im jeweiligen Bereich begründete und – als Differenzierungsfolge – zugleich die gesellschaftsweit absolute Hegemonie eines materialen Rationalitätstyps verhindert wurde, erfolgte im Zuge der neuerlichen *Ver*differenzierung eine Entkontextuierung der Rationalitäten und deren Herauslösung aus dem angestammten Rationalisierungsbereich. Mit ihrer Ent-*Ortung* einher ging eine Ent-*Ordnung*. Aus der Konkurrenz konfligierender Rationalitäten und umstrittener Kompetenzen wurde eine „Kollision der Diskurse"[14], auf Rationalitätsbrüche folgten Realitätsbrüche und schließlich Sprachstörungen[15]. Heute präsentiert sich gesellschaftlicher Selbstbeobachtung ein postmodernes patchwork in einem Rationalisierungs„overspill" heimatlos gewordener Rationalitäten, bei dem die in ihrer apodiktischen Alternativlosigkeit ehemals sinnstiftenden Singulare Glaube, Wahrheit, Wirklichkeit, aber auch Vernunft, Verstand, Geschmack und Gerechtigkeit immer häufiger in den (noch?) ungewohnten Plural gesetzt werden und als Geschmäcker, Vernünfte, Verstände und Wirklichkeiten, Signaturen einer begrifflichen Pluralisierung, ein „Ende der Eindeutigkeit" *(Zygmunt Baumann)* auch in der Sprache signalisieren.

Ab einem bestimmten Niveau der Rationalisierung, das mittlerweile erreicht, wenn nicht bereits überschritten ist, kann auch und gerade in den klassischen Domänen der Rationalität nur noch geglaubt und vertraut werden. Wissenschafts*glaube,* Rechts*glaube,* Technik*gläubigkeit,* System*vertrauen,* Staats*sympathie* und schließlich Rationalisierungs*glauben* sind im Versuch, rationale und gegenrationale Elemente miteinander zu versöhnen und das Rationale in begriffsschöpfender Personalunion emotional „abzusoften", Indikatoren sich wechselseitig überlagernder Irrationalitätsrationalitäten und Rationalitätsirrationalitäten, in deren „Schnittmengenkonsens" *(John Rawls)* das wiederverklärte Credo neben das aufgeklärte Cogito tritt und nach *Webers* „Entzauberung der Welt" nun deren „Wiederverzauberung" *(Maurice Berman)* einläutet[16].

---

13 Diese Professionalisierungsleistung ist der Soziologie als einer im Vergleich zur Jurisprudenz verspäteten akademischen Disziplin nie gelungen (vgl. auch *R. M. Lepsius,* Die Soziologie und die Kriterien sozialer Rationalität, in: Soziale Welt, 1989, S. 215 ff.).

14 Vgl. auch *G. Teubner,* De collisione discursuum: Communicative Rationalities and the Law, in: Cardozo Law Review 1996.

15 Dies ist eine ebenso logische wie zwangsläufige Folge, wenn Rationalität in ihrer allgemeinsten Form Kommunikabilität bedeutet (vgl. *J. Weiß,* Rationalität als Kommunikabilität. Überlegungen zur Rolle von Rationalitätsunterstellungen in der Soziologie, in: W. Sprondel/C. Seyfarth (Hrsg.), Max Weber und die Rationalisierung sozialen Handelns, 1981, S. 40) und sich seit *Peter Winch* Realität *und* Rationalität durch Sprache konstituieren.

Außerjuristische Rationalitäten machen den Gerechtigkeitsansprüchen des Rechts inzwischen aber nicht nur auf kognitiver, sondern auch auf normativer Ebene Konkurrenz und die Alleinzuständigkeit für die Gerechtigkeit streitig. Indem sie aus ihrem jeweiligen Bereich heraus eigene Vorstellungen von Alltagsgerechtigkeit, Geschlechtergerechtigkeit (i.S. einer „gender fairness“) oder ökologischer Gerechtigkeit entwickeln, fordern sie das Recht mit ihrem „challenging the boundaries“ längst nicht mehr nur an der Peripherie seiner Geltungssphäre heraus. Sie treffen es mit seiner zentralen materialen Codierung, dem rationalitätskonstitutiven Arkanum von Recht – Unrecht, ins Mark. Gleichzeitig sind immer mehr Fragen des Rechtsalltags selbst rechtsimmanent nicht mehr entscheidbar und die vom Recht (zurecht) erwarteten Problemlösungen in ihrer lebenspraktischen Vielfalt der (nur scheinbar eindeutigen) zweistelligen Logik des Rechts entzogen. Parallel dazu geriert die Sperrigkeit von Problemen, die sich auch juristisch nicht (mehr) wegrationalisieren lassen, bislang unbekannte Formen der Legalitätsillegitimität und Illegalitätslegitimität mit immer mehr (nicht nur winkeladvokatorischen) Hintertüren und einem zur Paradoxie seiner selbst gewordenen Programm juristischer Un- oder Halbverbindlichkeit. Abnehmende Subsumierbarkeit führt dazu, dass die vorgefertigten Tatbestände des Rechts den *sozialen* Tatsachen immer weniger entsprechen und die getroffenen Regelungen den Wechselfällen des Lebens nicht gerecht werden und ihnen auch nicht gerecht werden können, weil die *eine* Rechtswirklichkeit und die vielfältigen Lebenswirklichkeit*en* immer weiter auseinanderfallen[17].

Das gesetzlich Verbotene ist mit der verblassenden „faktischen Kraft des Normativen“ *(Georg Jellinek)* in der gesellschaftlichen Realität möglich, anderes politisch nicht durchsetzbar oder medial nicht vermittelbar (et vice versa). Ein Verhalten gilt als juristisch korrekt, aber moralisch angreifbar. Das vom Gesetz Gebotene wird alltagspraktisch unbedeutend, normativ unwirksam oder ist nur noch über technische Hilfsmittel, wie Geschwindigkeitsblockaden, oder entsprechend mobilisierte (Teil-) Öffentlichkeiten erzwingbar. Im Konzert der Meinungen mit legitimatorisch aufgewerteten und in orchestrierten Arenen diskursiv durchgesetz-

---

16 *Weber*, der in seiner Herrschaftstypologie (s. FN 7) von Legitimitäts*glauben* spricht, hat offenbar selbst nicht an die Selbstdurchsetzungskraft eines einzigen Rationalitätstyps geglaubt und – gerade so, als misstraue er den Rationalisierern – neben der (zur Aufrechterhaltung soziologischer Rationalitätsunterstellungen favorisierten) zweck- und der wertrationalen, wenn auch als Residualkategorien, die traditionale und emotionale Rationalität konzeptualisiert.

17 Namentlich die derzeit beschleunigt, etwa im Bereich der neuen Medien, des Internet und der Gentechnologie, neu entstehenden Lebenssachverhalte lassen sich immer weniger in das Prokrustesbett des Rechts zwingen und unter eine ausschließlich vom Recht her konstruierte und binär codierte Rationalität subsumieren.

ten Heterodoxien konfrontiert, wird die Orthodoxie selbst zur Opinio und damit zur (potenziellen) Irrlehre. Die formal korrekte Anwendung orthodoxer Dogmen und Regeln zeitigt paradoxe Auswirkungen und erzeugt mit der digitalen Diskriminationskraft des „Draw A Distinction" *(George Spencer-Brown)* nicht nur unlogische Unterscheidungen und allodoxische Effekte, sondern – schlimmer noch – ratlose Regellosigkeit. Nicht mehr nur: „Was ist Recht oder Unrecht, gerecht – ungerecht, legal – illegal, legitim – illegitim?", sondern: „Was ist ein juristisches, was kein juristisches Problem?", „Wo verlaufen die Grenzen zwischen Recht und Nicht-Recht, und wer ist befugt, darüber autorisiert zu befinden?" lauten die Fragen[18].

Bei all dem gerät das Recht nicht nur unter den Druck anderer professionell vereinnahmter und dadurch permanent neu erzeugter Rationalitäten, sondern auch unter den Druck einer über die Ufer der Doxa getretenen Alltagsrationalität. Sie zwingt das Recht im Interesse seiner schieren Selbsterhaltung – und keineswegs nur aus Gründen des Reputationsverlustes oder wegen drohender Prestigeeinbußen – zu Reaktionen in Form von systemoffenen und auch auf Alltagserfordernisse zugeschnittenen Ordnungsleistungen. Das Rechtssystem kontert (klugerweise) mit Aushandeln bei Gericht, Täter-Opfer-Ausgleich, „local" und „neighbourhood justice", außergerichtlicher Konfliktregulierung und Mediation. Es reagiert mit Deprofessionalisierung, Laiisierung und Informalisierung und beginnt mit der Suche nach Alternativen sowohl *zum* als auch *im* Recht. Wenn juristisches Handeln Handlungsfolgen außerhalb des juristischen Systems hat und Auswirkungen zeitigt, die nicht nur das Rechtssystem selbst betreffen – diesen Anspruch aufzugeben, bedeutete das Ende jeder Idee praktischer Rechtswirksamkeit –, dann verliert es seine extraterritoriale Unschuld und seine handlungsentlastende Verantwortungslosigkeit für alles, was außerhalb der eigenen Systemgrenzen passiert[19]. Unter diesen Bedingungen kann juristisches Handeln nicht mehr rechtlicher Rationalität alleine folgen. Es wird von Maßstabskriterien außerhalb des Rechts abhängig, die von ihm aus nicht mehr vollständig kontrollierbar sind und in der Folge einen Verlust an Steuerungskapazität und professioneller Macht nach sich ziehen.

---

18 Dabei stellen extern entstandene alltagspraktische Probleme das Recht intern vor Probleme, die sich mit der herkömmlichen Dogmatik und traditionellen Methodik nicht lösen lassen und als Konfliktlinien zwischen praktischer und theoretischer, formaler und materialer Rationalität rechtsimmanent bleiben.

19 Dies gilt insbesondere dann, wenn Recht Umweltschäden einschließlich möglicher Spätfolgen auch in der sozialen Mitwelt an-„richtet", ohne dass ihm, wie zur Umweltverschmutzung, mehr einfiele als eine symbolische Verschärfung des Umweltstrafrechts.

Gleichzeitig suggeriert die – aus dem juristischen Bereich selbst heraus entwickelte – Figur der Folgenorientierung einen dialogischen Verweisungszusammenhang zwischen Recht und Gesellschaft, zwischen juridischer Rationalität und doxischer Sozialität, der in Wirklichkeit nur noch in einer Richtung existiert und als ein-gerichtete Kommunikation per definitionem kaum Interaktivität für sich in Anspruch nehmen kann[20]. Mitglieder der Gesellschaft können sich, so und wo immer ihnen dies opportun erscheint, auf Recht berufen und entscheiden fallweise darüber, ob sie (die in jedem Fall bereitstehenden) Rechtsmittel in Anspruch nehmen wollen oder nicht. Nicht aber mehr kann das Recht mit derselben Zuverlässigkeit auf die Gesellschaft rekurrieren und sich im Bedarfsfall das immer häufiger versagte Placet der Gesellschaftsmitglieder „für alle Fälle" einholen und (grund-)gesetzlich verankern. Allenfalls kann es, wie bei der Gleichberechtigung oder beim Umweltschutz, gesellschaftlichen Entwicklungen sekundieren und die außerhalb, teilweise auch im Schatten des Rechts geführten Diskurse mit dem beim erreichten Stand diskursiver Selbstthematisierung obligatorischen Tribut an den Zeitgeist rechtlich rahmen und (grund-)gesetzlich verankern.

Im Kontakt mit der Lebenswelt, wie er bei aller für professionelles Handeln typischen Alltagsvergessenheit unvermeidlich ist, trifft das Recht gleichzeitig nicht mehr auf unmissionierte Laien, sondern auf rechtserfahren gewordene Bürgerinnen und Bürger[21]. Diese haben mit der Rechtserfahrung den Respekt vor dem Recht und seinen Repräsentanten und Institutionen verloren und bringen allenfalls noch dem Rechtssystem insgesamt ein abstraktes (System-)Vertrauen entgegen[22]. Seitdem „die Leute" erkannt haben, dass auch in der Juristerei nur mit Wasser gekocht wird und es inzwischen die Laien sind, die den Juristen bisweilen das Wasser reichen, kann das Recht Gehör, geschweige denn unbedingten Gehorsam, nicht mehr sicher erwarten. Bestenfalls darf es auf gefällige Zur-Kenntnisnahme und nachfolgende mehrheitliche Akzeptanz durch die ehedem gehorsamen oder gar hörigen Rechtsunterworfenen hoffen: bei antizipierbarer Nicht-Akzeptanz ein Berufsrisiko,

---

20 Zum beginnenden Austausch von Rechtsgründen und Rechtsfolgen auch *G. Teubner*, Entscheidungsfolgen als Rechtsgründe: Folgenorientiertes Argumentieren in rechtsvergleichender Sicht, 1995.

21 Im Nebeneffekt verschieben sich die Legitimitätsgrundlagen juristischen Handelns von den Handlungsvoraussetzungen („Was steht im Gesetz?") auf die Handlungsfolgen („Was wird die Bevölkerung dazu sagen, wie die Betroffenen reagieren?").

22 Dies belegen repräsentative Umfrageergebnisse aus den *European Value Studies* (1990). Demzufolge haben 65,1 %, also knapp zwei Drittel, der befragten BundesbürgerInnen „viel" und 34,7 % „nicht viel" Vertrauen in das deutsche Rechtssystem (zit. nach *M. Greiffenhagen*, Legitimität in Deutschland, 1998, S. 424).

gegen das sich die rechtmäßigen Vertreter des Rechts nicht einmal mehr rechtsschutzversichern können!

Nun lässt sich einwenden: Recht ist paragraphenförmig geronnener gesellschaftlicher Konsens. Rechtsnormen erwiesen sich schon immer als um so effektiver, je mehr sie sich an den eingelebten Sozialnormen orientierten, lebensweltlich verankert waren und mit den Legitimitätsvorstellungen der Gesellschaftsmitglieder in Einklang befanden. Inzwischen aber gleicht die erreichte Diskurspluralität dem Chatroom, wo im Netzwerk der Rationalitäten die Juristen nicht mehr unter sich und die Laien nicht mehr grenzenlos naiv sind. Hier reden alle nicht nur mit, sondern alle allen hinein. Die Fragen: „Wer gehört dazu?“, „Wer hört wem zu?“ und: „Wer hat Recht?“ sind auf einem virtualisierten Markt unautorisierter Rechtsmeinungen und multiplizierter Realitäten, in denen sich die fiktive Gemeinschaft „aller billig und gerecht Denkenden“ noch relativ real ausnimmt, nicht mehr ohne weiteres zu beantworten[23].

III. Praktische Konsequenzen

Nachdem die systematische Blindheit gegenüber ausschließlich ex negativo, als „Fremdkörper“ und systemfremde Elemente, definierten Externalitäten sich als kontraproduktiv erwiesen hat und die „legitime Indifferenz“ *(Renate Mayntz)* bei Konsensüberschätzung nach innen und (ebenso fragloser) Akzeptanzunterstellung nach außen auch gegenüber der Alltagsrationalität nicht mehr durchzuhalten ist, kann das Recht seine Rationalitätsüberlegenheit, wenn überhaupt, nur durch (Wieder-) Anpassung an andere Subsysteme erhalten[24]. Dies verlangt eine konstruktive Verarbeitung der beschriebenen Diskurskollisionen und Rationalitätenkonflikte und erfordert eine (Diskurs-)„Gerechtigkeit gegenüber dem Heterogenen“ *(Wolfgang Welsch)*. Dabei dürfte der juristische Diskurs die doxischen Alltagsrationalitäten und Alltagsrealitäten nicht systematisch vernachlässigen und ihnen die Legitimität und Dignität von Rechts wegen absprechen, etwa indem er den Alltagsmenschen das Wort mit der Ignoranz und Arroganz von juristisch geschulten „Besser-Wissern“ und professionellen „Recht-Habern“ abschneidet.

---

23 Dies ist eine zweifellos schwierige Situation für Angehörige einer Profession, die sich traditionsgemäß, gewissermaßen von Berufs wegen, allein im Recht wähnten und zu deren professionellem Selbstverständnis es gehört(e?), nicht nur Recht zu haben, sondern auch, wenn es sein muss, gegen die empirische Evidenz Recht zu behalten.

24 Gefragt sind Anpassungsleistungen, welche die Systemgrenzen der juridischen Eigenrationalität überschreiten, die Sprachen, Texte und Grammatiken der jeweils anderen Subsysteme und der in ihnen geführten Diskurse einbeziehen und auch deren Wahrnehmungsweisen, Zeithorizonte, Präferenzen und Prioritäten angemessen berücksichtigen.

Um dies zu erreichen, muss das Rechtssystem seinen eigenen Prinzipien, etwa der inneren Widerspruchsfreiheit oder der Verhältnismäßigkeit, nicht mit einem Schlag die Gefolgschaft aufkündigen. Aber es muss sie modifizieren und zugleich überhöhte Steuerungsambitionen aufgeben. Nur so kann es Probleme in einer gesellschaftlich akzeptablen *und* juristisch adäquaten Weise bearbeiten und die dem im Weg stehenden Dialogstörungen überwinden. Dazu muss das Recht ökonomische, ökologische, technische und alltägliche Argumente verrechtlichen, so wie die Wirtschaft wirtschaftsfremde Argumente in ihre Währung „ummünzt", die Kunst das Leben ästhetisiert und die Wissenschaft die Lebenswelt verwissenschaftlicht, ohne selbst einer missverstandenen Trivialisierung anheim zu fallen oder diese, in einer Formulierung *Gunther Teubners,* zu „versklaven"[25]. Ob und inwieweit eine solche Übersetzung einzelner Merkmalsdeterminanten und deren Übertragung ins Recht gelingt, entscheidet nach *Renate Mayntz* die – variable – Akzeptanz[26] und nicht die – im wesentlichen konstante – Eigenlogik des adaptierenden Subsystems. Damit hängt der Erfolg dieser Übersetzungsleistungen von den von der *Verf.in* als Möglichkeitsbedingungen von faktischer Akzeptanz und prinzipieller Akzeptabilität auf allgemeinerer theoretischer Ebene[27] entwickelten 6 „K"s ab:

Kommunikabilität	Kompatibilität
Kommensurabilität	Konvertibilität
unter den gemeinsamen Voraussetzungen von	
Kommunalisierbarkeit	Kontingenz

Das bedeutet auch: Das Rechtssystem muss den Alleingeltungsanspruch einer spezifisch juridischen Rationalität aufgeben und sich nicht nur von dogmatischen Richtigkeitsvorstellungen, sondern auch von der Gerechtigkeit als einem ausschließlich rechtlichen Code verabschieden. Es muss aufhören, die Suche nach Gerechtigkeit als Monopol oder professionelles Privileg nur des Rechts zu begreifen, dessen Repräsentanten allein legitimiert und befugt wären, diesen Diskurs zu führen. Statt dessen muss das Recht den Korridor des Rechtmäßigen[28] erweitern, die

---

25 Vgl. *G. Teubner,* Altera Pars Audiatur: Das Recht in der Kollission anderer Universalitätsansprüche, in: Der Universalitätsanspruch des demokratischen Rechtsstaates, ARSP-Beiheft 65, 1996, S. 210.

26 *R. Mayntz,* Zum Status der Theorie sozialer Differenzierung als Theorie sozialen Wandels, in: H.-P. Müller/M. Schmid (Hrsg.), Sozialer Wandel. Modellbildung und theoretische Ansätze, 1995, S. 146.

27 Vgl. *Lucke* (FN 10).

Diskursfähigkeit auf die eigenen Dogmen und Tabus ausdehnen, auch Relevanzhierarchien und Legitimitätsordnungen jenseits des Rechts anerkennen und diese als (unter einer anderen als der rechtlichen Rationalität) relevant und legitim – notfalls auch gegen die eigenen Maßstäbe – gelten lassen.

Juristen als die vermeintlich prädestinierten Hüter von Recht und Gerechtigkeit müssen sich fragen, ob ein vollständig durchrationalisiertes Recht, wie dies *Max Weber* als reinste Form bürokratischer Herrschaft für eine rationalisierungsbedingt entzauberte Welt vorgeschwebt haben mag, die Maxime einer in Zeiten der Gegenrationalisierung mittlerweile selbst ihres Rationalisierungs*glaubens* beraubten Welt sein kann. Passt die juridische Rationalität mit ihren dogmatischen Prinzipien und unbedingten Apriorien zu der postmodernen „Ja aber“-, „Sowohl als auch“- und „Na und“-Philosophie ihrer BewohnerInnen, die ihren Code – in der Sprache von *Alfred Hirschman* und *Alain Touraine* – wenigstens teil- und zeitweise von „loyalty“ auf „voice“ umgestellt haben und ihre Kritik respektlos und trotzig gegen die stillschweigende Zustimmung stellen? Verträgt sich das juristische Generalprinzip der Zweifelsfreiheit mit einer Kultur systematischen Zweifels und über die Rationalitätssphäre der Wissenschaft hinaus generalisierten Zweifelns?

Diese und ähnliche Fragen treten auf, wenn immer mehr Menschen sich von Eckdaten, Grenzwerten und eben auch Rechtsnormen nur noch bedingt beeindrucken lassen und in einer historischen Renaissance, wie seinerzeit der Prophet: „Es steht geschrieben, ich aber sage Euch!“, nun das technisch Mögliche, wissenschaftlich Bewiesene und gesetzlich Vorgeschriebene mit der Souveränität des selbstbewusst gewordenen Alltagsverstands ignorieren und in einem neuerlichen Sieg des Trotzdem über das Amen immer häufiger „NEIN!“ – nicht nur zur Atomkraft – sagen. Möglicherweise ist in einer Gesellschaft voller Ausnahmen, Widersprüche, Inkonsistenzen und Inkonsequenzen, deren Mitglieder sich an Rest-Risiken und Ir-Realitäten jedweder Art gewöhnt haben und unter den Konditionen reflexiver Modernisierung und sekundärer Rationalisierung mit sehr vielen Geltungszweifeln, Allodoxien und Paradoxien auf einmal ganz gut leben können, die Idee der Rechtssicherheit, „ideé directrice“ der primären Rationalisierung und ersten Modernisierung, bereits heute schon ebenso obsolet wie das Postulat der Rechtseinheit unter den Bedingungen fortschreitender Pluralisierung und Individualisierung.

---

[28] So hat z.B. *Bourdieu* den Begriff der „Legitimität“ auf andere Lebensbereiche und Rationalitätssphären ausgedehnt. Er spricht u.a. von „legitimen“ Künsten (*P. Bourdieu,* Eine illegitime Kunst. Die sozialen Gebrauchsweisen der Photographie, 1981).

Unter den beschriebenen Voraussetzungen müssten Juristen sich aus soziologischer Sicht auch die Frage stellen, ob ein „einfaches" Ideal der Gerechtigkeit ausdifferenzierten Gesellschaften mit höchst unterschiedlichen Lebenslagen und vielfältiger werdenden Lebensverhältnissen angemessen sein kann[29]. Gleichzeitig müssten sie sich bewusst werden, dass Gerechtigkeit einen Teil und keine übergeordnete und erst recht keine allgemein anerkannte Größe in jenem Wertkonflikt darstellt, wie er für *Weber* Kennzeichen der Moderne war. Dazu hätten die durch Zeugnisse ausgewiesenen Repräsentanten des Rechts nicht nur die von Urteilsfähigen ohne juristische Staatsexamina vertretenen Gerechtigkeitstheorien anzuerkennen. Sie müssten auch den professionseigenen und für deren Rationalität konstitutiven Code: Recht – Unrecht um die rationalitätsübergreifenden inhaltsunspezifischen Codes: Akzeptanz – Nicht-Akzeptanz; Adäquanz – In-Adäquanz erweitern, die juristisch rationale Entscheidungsbasis auf eine neue formale Ebene heben und zugleich akzeptieren, dass auch Rationalisierungsvorsprünge und Professionalisierungsvorteile keine festen Daten darstellen, die sich – entsprechend dem biblischen: „Die ersten werden die letzten sein" – nicht à la longue in ihr Gegenteil verkehren könnten.

Wie die Rationalisierung schlägt die Professionalisierung ab einer gewissen Grenze in Unprofessionalität um. Beim Recht ist dies dann der Fall, wenn dieses nicht mehr in der Lage ist, seine Systemleistungen, Verhaltenssteuerung und Erwartungssicherheit, zu erbringen. Seitdem die Juristen auch ihre Alltagstheorien nicht mehr als arkanisiertes Fachwissen verkleidet und, wie in der Medizinerspache, in latinisierte Rechtsgrundsätze („Altera pars adiatur", „In dubio pro reo") gekleidet verkaufen können, findet zugleich – in einer Umkehrbewegung zur „Kolonialisierung der Lebenswelt" *(Jürgen Habermas)* – eine von der Lebenswelt ausgehende Re-Kolonialisierung der Profession statt. Sie führt in sinngemäßer Umkehr der Beweislast zu einer Verkehrung der Verhältnisse zwischen juristischen Experten und Laienpublikum.

Diese Situation verlangt von Juristen neben Kenntnissen geltenden Rechts und seiner Anwendung die als „contradictio in adiecto" herkömmlichem juristischen Denken widerstrebende Fähigkeit zu soziolo-

---

29 Dieses Problem wird unter dem Stichwort: „Pluralisierung des Rechts" in der „law and society"-community (stellvertretend *S. E. Merry,* Legal Pluralism, in: Law & Society Review, 1988, S. 869 ff.), aber auch in der deutschen (Rechts-)Soziologie (z.B. *H.-P. Müller,* Soziale Differenzierung und soziale Gerechtigkeit. Ein Vergleich von Max Weber und Michael Walzer, in: ders./B. Wegener (Hrsg.), Soziale Ungleichheit und soziale Gerechtigkeit, 1995, S. 135 ff.) seit längerem diskutiert. Neben anderen geht *Michael Walzer* davon aus, dass die Chancen auf Gerechtigkeit proportional zur sozialen Differenzierung steigen (vgl. *M. Walzer,* Spheres of Justice, 1983, S. 315).

gisch informierten, antizipatorischen Reaktionen. Mit diesen „anticipatory reactions" verbunden ist eine weitere Umstellung des juristischen Codes, von rechtsimmanenter juridischer Legitimation auf außerjuristische doxische Akzeptanz. Um diesem zusätzlichen Qualifikationserfordernis genügen zu können, müssten JuristInnen Rechtsethnologen oder besser noch juristisch geschulte EthnomethodologInnen werden, die sich – ähnlich der Ethnomethodologie in der Tradition von *Erving Goffman* oder *Harold Garfinkel*[30] – künstlich dumm stellen und gerade dadurch zu intelligenteren Einsichten gelangen. Wie die Betroffenenforschung in der Soziologie, speziell die Frauenforschung in den Sozialwissenschaften[31], sollten sie ihre AdressatInnen als ExpertInnen ihrer Situation ernst nehmen, sich auf das gelebte Leben einlassen, es so, wie es ist, annehmen – statt hiervon zu abstrahieren – und das „law in the books" an die zweite, das „Leben live" an die erste Stelle ihrer Relevanzhierarchien stellen[32].

Plädiert wird mithin für eine multikontextuelle Jurisprudenz, die in ihren Anforderungen über bloße Interdisziplinaritätspostulate hinausgeht. Eine solche Jurisprudenz setzt – im wohlverstandenen Sinne einer juridischen Prudentia – professionelle JuristInnen mit lebensweltlicher Verankerung und entsprechenden Primärerfahrungen voraus und beinhaltet auch die Kompetenz zu einer multilingualen interkulturellen Kommunikation, die sich nicht im Gebrauch der juristischen Fachsprache oder in der korrekten Auslegung von Gesetzestexten erschöpft. Dies impliziert eine Wende schließlich auch in der Rechtswissenschaft und der Rechtstheorie, welche *Michael Walzers*: „Good fences make just societies"[33] ein nicht nur programmatisch überlegenes: „Open doors make good (social, scientific and legal) communities" entgegenstellt.

---

30 Als Überblick über diese Forschungsrichtung *Arbeitsgruppe Bielefelder Soziologen* (Hrsg.), Alltagswissen, Interaktion und gesellschaftliche Wirklichkeit. 2 Bde., 1973.

31 Zu deren methodischen Postulaten wegweisend und seitdem in modifizierter Form forschungsleitend *M. Mies,* Methodische Postulate zur Frauenforschung, in: beiträge zur feministischen theorie und praxis, 1978, S. 41 ff.

32 Dies bedeutet die Verabschiedung von juristischen Realitäts- und hieran geknüpften Legitimitätsgewissheiten ebenso wie die Aufgabe der den Juristen im Rahmen ihrer Berufsausbildung ansozialisierten, unerschütterlichen Nicht-Irritierbarkeit zugunsten einer höheren Sensibilität für Kontingenzen („Es könnte auch anders (gewesen) sein") und Perspektivitäten („Man kann es auch anders sehen").

33 *Walzer* (FN 29), S. 319.

RECHTSTHEORIE 32 (2001), S. 175–196
Duncker & Humblot, 12165 Berlin

RHETORIK UND RECHTSMETHODOLOGISCHE AUFKLÄRUNG

Von Katharina Gräfin von Schlieffen, Hagen

Die Jurisprudenz des 20. Jahrhunderts erlebte zwei Wellen rechtsmethodischer Aufklärung: Eine erste, ungestüme, heute verbunden mit dem Schlagwort „Freirechtsschule“, und eine zweite, die sich in den siebziger Jahren mit dem aufkeimenden Interesse für die Nachbardisziplinen, dem zunehmenden Bewusstsein für die Sprachlichkeit des Rechts und der Rezeption von Viehwegs „Topik und Jurisprudenz“ entwickelte[1]. Beide Aufklärungswellen brachen am Widerstand des eigenen Faches. Die Selbstbeobachtung löste Autoimmunreaktionen aus. Die Vertreter der Jurisprudenz empfanden es offenbar als Selbstverleugnung, wenn ein Ansatz ihre zentralen methodischen Dogmen in Frage stellte: den Justizsyllogismus, die „Rechtserkenntnis“ oder die „Gesetzesbindung“. Der erste methodenkritische Anlauf zu Beginn des Jahrhunderts scheiterte genauso wie der folgende, wurde aber wenigstens von der Fachwelt wahrgenommen und diskutiert. Der zweite Aufbruch zeigte noch weniger Folgen. Die überwiegende Rechtslehre schien sich darauf verständigt zu haben, die metadogmatischen Betrachtungen der Topiker, Rhetoriker und Semiotiker erst gar nicht zur Kenntnis zu nehmen. Die wenigen Rechtslehrer, die sich mit Viehwegs Thesen beschäftigten, antworteten ausweichend oder verblüffend aggressiv[2]. Die Arbeiten seiner Schüler – namentlich *Ballweg, Schreckenberger, Rodigen, Garn* oder *Seibert* – wurden begründungslos abqualifiziert oder ignoriert[3].

---

1 *T. Viehweg,* Topik und Jurisprudenz. Ein Beitrag zur rechtswissenschaftlichen Grundlagenforschung, 5. Aufl., 1974; zur Mainzer Schule, die sich unter *Viehwegs* Führung versammelt hatte siehe *O. Ballweg/T.-M. Seibert* (Hrsg.), Rhetorische Rechtstheorie, 1982, ebd. insbes. *O. Ballweg,* Phronetik, Semiotik und Rhetorik, S. 27 ff., S. 30 f., 60 ff. sowie die Beiträge in dem ARSP-Beiheft Nr. 9 n.F. „Recht und Sprache“. *Viehwegs* Ideen wurden – veranschaulicht durch höheren Praxisbezug – von *Josef Esser* aufgenommen (Vorverständnis und Methodenwahl in der Rechtsfindung. Rationalitätsgrundlagen richterlicher Entscheidungspraxis, 1972).

2 Wenn überhaupt begründet, wurde die Ablehnung auf ungenaue Lektüre oder gezielte Mißverständnisse gestützt. Eine erste Aufarbeitung dieser Geschichte leistet die vorzüglich dokumentierende Analyse von *A. Launhardt,* Diss. Hagen 2001.

3 Z.B. *O. Ballweg,* Analytische Rhetorik als juristische Grundlagenforschung, in: R. Alexy/R. Dreier/U. Neumann (Hrsg.), Rechts- und Sozialphilosophie in Deutschland heute. Beiträge zur Standortbestimmung, ARSP Beiheft 44, 1991, S. 45 ff.

I. Die Angst vor der Selbstbeobachtung

Rückblickend erscheint es so, dass dieser ungewöhnliche Widerstand weder auf persönlichen Feindschaften, Karrierekonflikten oder Schulenpolitik beruhte, sondern eine gemeinsame, gleichsam kollektive Wurzel hatte: Die Angst des Systems vor der Selbstanalyse. Die Wissenstheorie, die Sprachanalysen, die methodologischen Studien der Rhetorik weckten eine unausgesprochene Furcht: Dass die Analyse etwas Abträgliches, Zerstörerisches zu Tage bringen könnte, dass die Forscher hinter einen Schleier blicken, und dass das, was sich ihm dann offenbaren würde, nur eine Maske sei. Dieser Verdacht musste sich aufdrängen: Alle Analysen zeigten, dass die Rechtsgewinnung nicht so stattfindet, wie man es glaubte und glauben machen wollte. Die angeblichen Regeln juristischen Denkens, das Postulat der Gesetzesdeduktion, der Logizität und sogar der Rationalität verflüchtigen sich im Licht jeder wirklichkeitsbezogenen Untersuchung. Zwischen der *Herstellung* des Rechts, die sich den Analytikern verriet, und der *Darstellung* dieser Herstellung bestand offenbar ein unübersehbarer Unterschied[4].

Dies war deshalb so besorgniserregend, weil der Glaube in die *Formen* des juristischen Denkens – also die *Gewissheit im Methodischen* – nach dem Verlust des Glaubens in die rechtlichen *Inhalte* die letzte Sicherheit war, die der Jurist behalten hatte. Gerade hatte er sich damit arrangiert, dass die Inhalte, mit denen er umgehen muss, relativ und fragwürdig sind: Die lebensfernen Tatbestände, die mehrdeutigen, lückenhaften Gesetzestexte, die schwankenden Auslegungsregeln und die unfassliche Pluralität rechtlicher und moralischer Axiome. Was blieb, war die Sicherheit in der Art und Weise der Rechtsgewinnung, also Formen, Verfahren und Denkregeln, das letzte Stück Boden, von dem aus sicheres Entscheiden möglich scheint.

Musste man angesichts der sozial- und sprachanalytischen Enthüllungsforschung also nicht befürchten, dass das Forschungsobjekt – die Rechtsgewinnung – das Ende dieser Anstrengungen nicht überleben würde? Dass die letzte rechtliche Orientierung zerbrechen und nichts an ihre Stelle treten würde als die Einsicht in die Mechanismen einer Täuschung? Der Hauptvorwurf gegen die aufklärerische Methodologie war darum auch, sie führe in die Beliebigkeit[5]. Die vehementesten Angriffe galten dabei der Richtung, die sich als „Rhetorik“, „analytische Rhetorik“ oder „rhetorische Rechtstheorie“ bezeichnete.

---

4 *K. Sobota,* Sachlichkeit, Rhetorische Kunst der Juristen, 1990, S. 13 passim.

5 Dazu: *K. Sobota,* System and Flexibility, in: Law, Argumentation, Vol. 5 No. 1 (1991) „Legal Argumentation“, S. 275 ff.

II. Rhetorikforschung als Grundlage einer Rechtsmethodologie

„Rhetorik“ meint in diesem Zusammenhang einen sprachbezogenen Zweig der Verhaltensforschung. Angestoßen durch *Viehwegs* Neuentdeckung der Topik sieht sie in der Jurisprudenz eine besondere Ausprägung der Rhetorik als einer Kunst (Techne), die im Medium der Meinungen[6] bestimmte Wirkmittel einsetzt[7]. Die Analyse juristischen Verhaltens folgt also der Prämisse, dass Urteile, Schriftsätze oder Kommentare nicht – möglichst objektive – Beschreibungen einer Rechtserkenntnis sind, sondern intervenierende Sprechhandlungen, die grundsätzlich auf die gleiche Weise zustande kommen wie andere rhetorische Akte.

Diese Annahme stößt auf Widerstand. Da Rhetorik in der allgemeinen Anschauung negativ assoziiert wird, scheint die Gleichsetzung von Rechtsgewinnung und Rhetorik den Vorgang der Rechtsgewinnung in schlechte Gesellschaft zu bringen. Die Gegner der Rhetorikanalyse befürchten, dass sich der rhetorische Gestaltungsprozess nicht nach den Werten des Rechts und der Gerechtigkeit richtet, sondern nur auf „Überredung“ zielt. Eine rechtliche Herstellung, die man als rhetorisch begreift, würde demnach ausschließlich instrumentelle Vorgaben und keine inhaltliche Ausrichtung enthalten. Von einer inhaltsleeren Methodenlehre ist aber zu fürchten, dass sie die Jurisprudenz von einer unschönen Seite zeigt: Als eine Fertigkeit, der sich ein Kenner zu jedem Zweck bedienen kann.

Juristen ohne Scheuklappen und Gedächtnisschwäche wissen freilich, dass die Rechtsgewinnung unter schlechten Bedingungen genau diese Ungestalt annehmen kann. Das gekaufte Gutachten, der politisierte Richter, der Unrechtsstaat, der sich mit Hilfe rechtlicher Regeln organisiert: Diese Erscheinungen sind bekannt, auch wenn sie in der akademischen Darstellung in gutgemeinter Idealisierungsmühe nach Möglichkeit verschwiegen oder beschönigt werden. Da diese Ausnahmen einst und heute Wirklichkeit sind und die Rhetorik unter Verdacht steht, diese Ausnahmen als die Regel auszurufen, befürchtet man, dass der Rhetorikforscher dem Orientierungssuchenden, der es auf dem schwankenden Boden der Perspektivität und sprachlichen Ungenauigkeit bereits schwer genug hat, endgültig die Ausrichtung am Guten und Gerechten nimmt.

Die folgenden Überlegungen wollen zeigen, dass die Jurisprudenz unter den Augen der Rhetorikanalyse nicht hässlich und beliebig wird. Zwar trifft es zu, dass die Rechtsgewinnnung aus der Perspektive der

---

[6] *O. Ballweg,* Medium jeder Rhetorik ist die Meinung, in: J. Dyck/W. Jens/G. Ueding (Hrsg.): Rhetorik. Ein Internationales Jahrbuch, Bd. 15, 1996, S. 137 ff.

[7] Z.B. *K. Sobota,* The Rhetorical Construction of Law, in: International Journal for the Semiotics of Law, Vol. V, N. 13, 1992, S. 39 ff.

Rhetorikforschung nicht nach denjenigen Regeln abläuft, die in den Lehrbüchern stehen, sie also nicht der dogmatisierten Darstellung der Herstellung entspricht; dafür folgt sie anderen Mustern. Diese Muster zu entdecken und zu beschreiben wird Grundlage einer wirklichkeitsadäquaten Methododologie sein, die dem Rechtsanwender – und nicht zuletzt dem Studierenden – seine Arbeitsweise bewusst macht. Ohne diese Aufklärung bleiben die Konstruktionsprozesse der Juristen im Dunkeln, abgeschirmt gegen Kritik, Reflexion und gezielte Steuerung. Die Nachteile für die juristische Ausbildung sind bekannt: Die Techne der Rechtsgewinnung wird nicht begriffen, sondern durch ein unbewusstes Imitationsverhalten eingeübt[8]. Dies verbietet einen distanzierten, nachdenklichen Umgang mit dem eigenen Instrumentarium.

III. Die Muster der Rechtsgewinnung aus der Sicht der Rhetorikforschung

Wie kann man sich nun aber die Muster vorstellen, die das juristische Entscheiden wirklich leiten – „wirklich“ im Sinne von „technisch-praktisch“, „durch den Erfolg zu belegen“? Den Mustern, die eine wirklichkeitsadäquate rhetorische Methodologie beschreiben kann, fehlt die Exaktheit, die man sich von einer Wissenschaft erhofft; trotzdem kann man nicht behaupten, sie seien völlig ungenau. Ihre Genauigkeit entspricht, wie schon *Aristoteles* festgestellt hat, dem Genauigkeitsgrad ihres Gegenstandes[9]: nämlich dem Recht, das als Erscheinungsform „des Edlen und Gerechten“ „so viele(n) Unterschiede(n) und Schwankungen“ unterliegt, dass man sich bescheiden muss, „die Wahrheit nur grob und umrißhaft anzudeuten“[10]. Aus der Sicht der Rhetorikforschung folgt die Rechtsgewinnung einem Komplex von Zwängen, denen der Redner in seiner jeweiligen Rolle als Rechtsanwender Folge leisten muss[11]. Diese Zwänge oder Bedingungen liegen nicht dort, wo sie die gewohnte Methodenlehre sieht.

---

8 *K. Sobota,* Imitation und Reflexion in der Rechtsmethodik, in: E. Denninger/ M. Hinz/P. C. Mayer-Tasch/G. Roellecke (Hrsg.): Kritik und Verantwortung, FS Peter Schneider, 1990, S. 501 ff.

9 Der „logisch geschulte Hörer wird nur insoweit Genauigkeit auf dem einzelnen Gebiet verlangen, als es die Natur des Gegenstandes zulässt. Es wäre nämlich ungereimt, vom Mathematiker Wahrscheinlichkeiten entgegenzunehmen wie vom Rhetor denknotwendige Beweise zu fordern“, Arist. EN I 1, 1094b 23–27.

10 Ebd.

11 Für die systemtheoretische Sicht erstmals *O. Ballweg,* Rechtswissenschaft und Jurisprudenz, 1970; zuletzt dazu *ders.,* Prolegomena einer rhetorischen Didaktik des Rechts, in: Festschrift für M. Kriele, Bd. I, 1997, S. 127 ff.; aus rhetorischer Perspektive: *K. Sobota* (FN 7), S. 39 ff.

1. Überzeugungszwang

Jede Rechtsgewinnung endet in etwas Gesprochenem oder Geschriebenen – in der Terminologie der Rhetorik: einer Rede. Eine Rede ist niemals Selbstzweck. Definitionsgemäß ist sie an jemanden gerichtet: an kleine oder große, wirkliche oder eingebildete Auditorien, vielleicht auch an den Redner selbst. Die Ausrichtung auf jemand anderen ist verbunden mit einem Handlungsziel: die Rede soll etwas bewirken. Sie soll, je nach Genus, erheben oder begeistern, traurig oder nachdenklich stimmen, informieren oder beraten, ja oft gezielt auf die Meinungsbildungsbildung einwirken: Meinung machen, befestigen, umstimmen.

Ohne Zweifel handelt es sich bei dieser Wirkdimension (Was will der Redner?) um einen unfasslich vielschichtigen Zusammenhang von Faktoren, die Psychologen, Soziologen oder Neurobiologen jeweils anders sehen dürften und in jedem Einzelfall als besondere Strategie, unbewusste Vorstellung, Antrieb, Intention, Motiv oder Wunsch des Redners beschreiben würden. Die Rhetorik kürzt die Analyse in diesem Punkt ab und beschränkt sich auf eine Formel: Der Redner will überzeugen. Das ist sehr kurz gegriffen. Manchmal mag das Wort „überzeugen“ in seinem gewohnten Sinn passen, häufig aber auch nicht. Der Vorzug einer Wissenschaft ist jedoch, dass es ihr erlaubt ist, auszublenden. Sie kann mit sog. Black-Boxen arbeiten. Sie darf, ja muss sogar partial sein; wenn sie für alles und jedes eine Erklärung haben wollte (Anspruch auf Totalinterpretation der Welt), wäre sie – wie es *Ballweg* dargelegt hat – nicht Wissenschaft, sondern Doktrin[12].

Mit der Vorgabe, dass der Redner „überzeugen“ will, spart die Rhetorik also einen großen Raum von Verhaltens-, Kognitions- und Psychoanalyse aus, überlässt das Thema anderen Disziplinen und arbeitet im weiteren nur noch mit dem, was sich in der Redesituation in Bezug auf die konstruierte Black-Box ereignet[13]. Die gleiche Reduktion wird i. Ü. mit den beiden anderen Grundbegriffen „Redner“ und „Auditorium“ vorgenommen. Genausowenig wie die meisten Redner im eigentlichen Wortsinne „reden“, existieren die meisten „Auditorien“ als eine reale Hörerschaft. Beide Begriffe markieren in der rhetorischen Analyse lediglich die unbekannten Quell- und Schlupfpunkte von den eigentlich interessierenden Wirkzusammenhängen – nämlich: *Wie* muss sich ein Redner *verhalten,* um ein Auditorium zu überzeugen.

---

12 *Ballweg,* FN 11 (1970), S. 28 f., 52, 57 f., 121.

13 Dies ist ein weiterer Punkt, der für die Überflüssigkeit der Differenzierung zwischen „überzeugen“ und „überreden“ spricht. Wer auf dieser Unterscheidung besteht, muss moralische Ansprüche und rednerische Qualitätskriterien, die man allenfalls am Ende einer Analyse gewinnen kann, bereits am Anfang der wissenschaftlichen Arbeit in ein – im übrigen eben dunkles – Feld projizieren.

2. Professionszwänge

Wenn man die Prämisse „Überzeugungszwang“ akzeptiert, also als Arbeitsgrundlage annimmt, dass der Jurist ein Redner ist, der sein jeweiliges Auditorium überzeugen will, dann wird eine Vielzahl von anderen Zwängen sichtbar, die sich gewissermaßen aus dem Grundzwang, „überzeugen zu müssen“, ableiten. Diese Folgezwänge sind bei Rednern, die Jurisprudenz als Beruf betreiben (also Richter, Anwälte, Verwaltungsbeamte), in erster Linie professionsbedingt. Bei Rednern dieser Art wird die Rechtsgewinnung in erster Linie durch Verhaltensmuster bestimmt, von denen man annimmt, dass sie in dem jeweiligen juristischen Beruf zum Erfolg führen. Gleichgültig, was der Betreffende über die richtige Rechtsanwendung gelernt hat – sei es inhaltlicher oder methodischer Art – unter dem Druck der beruflichen Vorgaben treten diese Regeln zurück. Maßgeblich wird die Meinung des Kammervorsitzenden, des Obergerichts oder der Seniorpartner. Wenn der Vorgesetze die Devise ausgibt: „Kommen Sie mir niemals mit einer teleologischen Auslegung“, streicht der Anfänger diese Figur aus seinem Repertoire.

Die Profession bestimmt aber auch, in welcher Form man die Rechtsgewinnung erscheinen lässt: Auftreten, Umgangsformen, Kleidung, Art des Redens oder Schreibens, welches Papier, welche Tonlage, welche Gliederung der Gedanken. Die Übergänge zum Inhaltlichen verlaufen unmerklich: Welcher Begründungsstil, welche Beweisanträge, welche Argumente passen zum Stil des Hauses, der öffentlichen Resonanz der Behörde, dem Erfolgskurs der Kanzlei? Professionell eingefärbt ist auch die Bestimmung des Auditoriums, an das der Jurist denkt, wenn er seine Rede konzipiert. Macht er sein Urteil für den Antragsteller, für das Bundesgericht, für die Fachwelt, die Presse? Und falls er sich an mehrere wendet: An wen adressiert er sich in erster, an wen in letzter Linie?

3. Systemzwänge

Die professionellen Zwänge sind individuelle Faktoren, die den Redner als erfolgssuchendes Einzelwesen leiten. So muss z.B. der Richter im Interesse seiner eigenen Karriere vermeiden, den Eindruck von Parteilichkeit zu erwecken. Häufig werden die individuellen, berufsbedingten Vorgaben jedoch durch überindividuelle Zwänge geprägt. Diese Faktoren hängen damit zusammen, dass der Redner und sein aktuelles Auditorium nicht nur für sich alleine stehen, sondern beide zugleich Funktionäre eines sozialen Netzwerkes sind – z.B. des Sozialsystems Rechtsprechung als Teilssystem des Sozialsystems Recht –, an dessen Überleben das professionelle Überleben der Individuen gekoppelt ist. Der persönliche Überzeugungserfolg ist also mehr oder weniger direkt mit dem Systemerfolg verbunden. Wie Systemzwänge im Einzelfall auf die Rechtsgewinnung wirken, muss noch genauer untersucht werden. Manchmal werden sie wohl durch selbständige Einsicht, meist aber durch Professionsregeln, eine entsprechende Ausbildung und individuell wirkende Kontrollen durchgesetzt. Diese Edukations- und Kontrollmechanismen stehen jedoch offenbar in enger Wechselwirkung mit den Anforderungen, denen das Rechtsystem im Zusammenspiel mit den übrigen Sozialsystemen genügen muss.

a) Anschlusszwang

Recht existiert nicht als Phänomen an sich. Es entsteht mit der Art und Weise, wie Menschen miteinander umgehen, und es vergeht, wenn diese Umgangsformen nicht mehr gewahrt werden. Wie eine Spinne jeden Tag an ihrem Netz weben muss, damit es bleibt und hält, muss das Phänomen Recht Tag für Tag aufs neue beschworen werden, damit es Bestand hat. Wo die Kette dieser Evokationen abreißt, geht das Recht in der jeweiligen besonderen Ausformung zugrunde. Nur sehr selten gelingt es, eine Rechtsform, die außer Übung geraten ist, wieder zum Leben zu bringen. Damit das Phänomen „Recht" aber täglich beschworen werden kann, muss eine Gesellschaft Energie und Raum für derartige Interaktionen haben. Daran fehlt es in existenziellen Notlagen genauso wie unter totalitären Verhältnissen, wo die konfliktbeendende Funktion des Rechts von anderen Sinnsystemen (Religion, Politik, u.s.w.) wahrgenommen wird[14].

Der Anschlusszwang verlangt aber nicht nur, dass die Fäden des rechtlichen Netzes durch täglichen Einsatz ununterbrochen gesponnen werden, sondern auch, dass sie zusammenhängen[15]. Um dieses Ziel zu erreichen, muss die Rechtsrhetorik eine doppelte Strategie verfolgen: Einerseits muss sie als das ordnungsgebende Moment der Gegenwart manifest werden, andererseits muss sie in die Zukunft verweisen[16]. Ihrer ordnenden Funktion zum Trotz muss die Rechtsrhetorik stets etwas offen lassen. Die perfekte Formel, mit der man Gerechtigkeit errechnen könnte, wäre ihr sicheres Ende. Der beste Garant für die dramaturgisch notwendige Offenheit des Rechts ist die Diskrepanz zwischen den menschlichen Ansprüchen und den menschlichen Mitteln, Gerechtigkeit herzustellen. Welches Gesetz, welches Urteil, welche Rechtsmeinung gilt

---

14 *K. Sobota*, Geburt und Tod fiktiver Welten, in: M. Heuser/W. Schmidt (Hrsg.), Gestalt. Gestaltwerdung – Gestaltzerfall, 1991, S. 45 ff.

15 *N. Luhmann*, Soziale Systeme. Grundriß einer allgemeinen Theorie, 1984, S. 62, 158.

16 Ebd., S. 157 f.

schon als der Weisheit letzter Schluss? In einer Gesellschaft, die Kritik zulässt und an Verbesserungen nicht gänzlich uninteressiert ist, wirken Teile der Rechtsordnung immer veränderungsbedürftig und laden zur Partizipation am Rechtsdiskurs ein. Die Kritiker, die sich mit systemimmanenten Mitteln artikulieren, sorgen für die Spannung, ohne die es keine Fortsetzung der juristischen Rhetorik gäbe. Zu diesen Dynamisierungsfaktoren gehören nicht nur Revisionen von Urteilen und Änderungen der Gesetzeslage, sondern auch die akademischen Diskussionen mit ihren Utopien und unauflösbaren Begriffsgegensätzen, die für endlose Beschäftigung sorgen (z. B.: geometrische oder arithmetische Gerechtigkeit[17]? Individuum oder Gemeinschaft? Positivismus oder Naturrecht? u.s.w.)[18]. Wie intensiv die Kritik sein kann, um produktiv zu wirken, hängt vom aktuellen Ordnungsbedürfnis der Menschen ab. Eine Gesellschaft, die sich langweilt, sieht den Kritiker lieber, als eine Gesellschaft, die von beunruhigenden Ereignissen erschüttert wird. In Zeiten der Irritation muss die Rechtsrhetorik daher ihren ordnenden Aspekt, die „Geschlossenheit", in den Vordergrund stellen. Sie muss betonen, dass das Recht eine einheitliche, kontinuierlich vorhandene Entität ist.

Da Judikative, Administration und Legislative stets vor neuen Aufgaben stehen, und diese Aufgaben durch ein sich ständig wandelndes Verständnis der Gesetze, Lehren und Kasuistik gelöst werden, ist es keineswegs selbstverständlich, dass diese Fiktion akzeptiert wird. Wieso soll die Aneinanderreihung von völlig verschiedenen Aktionen einzelner Menschen als „dasselbe" erlebt werden? Welche Kunst muss die Rhetorik anwenden, um aus den „vielen Tropfen" „denselben Fluss" zu machen? Diese Frage ist nicht nur wichtig, um zu verstehen, wie der Anschlusszwang erfüllt wird, sondern auch, um zu begreifen, wie sich das System Recht als geistige Entität neben anderen Sozialsystemen etablieren und halten kann. Wie später zu zeigen ist, könnte eine Lösung mit dem zusammenhängen, was heute mit dem Stichwort „Selbstreferenz" umschrieben wird. Da es sich dabei um eine zentrale Bedingung der Rechtsrhetorik handelt, soll sie hier gesondert behandelt werden.

Das Phänomen der Selbstreferenz basiert auf einer artifiziellen Voraussetzung: So, wie man für eine Selbstbespiegelung einen Spiegel braucht, verlangt die Selbstreferenz nach einer „zweiten Ebene": einem Bereich gleichsam „über" der Dimension der einfachen Aktionen. Dieser zweite Bereich, den wir auch „Beobachter", „Gedächtnis" oder „Ordnung höheren Grades" nennen können, ist materiell mit dem ersten Bereich identisch[19]; informationell besitzt er jedoch eine andere Qualität[20].

---

17 Arist. EN, V. 7.

18 *K. Sobota,* Stimmigkeit als Rechtsstruktur, in: ARSP 1991, S. 243 ff.

19 Es handelt sich z. B. jedesmal „materiell" um Buchstaben oder Neuronen.

Diese Qualität resultiert aus einem paradoxen Zusammentreffen von Differenz und Identität: Einerseits ist das Spiegelbild etwas anderes als das Gespiegelte (Differenz), andererseits ist es aber auch insofern „dasselbe", als sich das Objekt von dem Bild im Spiegel repräsentiert sieht (Identifikation). Zu den Merkmalen Differenz und Identität kommt noch ein weiterer Gesichtspunkt: Die selbstreferenzielle Repräsentation ist nicht deskriptiv, sondern präskriptiv. Sie will nicht müßig „beschreiben", „beobachten" oder „abbilden", sondern wird als Handlungsanweisung gebraucht.

Wie uns die neuere Forschung lehrt, ist jeder lebendige Bestand und jede Entwicklung auf derartig paradoxe Verdoppelungen angewiesen. Die einzelne Aktion ist einmalig und vergänglich; die mitlaufenden, selbstbezüglichen Repräsentationen liefern jedoch die dynamischen Blaupausen, die Reproduktion und komplexe Koordinationen ermöglichen[21]. Die Organisation des sozialen Lebens ist in diesem Punkt den biologischen Konstruktionsmechanismen ähnlich: Auch hier brauchen wir informationell übergeordnete, zeichenhafte Ebenen, die das einfache Tun zum Zweck der Wiederholung, Koordinierung und Integration repräsentieren. Das Mittel, das hierfür zur Verfügung steht, ist – neben den nonverbalen Zeichensystemen – die menschliche Sprache. Mit ihrer Hilfe gelingt es, im sozialen Leben neben der „ersten" eine „zweite" Wirklichkeit zu erfinden, in welcher die sozialen Interaktionen des Menschen different und präskriptiv repräsentiert werden können[22].

---

20 Die Hilfsbegriffe „materiell" und „informationell" sollen hier nur eine Relation ausdrücken; es ist klar, dass in jedem lebenden System beide Elemente untrennbar sind.

21 So z.B.: *M. Eigen/P. Schuster,* The Hypercycle. A Principle of Natural Self-organisation, 1979; *H. Haken,* Information and Self-Organisation, 1988; *H. R. Maturana/F. J. Varela,* Autopoiesis and Cognition. Boston Studies in the Philosophy of Science, 1979; *H. R. Maturana,* Autopoiesis, in: M. Zeleny (Hrsg.): Autopoiesis: A Theory of Living Organisation, 1981, S. 21 ff., S. 25, 32; *ders.,* Erkennen. Die Organisation und Verkörperung von Wirklichkeit, ausgew. Arbeiten zur biologischen Epistemologie, 1982, S. 21, 39, 47 ff., 73 ff.

22 Grundlegend neben *Nietzsche*: *Immanuel Kant* und dessen Begriff der „regulativen Prinzipien" (Kritik der reinen Vernunft, 1966, S. 599, 673 ff.); *H. Vaihinger,* Die Philosophie des Als Ob. System der theoretischen, praktischen und religiösen Fiktionen der Menschheit auf Grund eines idealistischen Positivismus, 2. Aufl., 1924, S. 4, 14 ff.; *L. Wittgenstein,* Philosophische Untersuchungen, Nr. 114 f., in: Schriften, Bd. 1, S. 343; *ders.,* Über Gewissheit, 1970, S. 10, 33 f., 94 f. (Nr. 7, 94 ff., 357 ff). Zur Diskussion seit den sechziger Jahren: *P. L. Berger/T. Luckmann,* The Social Construction of Reality, 1966; *S. Wolff,* Der rhetorische Charakter sozialer Ordnung 1976, S. 77 ff.; *Luhmann* (FN 15), S. 25, 51, 61, 63 f., 79, 227 ff.; *H. Blumenberg,* Anthropologische Annäherung an die Rhetorik, in: Wirklichkeiten, in denen wir leben, 1981, S. 104 ff., 132 ff.

b) Selbstreferenz

Wie bereits erwähnt, kann eine Folge von Einzelaktionen nur dann „denselben“ Bestand haben, wenn sie gleichsam zweispurig verläuft: Auf der ersten Ebene müssen die einfachen Aktionen stattfinden, auf der zweiten Ebene müssen sie präskriptiv repräsentiert werden. Erstaunlicherweise zeigt eine Analyse juristischer Texte, dass dieses Muster in zwei Versionen existieren: Es gibt „echte“ und „unechte“ Selbstreferenzen. Die „echten Selbstreferenzen“ sind operationell taugliche Mittel, denen zu verdanken ist, dass das Rechtssystem traditionsgemäß fortgeführt wird. Zu ihnen zählen die forensischen Rituale, die Techniken der Rhetorik, die Mechanismen der inoffiziellen Unterweisung durch Ältere und Erfahrenere und die Auswahl des Nachwuchses durch bestimmte Zulassungsbeschränkungen. Trotz ihrer Wichtigkeit findet die zeichenhafte Vermittlung dieser Art der Referenzen nur inoffiziell statt. Man kann sie daher auch als Krypto-Referenzen bezeichnen. Wie intensiv die Krypto-Referenzen geheimgehalten werden, wird deutlich, wenn man sich vergegenwärtigt, dass selbst Studenten im Rechtsunterricht an den Universitäten kaum etwas über diese Normen erfahren. So muss die Technik, die das Recht zuzusammenhält, über ein bewusstloses Imitationsverhalten gelernt werden.

Der zweite Typ der Selbstreferenzen, die Pseudo-Referenzen, beschreibt die Rechtsgewinnung in der erwähnten wirklichkeitsfremden Weise. Sie beschreiben nicht die Herstellung, sondern geben eine Darstellung der Herstellung. Wie bereits andernorts beschrieben[23], werden alle juristischen Entscheidungen mit bestimmten – wenn man so will: frei erfundenen – ätiologischen Geschichten über ihre Entstehung unterlegt. Besonders deutlich sind drei Typen von Herstellungsgeschichten:

---

23 *Sobota* (FN 4).

Erstens: Eine vorrationale Ätiologie, welche die Rechtsentscheidung auf magische, mystische oder andere übernatürliche Ereignisse zurückführt, z.B. auf das Diktat eines Gottes oder den zauberhaften Klang bezwingender Worte. Zweitens: Eine rationale Ätiologie, welche die Entscheidung als eine objektive Erkenntnis der Fakten, des Gesetzesinhaltes und der logischen Verbindung beider Datengruppen darstellt. Drittens: Eine rational-reflexive Ätiologie, welche – vergleichsweise wirklichkeitsnah – die Entscheidung als Konsequenz eines bestimmten Ausdrucks des menschlichen Willens beschreibt (Stützung auf „Vertrag", den „Volkswillen", den „Akt des Gesetzgebers"). Wie es scheint, bevorzugen die zeitgemäßen Rechtstexte im Bereich der Rechtsprechung die zweite, also die rationale Variante; die Verwaltung mischt rationale mit den rational-reflexiven Pseudo-Referenzen; in allen Bereichen sind aber auch immer Bezüge zum Vorrationalen zu finden (z.B. Institut des Eides, Verwendung von alten Beschwörungsformeln wie „Treu und Glauben", „Grund und Boden".)

c) *Rückbezüglichkeit*

Die verschiedenen Ebenen aus Aktionen und Selbstreferenzen laufen nicht nebeneinander her, sondern interagieren. Die selbstreferenziellen Repräsentationen der „zweiten Ebene" werden durch Aktivitäten auf der „ersten Ebene" produziert und wirken zugleich präskriptiv auf die „erste Ebene" zurück. Dadurch ändern sie auch die Mechanismen, von denen sie selbst produziert werden, so dass sich gleichsam Spiegelbild und gespiegelte Wirklichkeit aneinander anpassen können. Im besten Fall bilden sich auf einander zugeschnittene Spezialitäten heraus: Die Repräsentation „passt" zu den Aktionen, und die Aktionen „passen" zur Repräsentation, und zwar insofern, als beides den Zuhörer mit einer für den Systembestand ausreichenden Intensität beeindruckt.

Da wir es im Falle des Rechts (wie vermutlich auch bei der Moral und der Religion) mit Rhetoriken zu tun haben, bei denen die Selbstreferenzen doppelbödig angelegt sind – einerseits die offiziellen Pseudo-Darstellungen und andererseits die inoffiziellen Krypto-Repräsentationen – wirkt sich die Reflexivität ebenfalls doppelseitig aus. Die inoffiziellen Rückkopplungen dürften für die Anpassung an die „äußere Wirklichkeit" sorgen („normative Kraft des Faktischen"[24]); die offiziellen hingegen helfen, die idealen Formen der rechtlichen Selbstdarstellung auszubilden. Aristoteles sieht in diesem Kreislauf zwischen Haltung und Verhalten die zentrale Bedingung jeder Ethik: „So werden wir gerecht,

---

24 Zum Begriff der ‚normativen Kraft des Faktischen' vgl. *G. Jellinek,* Allgemeine Staatslehre, 3. Aufl. 1914, S. 337 ff.

indem wir gerecht handeln“[25]. Wo diese Rückwirkung nicht stattfindet, laufen die Spuren der Herstellung und Darstellung auseinander.

4. Erster Unterfall des Überzeugungszwangs: Inventionszwang

Die bislang genannten systemischen Zwänge betreffen Anforderungen, die wohl jedes Sozialsystem erfüllen muss, wenn es sich erhalten will (Anschlusszwang, Selbstreferenz, Rückbezüglichkeit). Zu diesen allgemeinen Systemzwängen treten im weiteren speziellere Voraussetzungen, die ein Hersteller des Produktes Recht erfüllen muss. Diese Spezialvoraussetzungen verlangen, dass der Redner – möglichst allein mit Hilfe kunstvollen Sprechens – eine neue Welt schafft, in der andere Zuordnungen denkbar werden als in der konfliktären, ungewissen Welt, die geregelt werden soll (Inventionszwang). Sinn der Invention dieser anderen, spachgeschaffenen Welt ist die Ordnungs- und Befriedungsfunktion: Was als alltäglicher Streit unendlich wäre, kann, übertragen in die Begriffe des Rechts, endlich werden. Dass die neue sprachgeschaffene Dimension ausgerechnet rechtlicher Art ist, ist dabei nicht zwingend; die alltäglichen Probleme könnten genauso gut in eine andere Rhetorik transponiert werden (Magie, Wettkampf, Ästhetik). In der modernen ausdifferenzierten Gesellschaft liegt jedoch das Hauptgewicht der ordnungsstiftenden Inventionen im Rechtlichen. Der Inventionszwang ist damit aus systemischer Perspektive auf die Schöpfung einer Matrix angelegt, deren Relationen als spezifisch rechtlich erkennbar sind. Die Zwänge, die darauf gerichtet sind, durch Rhetorik eine rechtliche Zuordnungsdimension zu erschaffen, können sowohl auf individueller als auch auf systemischer Ebene beschrieben werden: Die im weiteren vorgestellten Faktoren sind so nicht nur Erfolgsbedingungen für ordnungsstiftende rhetorische Interventionen zwischen Individuen, sondern auch für den Bestand des Sozialsystems Recht im Verhältnis zu anderen Sozialsystemen[26].

a) Entscheidungszwang

Zu den besonderen Leistungen, die das Rechtssystem erbringen muss, zählt das Entscheiden. Die Rechtsgewinnung steht also – anders als viele andere rhetorische Herstellungsprozesse – unter dem besonderen Vorzeichen, dass der Redner am Ende seiner Arbeit mit einem Ergebnis auf-

25 Arist. EN, II. 1.

26 Eine Beschreibung, die zwischen den Mustern interindividuellen Überzeugens (klassische Rhetorik) und der Rhetorik von Sozialsystemen (soziale Steuerungssprachen, Codes) unter Berücksichtigung der Überschneidungen differenziert, wäre noch zu leisten.

warten muss[27]. Das Unendliche des lebensweltlichen Disputs muss in eine Endlichkeit überführt werden. Dies trifft nicht nur für die rechtsprechende Tätigkeit zu, sondern auch für die übrigen Bereiche, in denen die rechtliche Dogmatik geschaffen und ausgebildet wird. Rechtsgewinnung steht damit unter der Bedingung, dass sich die Perspektive am Ende aller Darlegungen verengen und der Redner ein bestimmtes Ergebnis als das Richtige, das Rechte, verkünden muss: Der Anspruch besteht oder er besteht nicht, die Frist ist verstrichen oder gewahrt, die Handlungsfreiheit wurde beachtet oder ist verletzt worden. Rechtsgewinnung erlaubt nicht, etwas offenzulassen; es muss beendet werden.

Beendet wird eine Ungewissheit. Die Ungewissheit kann mit einem Konflikt in der sozialen Wirklichkeit zusammenhängen: „Muss der Kaufpreis bezahlt werden?", „Ist der Angeklagte zu bestrafen?", „Bekommt allein die Mutter das Sorgerecht?". Die Ungewissheit kann aber auch das Produkt einer rein juristischen Frage sein, deren Beantwortung für das außerjuristische Leben belanglos ist, z.B. „Sollte man eine modifizierende Auflage mit einer Anfechtungsklage angreifen (oder mit einer Verpflichtungsklage – was letztlich auch zu keinem anderen Resultat führt)?". An dieser letzten Konstellation sieht man, dass die Ungewissheit, die mit der Rechtsgewinnung beendet werden muss, nicht notwendig Bezüge zu einem sozialen Konflikt in der außerjuristischen Wirklichkeit haben muss. Der Entscheidungzwang bezieht sich allenfalls mittelbar auf das allgemeine Leben jenseits des Rechtssystems. Die Funktionäre des Rechtssystems stehen nicht unter dem Zwang, soziale Konflikte zu beenden, zu lösen – oder gar zu schlichten. Sie müssen lediglich eine Antwort auf eine Frage geben, die ihnen in der Begrifflichkeit ihrer Fachwelt vorgelegt wird (oder die sie in dieser Begrifflichkeit selber formuliert und sich vorgelegt haben).

Man darf vermuten, dass mit der Übersetzung des Unendlichen in das scheinbar Endliche ein Gefühl der Beruhigung erzeugt wird. Das juristische Prozedere ist der Form nach erwartbar (*Luhmann*), dem Inhalt nach im Ergebnis auf eine vorgezeichnete Alternative beschränkt. Daraus resuliert eine gleichsam gezähmte Dramatik, die mit der richtigen Dosis von Gewissheit (der erwartbaren Alternative) und Ungewissheit (Ja oder Nein?) Konflikte kanalisieren kann. Ob das Ergebnis der juristischen Arbeit gerecht oder ungerecht erscheint, ist dagegen unter dem Gesichtspunkt des Entscheidungszwangs unwichtig. Wesentlich ist allein, dass der anstehende Konflikt am Ende des Verfahrens als beendet gelten kann[28]. Gerechtigkeit ist keine rhetorische Bedingung, sondern ein rhe-

27 *Ballweg* (FN 12), S. 23, 85 f., 112 f.

28 „Der Konflikt wird nicht durch Lösung beendet, sondern durch Beendung gelöst", ebd., S. 105.

torisches Mittel, das allerdings – wie noch zu zeigen sein wird – von rhetorischen Bedingungen abhängig ist.

Der Entscheidungszwang formt die Jurisprudenz zu einer Geistigkeit, die sich sowohl von den schönen Künsten als auch vom philosophischen oder naturwissenschaftlichen Denken unterscheidet. Er verdeutlicht, dass es bei der Rechtsgewinnung weder um einen bloßen ästhetischen Genuß noch um Wissen oder Weisheit geht, sondern um ein praktisches, erfolgsbezogenes Handeln.

b) Übertragungszwang

Die Entscheidung des Juristen überzeugt nur dann, wenn sie rechtlich ist, d.h. als eine richtige Rechtsaussage erscheint. Moralische oder politische Bewertungen könnte jedermann anstellen; die besondere, gewinnende Autorität des Juristen liegt darin, dass er in kompetenter Weise Auskunft über Dinge und Beziehungen gibt, die einer besonderen, dem Laien nicht ganz zugänglichen Sphäre – dem Bereich des Rechts – zuzuordnen sind. Damit trifft, stark vereinfacht gesagt, den Redner die Aufgabe, Konflikte, die bislang in einem (mehr oder weniger) nicht-juristischen Sprachsystem dargestellt wurden, in die Sprachwelt des Rechts zu übertragen. Er muss einen Konflikt, der in der Alltagswelt, aber auch der Welt der Wirtschaft oder der Technik entstanden ist, mit den Mitteln der rechtlichen Begrifflichkeit nachbilden, wobei zumeist nicht eine mimetische, d.h. auf Ähnlichkeit angelegte Gestaltung gefragt ist, sondern eine schöpferische Darstellung, die den erfolgreichen Ausdrucksmöglichkeiten des Rechtssystems folgt und bereits in der Fragestellung den bekannten rechtlichen Lösungsmöglichkeiten angepasst ist. So muss z.B. ein Nachbarstreit, den man im Alltag als Ergebnis wechselseitiger Eifersucht und Rücksichtslosigkeit beschreiben würde, in den Mustern des Rechts als „Anspruch“ und „Gegenanspruch“ repräsentiert werden.

Die rechtliche Konstruktion des „Sachverhalts“ oder „Tatbestands“ wird immer einige Namen, Daten und Zusammenhänge übernehmen, die auch in einer lebensweltlichen Beschreibung des Konflikts vorkommen würden. Dies führt zu dem Eindruck, dass der juristische „Sachverhalt“ eine – allenfalls fachsprachlich überzogene – Deskription der wirklichen Vorkommnisse sei. Tatsächlich ist die juristische Weltbeschreibung – wie jede Erzählung – ein kunsthaftes, mit präfabrizierten Begrifflichkeiten ausgestattetes Werk von ergebnisorientiert arbeitenden Anwälten, Polizeibeamten oder Richtern, wobei dieses Konstrukt die Wirklichkeit nur zum Anlass nimmt, ja manchmal überhaupt nichts mehr mit den Interessengegensätzen in der Alltagswelt gemein hat.

Diese Diskrepanz gilt es freilich zu verbergen. Der Übertragungszwang steht nicht nur für das Erfordernis einer inventiven Beschreibung, sondern auch für die Notwendigkeit, den „Sachverhalt" als ein Abbild der Wirklichkeit auszugeben. Dabei verlangen die Neigungen der Neuzeit und Moderne, dass der Abbildcharakter des Sachverhalts – und damit die Stellvertreterbeziehung zwischen Lebensproblem und Sachverhalt – als echt im Sinne einer objektiven (allenfalls versachlichten, auf das Wesentliche reduzierten) Deskription gilt. Nur mit der Illusion einer quasiphotographischen Wiedergabe des wirklichen Geschehens (durch Urkunden, Protokolle, Meßergebnisse) entsteht der Eindruck, dass mit dem konstruierten Rechtsproblem auch das konfliktäre Lebensproblem gelöst wird. Zerbricht die Stellvertreterbeziehung, läuft man Gefahr, dass die Beteiligten den konstruierten Sachverhalt (der juristisch hergestellt wurde, um einer juristischen Lösung zugänglich zu werden), nicht mehr als ihre eigene Geschichte wiedererkennen, und damit auch die Entscheidung nicht als die Lösung ihres eigenen Problems akzeptieren. Darunter leidet die Überzeugungkraft.

Die Verknüpfung von Sachverhalt und Norm (Tatbestand und Rechtsfolge) gilt als die eigentliche Leistung der Jurisprudenz („Ist die zeitweise Entwendung eines Videospiels ein Diebstahl im Sinne von § 242 StGB?"; „Ist die Ablehnung dieses Bauantrags gemäß § 65 BauO-NW zulässig?"). Dabei ist der Hauptteil der Arbeit bereits geleistet, wenn der juristisch hergestellte Sachverhalt als Repräsentant des realen Konflikts akzeptiert wird, so dass die später gefundene, juristisch regelrechte Lösung (Rechtsfolge) auch als richtige Lösung des Lebensproblems überzeugen kann. Wie bei virtuoser Zauberkunst wird das Augenmerk des Publikums aber von diesem ersten, sozial entscheidenden Schritt (Übertragung) auf die zweite, lediglich rechtssysteminterne Leistung gelenkt („Subsumtion"). Mit dem zweiten Schritt muss der Jurist jedoch nur noch begriffliche Zuordnungen treffen, die keine unmittelbare Wirkung auf die Alltagswelt haben und meist nur den beteiligten Fachleuten plausibel sein müssen. Bildlich gesprochen hat nichts weiter zu geschehen, als dass die Fäden, die durch Rechtsrhetorik zuvor aufgenommen wurden, so verknüpft werden müssen, dass sie sich im dritten Schritt wieder zwanglos lösen können. Anders gesagt: Man muss von einem Ausgangspunkt, der bereits juristisch formuliert ist, über einen zu konstruierenden Umweg zu dem ebenfalls juristisch formulierten Endpunkt gelangen.

Dieser Gang ist für den Nicht-Juristen oft gar nicht nachvollziehbar. Das fachexterne Auditorium verlässt sich deshalb auf die internen Kontrollen: Auf die Revisionsinstanz, den eigenen Anwalt, den Gutachter der Rechtsschutzversicherung. Rechtsgewinnung im engeren Sinne muss deshalb im wesentlichen Fachleute überzeugen. Was aber überzeugt Fachleute? Bezeichnenderweise fehlt bis heute eine umfassende Beschreibung, die diese Frage beantwortet. Zwar gibt es akademische Methodenlehren wie Sand am Meer; diese aber sind normativ angelegt, d.h., sie beschreiben nicht die Rechtsgewinnung der Praxis, sondern entwickeln ein ideelles Konzept der rechtlichen Herstellung: Methode wie sie nicht ist, aber sein sollte. Dies hat möglicherweise Legitimationsfunktion; als Beschreibung einer Techne ist es ungeeignet. Die Frage nach dem Überzeugenden sollte daher empirirsch angegangen werden: Welche Merkmale weisen Rechtstexte auf, die auf Zustimmung gestoßen sind? Wodurch unterscheidet sich z.B. ein Urteil, das in der Fachwelt akzeptiert wurde, von einer Entscheidung, die Protest hervorgerufen hat?

5. Zweiter Unterfall des Überzeugungszwangs: Stützungszwang

Untersucht man tatsächliche, unauffällige Entscheidungen, so stößt man auf wenigstens zwei Überzeugungsmittel, die ein Urteil gemäß der normativen Methodenlehre nicht aufweisen dürfte: Stützung durch prämissenverdeckende Enthymeme (anstatt Deduktion aus Gesetzen) und Stützung durch Pathos in der Form einer reichlichen Verwendung von rhetorischen Figuren.

a) Enthymematische Stützung

Nach der offiziellen Lehre, den Pseudo-Referenzen, müßte die Entscheidung aus dem Gesetzestext hergeleitet werden. Dabei wäre erlaubt, in die Verbindungskette zwischen Sachverhalt und gesetzlichem Tatbestandsmerkmal sogenannte Definitionen einzuschalten:

Sachverhalt	*D* hat „y" gemacht.
Gesetz	Diebe müssen bestraft werden.
Tatbestandsmerkmal	Ein Dieb ...
Erste Definition	... ist wer „x" tut.
Zweite (Brücken-)Definition	„x" tun ist gleich „y" machen.
Zuordnung des Sachverhalts zur Brückendefinition	*D* hat „y" gemacht.
Zuordnung von Tatbestandsmerkmal und Sachverhalt	Also ist *D* ein Dieb und ...
Schlusssatz	... muss bestraft werden.

In wirklichen Entscheidungen findet man diese Ketten tatsächlich; sie erscheinen bei genauerem Hinsehen jedoch nicht als Ableitungen aus einer Norm (von oben nach unten), sondern als Stützungen einer Entscheidung (von unten nach oben), wobei der Text keine komplette Wiedergabe der einzelnen Kettenglieder enthält, sondern sich darauf beschränkt, einige Sätze anzusprechen und die übrigen anzudeuten. So kann es heißen:

> *D* ist zu bestrafen, weil er „y“ getan hat = Kompositum mit Schwergewicht auf dem Schlusssatz (8) und dem Sachverhalt (1);

oder auch:

> *D* ist ein Dieb, denn „x“ ist gleich „y“ = Kompositum mit Schwergewicht auf der Brückendefinition (5) und der Zuordnung von Tatbestandsmerkmal und Sachverhalt (7).

Aus rhetorischer Sicht sind diese Verkürzungen schulgemäß, denn ein überzeugender Redner wird niemals einen kompletten Syllogismus verwenden, sondern immer nur das (unvollständige) Enthymem[29].

Eine Detailstudie zeigt, dass die Obersätze der Enthymeme, die in Rechtsreden eingesetzt werden, meist keine Rechtsnormen oder gar Gesetzestexte sind. Das typische Urteil wird überwiegend auf juristische Lehrsätze oder Allerweltsaussagen gestützt. Dies bleibt wegen der enthymematischen Struktur jedoch meist verborgen: Die juristische Kunst besteht gerade darin, die Prämissen anzudeuten, aber nicht auszusprechen[30].

> Beispiel[31]: Insoweit hat *A* keinen Anspruch, da die zuständige Behörde nach ständiger Rechtsprechung des Senats bei bestehender Obdachlosigkeit nicht verpflichtet ist, eine Unterkunft zur Verfügung zu stellen, die den Anforderungen an eine wohnungsmäßige Versorgung entspricht.

Wenn man es nicht zu genau nimmt, könnte man aus diesem Text mit Hilfe fachkundiger Interpretation folgende Sätze ziehen[32]:

Obersatz = Regel 1	Eine *Behörde ist nicht verpflichtet,* Ansprüche zu erfüllen, die nicht berechtigt sind.
Untersatz	*A* stellt einen unberechtigten Anspruch.
Schlusssatz	*Die Behörde ist nicht verpflichtet, den Anspruch des A zu erfüllen.*
Stützung des Obersatzes (Implizierte Regel 2)	Die Verwaltung ist an das Gesetz gebunden.
Stützung der Stützung (Implizierte Regel 3)	Art. 20 Abs. 3 Grundgesetz.

---

29 Arist. Rh. I.1.3.2 (1354a), I.2.10. (1356b), I.2.13 (1357a), II.21.15 (1395b), s.a.: I.11.1. (1356b) und III.17.8.1. (1418a); *J. Sprute,* Die Enthymemtheorie der aristotelischen Rhetorik, 1982, 130 f., 32; *A. B. Miller/J. D. Bee,* Enthymemes: Body and Soul, in: Philosophy and Rhetoric, 1972, Vol. 5, No. 4, S. 201 ff.

30 *K. Sobota,* Don't Mention the Norm!, in: International Journal for the Semiotics of Law (IJSL), Vol. IV, N. 10, 1991, S. 45 ff.

31 Nach *OVG Münster,* NVwZ 1993, S. 202 f., Satz 11; der Bezug auf den Antragsteller A wurde der Klarheit halber hinzugefügt.

32 *Kursiv* = Satz findet im Text nahezu wörtlich Anklang.

Stützung des Untersatzes:

Obersatz = Regel 4	*Ein Obdachloser hat keinen Anspruch auf eine Unterkunft, die den Anforderungen an eine wohnungsmäßige Versorgung entspricht.*
Untersatz	Der Obdachlose *A* beansprucht eine Unterkunft, die den Anforderungen an eine wohnungsmäßige Versorgung entspricht.
Schlusssatz	*A hat keinen Anspruch.*
Stützung der Regel 4	*Diese Aussage* stimmt, denn sie *entspricht der ständigen Rechtsprechung des Senats.*

Implikationen:

Regel 5	Was ein Senat sagt, ist richtig (Autoritätsargument).
Regel 6	Was der ständigen Rechtsprechung entspricht, gilt.
Stützung von Regel 6 = Regel 7	Das ist richtig, denn das haben wir schon immer so gemacht.

Die Dekonstruktion des unauffälligen Satzes zeigt, dass die scheinbar kurze Begründung auf wenigstens sieben Regeln verweist:

1. Eine Behörde ist nicht verpflichtet, Ansprüche zu erfüllen, die nicht berechtigt sind (= Ein Gemeinplatz der Rechtslehre, der nicht ausgesprochen zu werden braucht).
2. Die Verwaltung ist an das Gesetz gebunden (= Ein Grundsatz der Verfassungs- und Verwaltungsrechtslehre, der so grundlegend ist, dass man ihn bei fast jeder Aussage in diesem Rechtsgebiet heranziehen könnte. Ob man ihn hier als impliziert betrachten soll, ist fraglich.).
3. Art. 20 Abs. 3 GG (= Eine in diesem Kontext ebenfalls ganz selbstverständliche Verfassungsnorm; es gilt dasselbe wie bei Regel 2).
4. Ein Obdachloser hat keinen Anspruch auf eine Unterkunft, die den Anforderungen an eine wohnungsmäßige Versorgung entspricht (= Regel, welche dieses Gericht herausgebildet hat; könnte als „Rechtsprechung" von der Kommentarliteratur übernommen werden. Muss erwähnt werden, denn ist weder allgemein bekannt noch unumstritten).
5. Was ein Senat sagt, ist richtig (= Wie gesagt: Ein Autoritätsargument).
6. Was der ständigen Rechtsprechung entspricht, gilt (= Eine anerkannte Krypto-Regel, die der faktischen Macht der Präjudizien Rechnung trägt. Da sie sich im Widerspruch zur offiziellen Pseudo-Methodenlehre befindet, wird sie nur angedeutet, aber nicht ausgesprochen).
7. Das ist richtig, denn das haben wir schon immer so gemacht (= Allerweltsweisheit; bewährte Orientierung am Bewährten. Zu wenig rechtsspezifisch, um in einem Rechtstext angesprochen zu werden, aber allgegenwärtig).

Drei Regeln sind Alltagsweisheiten, die nicht der anerkannten juristischen Dogmatik zugerechnet werden können. Lässt man die Regeln 2 und 3 fort (Implikation zu weit hergeholt bzw. immer anzunehmen), bleibt es bei Regel 1 („Eine Behörde ist nicht verpflichtet, Ansprüche zu erfüllen, die nicht berechtigt sind") und Regel 4 („Ein Obdachloser hat keinen Anspruch auf eine Unterkunft, die den Anforderungen an eine wohnungsmäßige Versorgung entspricht"). Dies bedeutet, dass etwa die Hälfte der Obersätze rechtsdogmatischer und die andere Hälfte alltagsweltlicher Art sind. Dieses Verhältnis zwischen juristischen und nichtjuristischen Stützungsregeln ist – genauso wie die enthymematische Struktur der Stützungen – bei allen bislang analysierten Entscheidungen zu beobachten[33].

b) Stützung durch Stil (rhetorische Figuren)

Das zweite Überzeugungsmittel, auf das sich der Erfolg juristischer Rhetorik gründet, ist der Einsatz von rhetorischen Figuren und Tropen. Allein diese Behauptung wird innerhalb der Jurisprudenz heftig kritisiert. Die Unterstellung, dass Richter rhetorische Figuren zur Überzeugungsbildung einsetzen, wirkt wohl schon provokativ. Gut, so räumt man ein, die Juristerei sei nicht selten Formulierkunst; viele Literaten waren Juristen; die Juristerei ist ein großes Thema der Literatur; und ab und an greift man auch als Richter oder Wissenschaftler zu einem schmückenden Wort oder einer Metapher: Man betont etwas, grenzt ab, steigert; aber dies sind Ausnahmen, eher schlechtes Geschäft; in jedem Fall nur akzidentiell, keineswegs substantiell für die Überzeugungsbildung. Alle bislang durchgeführten Analysen zeigen dagegen etwas anderes: Juristische Begründungen sind immer durchsetzt mit rhetorischen Figuren und verlassen sich in ihrer Überzeugungsarbeit besonders an zentralen Stellen auf die stilistische Kraft bezwingender Wendungen.

Unter einer rhetorischen Figur wird in diesem Zusammenhang jede Abweichung von der denkbar schlichtesten, schmucklosesten Sprechweise verstanden. Schlicht und schmucklos sind z. B. Pressemitteilungen, wie sie von der „dpa" formuliert werden; einen hohen Anteil an Abwei-

---

[33] In *OVG Münster*, NVwZ 1993, S. 202 verweisen 23 % aller Begründungen auf eine kodifizierte Norm oder eine Prämisse, die man – bei gutem Willen – als einen Satz der Rechtslehre bezeichnen kann. 60 % der Stützungen sind Sätze, die allenfalls als Alltagsweisheiten, Allerwelts-Topoi oder Truisms erscheinen, z. B.: Die Hälfte ist billiger als das Ganze; Hilfe darf nicht Selbsthilfe lähmen; Was im Einzelfall gilt, muss nicht überall gelten; Richtig ist, was nicht zu teuer kommt. In Entscheidungen des Bundesverfassungsgerichts bestanden folgende Verhältnisse: Im Lebach-Urteil (*BVerfGE* 35, 202) 50 % Allerweltsargumente, 16 % kodifizierte Normen, 21 % Rechtsgrundsätze. Ähnlich *BVerfGE* 82, 126 („Kündigungsfristen"): Alltagsargumente (49 %), Kodifikationsargumente (24 %) und Rechtsgrundsätze (20 %). In *BVerfGE* 73, 339 (Solange II) überwogen dagegen die Kodifikationsargumente (28 %) und die Rechtsgrundsätze (40 %) die Alltagsargumente (21 %).

chungen enthalten dagegen Texte aus der Regenbogenpresse. Die Figuren (Tropen inclusive) werden nach einem definierten, erfreulich reliablen Verfahren ermittelt[34]. Diese Methode ist alles andere als perfekt, aber sie funktioniert wenigstens und bietet einen verläßlichen Maßstab, der eine gleichmäßige Anwendung auf alle Arten von Texten garantiert. Zu den produktiven Rigorismen des Verfahrens gehört, dass die rhetorischen Figuren nicht qualitativ bestimmt werden, sondern – bis auf wenige Ausnahmen – nur als solche registriert und als gleichwertig gezählt werden: Die Metapher bekommt einen Punkt genauso wie die Alliteration oder ein – als Emphase verstandenes – Ausrufungszeichen. Zwar unterstützt ein Figuren-Katalog die Recherche, aber letztlich ist nur eine Frage entscheidend: Könnte man das auch schlichter sagen?

Vier Figuren würde man z. B. in folgendem Satz zählen:

> „Inhalt des Anspruchs ist die Bereitstellung einer Unterkunft, in der sich der Antragsteller nicht nur zum Zwecke der Übernachtung, sondern auch an den übrigen Stunden des Tages aufhalten kann."

Hier bekommt der *Anspruch* wie ein Gefäß einen *Inhalt,* der in einer *Bereitstellung* liegt. Wenn man den Inhalt eines Anspruchs nicht als tote Metapher übergehen will – was man hier wegen der exponierten Stellung am Satzanfang nicht machen sollte – , sind dies zwei Metaphern.

Die Wendung *nicht nur, sondern auch* wird als sog. Dirimens copulatio gezählt und die *übrigen Stunden des Tages* umschreiben den „Rest des Tages" oder das Wort „tagsüber" durch eine Metonymie.

Die Gegenprobe ergibt, dass man die genannten Figuren alle weglassen kann: Der Satz lautet dann:

> „Der Ast. hat einen Anspruch auf Bereitstellung einer Unterkunft, in der er sich während des Tages und der Nacht aufhalten kann."

Die ersten Studien, welche die Häufigkeit und Verteilung von rhetorischen Figuren in gerichtlichen Entscheidungen zum Gegenstand hatten, haben, verkürzt gesagt, drei Ergebnisse erbracht:

Erstens: In allen analysierten Entscheidungen ließ sich eine Spiegelbildbeziehung zwischen enthymematischen Stützungen (Argumenten) und Figuren feststellen: Viele Argumente, wenig Figuren – und umgekehrt. Dieses Verhältnis durchzog alle Texte präzise wie ein Ballett. Zweitens: In den juristisch wichtigsten Passagen – im Kernstück der Begründung, das auch in den Leitsätzen wiedergegeben wird – war der höchste Figurenaufwand und die geringste Argumentationsdichte zu beobachten. Die letzte Stützung findet ein Rechtstext also nicht in begrün-

---

34 Im einzelnen: *K. Sobota,* Rhetorisches Seismogramm – Eine neue Methode in den Rechtswissenschaften, in: JZ 1992, S. 231 ff.; *dies.*, Argumente und stilistische Überzeugungsmittel in Entscheidungen des Bundesverfassungsgerichts, in: J. Dyck/ W. Jens/G. Ueding (FN 6), S. 115 ff.

denden Gedankengebäuden, sondern in den Stimmungen, die durch intervenierende Stilmittel hervorgerufen werden. Drittens: Da die Kernaussagen einer juristischen Entscheidung meist in der Mitte der Begründung fallen, erreicht auch die Kurve, welche die Einsatzintensität der rhetorischen Figuren versinnbildlicht, meist in der Mitte der eigentlichen Entscheidungsbegründung ihren Gipfel. Typischerweise findet man in diesem Umfeld nicht nur einen Spitzenwert[35], sondern zwei oder drei besonders hohe Ausschläge nach oben. Am Anfang und am Ende des Entscheidungstextes sind dagegen meist niedrige Figurenanteile (aber hohe Anteile an argumentativer Stützung) zu messen. Auf diese Weise entsteht ein recht einheitliches Bild vom Ablauf und Verhältnis der beiden Überzeugungsmittel Enthymem und rhetorische Figur.

Konsequenz: Die überzeugende Invention scheint einen festen Ablauf und eine gleichbleibende Qualität der beiden rhetorischen Überzeugungsmittel Enthymem und Figur zu erfordern. Die Muster, die man auf dieser Ebene feststellen und graphisch veranschaulichen kann, entsprechen empirischer, wiederholbarer Bestandsaufnahme. Auf diese Muster ist Verlass.

IV. Zusammenfassung

Juristen *stellen* ihre Entscheidungen anders *her*, als sie es in ihren Texten und in Gestalt ihrer offiziellen Methodenlehren *darstellen*. Die Rhetorikforschung versucht, den *kryptischen* Vorgang der Herstellung mit Hilfe ihrer Kategorien zu erfassen, und auf diese Weise einen Beitrag zur rechtlichen Aufklärung und zur Entwicklung einer realitätsgerechten Methodenlehre zu leisten.

Ein – zuerst von Ballweg beschrittener – Weg besteht darin, den Herstellungsvorgang über die *Zwänge* zu begreifen, unter denen ein Jurist arbeitet. Eine interdisziplinär orientierte Rhetorikforschung unterscheidet hierbei *Überzeugungs-*, *Professions-* und *Systemzwänge*. Der Zwang, überzeugen zu müssen, ergibt sich aus der zwischenmenschlichen Situation, in der ein Jurist seine Urteile, Plädoyers oder Stellungnahmen mit Blick auf ein reales oder fiktives Auditorium verfasst. Die Professionszwänge treffen ihn als Mitglied einer besonders ausgebildeten, traditionsreichen Berufsgruppe; sie schlagen zum Teil auch als Überzeugungszwänge durch. Die Systemzwänge schließlich folgen aus den Funktionen, welche die Selbstreproduktion des Sozialsystems Recht gewährleisten;

35 Der Wert bezeichnet den Figurenanteil, bezogen auf die gewählte Texteinheit, z. B. pro Satz oder pro 150 Wörter oder pro Halbseite im Layout einer amtlichen Entscheidungssammlung.

der Jurist verspürt sie als besondere Ausprägungen des Überzeugungs- oder Professionszwangs.

Die Rhetorikforschung sieht ihre besondere Kompetenz in der Analyse der interindividuellen Verhaltensmuster, die durch den Überzeugungszwang bestimmt werden. Dabei fällt zunächst folgendes auf: Überzeugend ist ein Rechtstext nur, wenn er der Wirklichkeit des anlaßgebenden, alltäglichen Konflikts eine andere, erfundene Welt gegenüberstellt (*Inventionszwang*) und den Konflikt in diese Welt – die Welt des Rechts – überführt (*Übertragungszwang*). Die konstruierte Welt des Rechts muss dabei so beschaffen sein, dass sie Entscheidbarkeit herbeiführt. Dies leistet der juristische Code durch die Überführung des diffusen Sowohl-als-Auch der lebensvollen Konflikte in ein Entweder-Oder; dadurch genügt sie dem *Entscheidungszwang*. Erst im Rahmen dieser Grundbedingungen wirken diejenigen Zwänge, die offenbar für die Vorstellung vom „juristischen Denken" oder der „Rechtsmethode" verantwortlich sind. Hierzu zählt vor allem der *Stützungszwang*, das heißt, die wohl jedem Juristen deutliche Notwendigkeit, seine Endentscheidung durch den Einsatz stützender Sprachmittel plausibel zu machen. Im Mittelpunkt der bisherigen Rhetorikforschung stehen dabei zwei Komplexe: Die Stützung durch das *Enthymem*, dem der sog. Justizsyllogismus auf der Darstellungsebene entspricht, und die Stützung durch Stilmittel, insbesondere die *Rhetorischen Figuren*.

Eine Erhellung gerade dieser beiden Mittel der Plausibilitätsschöpfung verspricht neuartige Aufschlüsse über den Prozess der Herstellung juristischer Texte. Diese Einsichten könnten sowohl eine realitätsnähere Ausbildung als auch eine verantwortungsvolle Reflexion der täglichen Rechtsarbeit unterstützen.

RECHTSTHEORIE 32 (2001), S. 197–209
Duncker & Humblot, 12165 Berlin

THEORIE-PRAXIS-BRUCH – ABER WO LIEGT DAS PROBLEM?

Von Hans-Joachim Strauch, Weimar

Der Theorie-Praxis-Bruch ist für jeden Juristen, der von der Theorie in die Praxis wechselt, so evident, dass er über diese Selbstverständlichkeit in der Regel nicht mehr allzu lange reflektiert. Wir beobachten gleichwohl, wie er in seiner Praxis, z.B. als Richter, stetig „irgendwie" Theorien, jedenfalls in Versatzstücken, anwendet. Angesichts dieser Praxis in einem präzisen Sinn von „Theorie-Vergessenheit" zu sprechen, markiert mithin selbst wieder ein theoretisches Problem – vielleicht auch ein Missverständnis von Theorie, die ihre Reichweite nicht hinreichend reflektiert. Mir ist die Aufgabe gestellt, den Theorie-Praxis-Bruch aus der Sicht eines Praktikers zu reflektieren[1]. Der Theorie freilich könnte auch der theoriefeindlichste Praktiker dabei nicht entgehen, soll er doch das individuell Beobachtete als das Besondere eines Allgemeinen darstellen, mithin theoretisch tätig sein. So will ich mich sogleich zu theoretischen Ansätzen bekennen und meine Deskriptionen und Überlegungen nach drei theoretischen Aspekten gliedern:

1. Der Theorie-Praxis-Bruch oder das Problem unklarer Beziehungen
2. Gerechtigkeit und Methode oder das bekannte Methoden-Dilemma
3. Das Methodenproblem oder die Notwendigkeit einer dreifachen Kohärenz.

I. Die Theorie-Praxis-Ebenen

Theorie ist – in einem sehr allgemeinen Verständnis – *Anschauung* von Praxis. Für das, was wir als Theorie-Praxis-Bruch konstatieren, könnte also ein Verlust von Blickkontakten zwischen Theorie und Praxis verantwortlich sein. Stimmt dieses Bild, müsste eine erste Klärung der Brechungslinien im Theorie-Praxis-Feld möglich sein, wenn zunächst Klarheit über die unterschiedlichen Theorie-Praxis-Ebenen geschaffen ist,

---

1 Die Problematik eines allzu allgemeinen Praxisbegriffs soll hier auf sich beruhen; „der" Praktiker kann nur *seine* Praxis reflektieren. In diesem Sinne sind die folgenden Deskriptionen und Überlegungen Reflexionen aus der Perspektive eines Verwaltungsrichters, nicht eines Strafrichters, Amtsrichters etc.

auf denen wir uns bewegen. Und wir haben es hier in der Tat nicht mit *einer* Theorie-Praxis-Ebene, sondern mit wenigstens drei Theorie-Praxis-Bezügen zu tun:

1. Die *Ebene der akademischen Methodenlehre und der Methodik der Fallbearbeitung*; sie hat ihren Bezugspunkt in einer Praxis, aber nicht in der richterlichen Praxis, sondern in der Praxis des Universitätsunterrichts, der Übungen und des ersten Examens.

2. Die *Ebene der Methoden- und Rechtstheorien;* ihre Bezugspunkte liegen i.d.R. in der allgemeinen theoretischen Diskussion. Klassifikationskriterien sind deshalb auch nicht etwa typische Praxisbereiche, sondern theoretische Ansätze der Soziologie, der Hermeneutik, der Diskursethik, der Systemtheorie usw. Es geht um Theorie-Transfer. Die unmittelbaren[2] Auswirkungen auf Ausbildung einerseits und richterliche Praxis anderseits sind augenscheinlich begrenzt; ein Verstehen scheitert hier meist schon an Kontextinkompatibilitäten.

3. Die *Ebene der gerichtlichen Praxis*; eine allgemeine Theorie- und Methodenlehre, auf die die Praxis Bezug nimmt und auf die eine solche Theorie bezogen wäre, ist nicht auszumachen. Natürlich transferiert der Richter die Methodik, die er im Studium gelernt und soweit noch parat – vielfach wird man hinzufügen müssen: „irgendwie“ – hat in die Praxis. Aber sie betrifft ja von vornherein nur die „Normarbeit“ und hier die Gesetzesauslegung. Der für den Richter sehr viel wichtigere Bereich der „Tatsachenarbeit“[3], der Arbeit am Tatbestand, war für ihn i.d.R. im Studium nie Gegenstand theoretisch-praktischer Reflektionen. Für Sachverhaltsermittlung, Beweiserhebung und -würdigung, Glaubwürdigkeit von Zeugen, Verhandlungsführung, Kommunikation zwischen Gericht und Beteiligten usw. gibt es keine theoretische Ausbildung; sie werden erlernt im Verfahren „learning by doing“ und/oder in „Meister-Schüler-Beziehungen“. Natürlich bilden sich hier in analytisch-epistemologischem Sinne „Theorien“; aber es sind keine wissenschaftlich-theoretischen Reflektionen der Praxis, sondern – in einer Formulierung *Richard Rortys* – „tools for handling“[4].

Doch der Theorie-Praxis-Bruch gründet nicht nur darin, dass die akademische Methodenlehre den größten (Bruch)-Teil der richterlichen Arbeit, nämlich die „Tatsachenarbeit“, nicht erfasst. Wir haben es darüber hinaus mit einem Wechsel in ein *anderes Handlungssystem* und

---

2 Was natürlich nicht heißt, dass es hier – jedenfalls über Ideologie und Zeitgeist – nicht Beeinflussungen gibt.

3 Siehe hierzu und zum Folgenden: *A. Hesse,* Über die Eignung des Studiums der Rechtswissenschaft zur beruflichen Qualifizierung, AnwBl 2000, 325, 327.

4 Vgl. *M. Frank,* Stil in der Philosophie, 1992, S. 25.

folglich mit *unterschiedlichen Zielstellungen* zu tun. Zentrale Aufgabe des Rechtsgutachtens, in dem die akademische Methodenlehre ihren unmittelbaren Praxisbezug hat, ist die *juristische Problemlösung*. Hält sich die Lösung – aus der Sicht des Beurteilers – im Rahmen des gut Vertretbaren, erfolgt die Bewertung dann nicht zuletzt nach ästhetischen Kategorien – wie für eine mathematische Lösung die Eleganz des Lösungsweges zählt. Der Richter hat einen *sozialen Konflikt* zu lösen. Dieser wird nicht durch das juristische Problem, sondern die rechtskräftige, ggf. vollstreckbare Entscheidung gelöst. Damit ist zugleich auf den komplexen Zusammenhang von (öffentlicher) Gewalt – Autorität – Akzeptanz – Methode verwiesen.

Auf die konkrete richterliche Entscheidung bezogen, scheint in diesem Wirkungszusammenhang die Methodik allenfalls eine bescheidene Rolle zu spielen. Schauen wir uns die Akteure an: Wird eine Entscheidung von allen Beteiligten akzeptiert, wird der Richter diese Akzeptanz i.d.R. durch Vieles, aber nicht durch besondere Beherrschung der Methodik gewonnen haben; verliert, wie im Normalfall, eine Partei, wird es kaum die Qualität der methodischen Rechtsanwendung sein, die sie überzeugt. Die Öffentlichkeit wiederum belohnt mit Akzeptanz zumeist Übereinstimmung mit dem Zeitgeist und der political correctness (Pressereaktionen auf Entscheidungen zum Demonstrationsrecht ließen hier eine eindrucksvolle Studie schreiben). Es bleiben: Kollegen und Instanzen. Aber auch im Instanzenzug zählt letztlich nur das Ergebnis. Was bleibt, ist die – freilich für Rekrutierung und Beförderung nicht zu unterschätzende – Chance wie das Risiko, sich durch den Umgang mit methodischen Standards einen Ruf zu schaffen oder ihn zu ruinieren.

Es bei diesem Stand der Analyse zu belassen, würde allerdings den Zusammenhang von „Rechtskraft" (im Sinne von Durchsetzbarkeit), Akzeptanz und Methode auf einer wesentlichen Ebene nicht erfassen. Die Chance, dass der Richter mit seiner Entscheidung Gehorsam findet, ist in aller Regel von der konkreten Entscheidung und ihrer Qualität völlig unabhängig. Sie entscheidet sich auf der Ebene der Macht und der Autorität des Justizsystems, d.h. in dessen Chance, die Entscheidung durchsetzen zu können. Auf dieser Ebene aggregiert sich „Akzeptanz" in der Größe, die Sozialwissenschaftler *„Institutionenvertrauen"*[5] nennen und die sie in Umfragen als Skalenwerte ermitteln.

In dieses „Institutionenvertrauen" mögen auch individuelle Erfahrungen eingehen. Wesentlich sind aber allgemeine Einschätzungen, wie

---

[5] Vgl. *H.-U. Derlin/S. Löwenhaupt,* Verwaltungskontakte und Institutionenvertrauen, in: H. Wollmann/H.-U. Derlin (Hrsg.): Transformationen der politisch-administrativen Strukturen in Ostdeutschland, 1997, S. 417 ff.

Richterbild, Stellung und Funktion der Gerichte in Staat und Gesellschaft, Vorstellungen von Gerechtigkeit. Für unseren Zusammenhang entscheidend ist, dass für den theoretisch-ideologischen Grundgehalt dieser Institutionen und Werte jeweils ein methodisches Vorgehen des Richters unabdingbar ist.

II. Gerechtigkeit und Methode

Die Bindung des Richters an Recht und Gesetz gehört unverzichtbar zur Legitimationsstruktur des demokratischen Rechtsstaates. Rational kann diese Bindung nur durch Methodik hergestellt werden, genau wie diese auch Grundbedingung einer gerechten Entscheidung ist, nämlich Gleiches gleich zu behandeln. Der Richter, der bei der Behandlung oder Bewertung zweier Fälle in unterschiedlicher Weise vorgeht oder entscheidet, muss angeben können, worin der Unterschied liegt, der ihn in diesem Fall zu dieser und in jenem Fall zu jener Entscheidung veranlasst hat[6]. Anders handelt er willkürlich, ungerecht. Das heißt aber, dass er den Weg, den er bei seiner Entscheidung gegangen ist, gedanklich muss nachgehen können – und nichts anderes bedeutet bekanntlich ins Griechische rückübersetzt „methodisch".

Dieser Zusammenhang bedarf, glaube ich, hier keiner weiteren Darstellung, wie auch das Dilemma bekannt ist, das sich damit auftut. Unter welchem theoretischen Aspekt wir die Bindung des Richters an das Gesetz auch immer genauer analysieren: Sie zerbröselt. Linguistik und Systemtheorie, analytische Rechtstheorie und Hermeneutik sind sich da im Ergebnis einig[7]. Die Verpflichtung des Richters auf eine methodische Rechtsanwendung hätte danach mit einer tatsächlichen Bindung des Richters an das Gesetz wenig zu tun; sie hätte nur die Funktion einer regulativen Idee im Sinne Kants, theoretisch notwendig zur Konstruk-

---

6 Vgl. hierzu den Gedankengang bei *A. Peczenik,* Grundlagen der juristischen Argumentation, 1983, S. 169.

7 Besonders pointiert *D. Simon,* Die Unabhängigkeit des Richters, 1975. – Rechtsnormen müssen sich der Sprache bedienen und das entscheidende Problem, das sich damit für die Bestimmtheit und Bestimmbarkeit ergibt, hatte *W. v. Humboldt* schon 1832 so formuliert: „Erst im Individuum erhält die Sprache ihre letzte Bestimmtheit. Keiner denkt bei dem Wort gerade und genau das, was der andere, und die noch so kleine Verschiedenheit zittert wie ein Kreis im Wasser, durch die ganze Sprache fort. Alles verstehen ist daher immer zugleich ein Nicht-Verstehen, alle Uebereinstimmung in Gedanken und Gefühlen zugleich ein Auseinandergehen" (Werke in 5 Bänden, Bd. III Darmstadt 1963, S. 439). – Es wäre ein interessantes Experiment, sich vorzustellen, wie eine Auseinandersetzung *Savignys* in seiner Methodenlehre (System des heutigen römischen Rechts, Bd. 1, 1840, 1981, S. 213 f.) mit dieser Stelle ausgesehen hätte.

tion des Rechtsstaates und der Möglichkeit des gerechten Urteils, aber ohne empirische Nachweisbarkeit.

Diese These fordert freilich gerade in ihrer Zuspitzung die Gegenthese heraus. Schon das Tagungs-Thema „Theorie-Praxis-Bruch“ macht theoretisch nur Sinn, wenn Methodik mehr ist als nur hypostasiertes Konstruktionselement. Ich will meine Einwände zunächst auf Beobachtungen der praktischen Erfahrung stützen, deren theoretische Relevanz allerdings in einer Prämisse gründet, die in der Methodendiskussion keineswegs allgemein geteilt wird, nämlich der, dass Theorie, die auf Praxis bezogen ist, sich im *Normalbereich* bewähren muss und nicht erst im Extrembereich zu verifizieren ist. Die Aufgabe und die Möglichkeiten von Methode werden verkannt, wenn man von ihr erwartet, dass sie das Recht gegen den Zeitgeist immunisiert, gar einen schützenden Damm bilden könne, wenn der Zeitgeist zum Ungeist wird.

Beispiele dafür, wie sich Gerichte der Bindung an eine konkret gesetzte Norm entwunden haben, lassen sich viele finden[8]. Gleichwohl ist das Gesetz im Normalbereich kein Instrument, dessen Steuerungswirkung auf die Rechtsprechung theoretisch und praktisch nicht größer wäre als die eines Zufallsgenerators. Natürlich sind Kollegen nicht selten überrascht über das, was Kollegen entscheiden. Aber es gibt doch in der Regel einen sehr breiten Konsens darüber, was vertretbar ist und was nicht. Um ein konkreteres Beispiel zu nennen: Fünf Richter gehen mit zwei abweichenden Voten um 9.30 Uhr in die Vorberatung; wenn sie um 16.30 Uhr eine Entscheidungslinie gefunden haben und auseinandergehen, spricht vieles dafür, dass sich keiner der Richter schon zu Beginn die Lösung so vorgestellt hat. Zunächst ließe sich das als ein Beleg für die Bindungsfreiheit verbuchen, aber andererseits wird wahrscheinlich keiner der Richter in dem Gefühl votiert haben, frei, ungebunden, gleichsam nach eigenem Gusto zu entscheiden. Diese Beobachtungen sind als empirischer Befund sicher nur von indizieller Bedeutung – sie scheinen mir jedoch geeignet, um für eine Weiterführung der Methodendiskussion Fragen und dann Hypothesen zu formulieren. Die mir hier wesentlich erscheinende Frage ist die nach dem Grund für das offenbar bestehende Phänomen der „Bindung“[9], der im folgenden über den Begriff der „Kohärenz“[10] beschrieben und analysiert werden soll.

---

[8] So ist die Rechtsprechung zur Sicherungsübereignung ein viel zitiertes Beispiel dafür, dass und wie sich die Rechtsprechung der Bindung an Grundvorstellungen des Gesetzes/Gesetzgebers entwunden hat; vgl. etwa *K. Larenz/C. W. Canaris,* Methodenlehre der Rechtswissenschaft, 3. Aufl., 1995, S. 232 ff.; Originalton eines langjährigen Vorsitzenden eines OLG-Senates: „Ich möchte das Gesetz sehen, das mich an einer vernünftigen Entscheidung hindert“.

[9] „Bindung“ bedeutet hier nicht schlechthin regelgeleitetes Entscheiden; es geht um das Verstehen *normativ* bestimmter Bindung. Eine Präzisierung dieses Be-

III. Überlegungen zur Methodendiskussion

Ich werde diese Beschreibung und Analyse auf dem Hintergrund der Grundthese vornehmen, dass Rechtsfindung nach speziellen Mechanismen sozialer Kognition funktioniert und dies

1. in Bezug auf die Methodik der Rechtsgewinnung,
2. in Bezug auf das erkennende Subjekt und
3. in Bezug auf den Sachverhalt.

Ein explizite theoretische Grundlegung über Ansätze im Konstruktivismus und den Kognitionswissenschaften habe ich an anderer Stelle versucht[11]. Hier bleibt nur Raum für drei konkretisierende Thesen: Vortragen muß ich sie nacheinander, richtig darzustellen wären sie freilich nur als *Kreis* von *drei Aspekten der Kohärenz,* in denen sich Rechtsprechung als nachvollziehbare Praxis konstituiert.

1. These: Die Richtigkeit einer Entscheidung wird nicht durch die Übereinstimmung mit dem wirklichen Willen des Gesetzgebers/Gesetzes bestimmt, sondern durch Kohärenz der Begründung innerhalb eines als hinreichend akzeptierten Norm- und Prämissenrahmens.

Was passiert, wenn der Richter mit einem „Fall" konfrontiert wird? Zunächst muss eine Einordnung in ein Rechtsgebiet erfolgen, dann kommt es zu einem „Zoomen": Auf die relevant erscheinenden Normen, die „Normtexthypothesen" (F. Müller[12]), auf Regeln, die deren Relevanz abgrenzen, auf allgemeine oder spezielle Grundsätze oder Differenzierungskriterien, vor allem aber auf Fälle, Präjudizien, die die genannten Topoi paradigmatisch zu einem Argumentationsraum gefügt und geordnet haben. Je größer die Falldichte, desto strukturierter ist dieser *Denkraum,* in dem die Rechtsfindung stattfindet. Fehlt das Paradigma, ist der Raum i.d.R. noch unstrukturiert und in seinen Grenzen noch offen. Was auch heißt, dass es sich nicht um Denkräume mit festen Wänden handeln kann; sie sind unterschiedlich, je nach Gegenstand und Rechtsgebiet, beweglich und verschiebbar wie Bühnenräume auf Drehbühnen. Um es an

---

griffsverständnisses verlangte jedoch nichts weniger als die Lösung zentraler, theoretisch immer noch nicht gelöster Probleme der Rechtsquellenlehre, insbesondere derjenigen, die mit dem „Richterrecht" verbunden sind.

10 Es geht mir bei diesem Begriff – sehr allgemein – um die Parallelität von argumentativer Stimmigkeit, Konsensphänomenen und institutionellen Handlungssystemen. Vgl. auch unten FN 20.

11 Vgl. *H.-J. Strauch,* JZ 2000, S. 1020 ff. Es geht darum, Rechtstheorie und Methodenlehre in einer Erkenntnistheorie zu verankern, die ihrerseits sowohl die Erkenntnisse der Neurowissenschaften aufnimmt als auch Kognition als sozio-kulturelles Phänomen begreift.

12 Strukturierende Rechtslehre, 2. Aufl. 1994, S. 264 f.

dem Beispiel eines geradezu klassischen Paradigmenwechsels zu konkretisieren: Bis zum Lüth-Urteil[13] war der Denkraum, in dem Boykottaufrufe zivilrechtlich zu qualifizieren waren, durch die formelle Interpretation der „allgemeinen Gesetze" in Art. 5 Abs. 2 GG klar vom Verfassungsrecht abgegrenzt; mit dem Lüth-Urteil war der Denkraum weit ins Verfassungsrecht geöffnet und musste neu strukturiert werden[14]. Ein anderes Beispiel wäre die Strukturierung des Planungsermessens durch das Bundesverwaltungsgericht[15].

Methodik, so lässt sich schlussfolgern, ist danach die Rekonstruktion des Denkraumes eines bestimmten Rechtsbereiches, in dem die Richter argumentieren und zu einer als kohärent angesehenen Entscheidung kommen. Aufgabe wäre es, diesen Denkraum in seinen Konstruktionselementen und in den Elementen seiner Dynamik[16] zu erfassen sowie die Argumentationsmuster – Auslegungsregeln, rhetorische Überzeugungsfiguren, Topoi[17] – zu analysieren, durch die die Kohärenz hergestellt werden soll.

2. *These:* Die Kohärenz des juristischen Denkens ist keine subjektiv-individuelle Leistung des denkenden Ichs. Sie ist abhängig von der Kohärenz in der *Organisation* der Justiz.

Die traditionelle Hermeneutik hat viele Modifikationen erfahren – Vorverständnis, Akzentuierung der Tradition, hermeneutischer Zirkel; aber es bleibt der traditionelle Ausgangspunkt: den Prozess der Rechtsfindung von dem als autonom vorgestellten denkenden Ich aus verstehen zu wollen. Hier scheint ein Perspektivwechsel nötig. Eine Theorie der rich-

13 *BVerfGE* 7, 198.

14 Vgl. die Feststellung von *D. Grimm*: „Keine Entscheidung hat den Grundrechtsschutz (...) so nachhaltig ausgeweitet wie das Lüth-Urteil von 1958" (in Bewährung und Herausforderung: Dokumentation zum Verfassungskongress „50 Jahre Grundgesetz/50 Jahre Bundesrepublik Deutschland", 1999, S. 39, 47).

15 *BVerwGE* 34, 301.

16 Das Phänomen, dass Vorschriften durch Gerichte „in evolutiv-dynamischer Weise" ausgelegt werden (*BVerwG*, NVwZ 2000, 810, 811), ist nicht nur auf den Europäischen Gerichtshof für Menschenrechte beschränkt.

17 Der empirisch arbeitende Theoretiker, der die fünf oben schon erwähnten Richter eine Weile beobachtet, wird aber nicht nur zwischen *Herstellung* und *Darstellung* richterlicher Entscheidungen zu unterscheiden haben. Als Topiker wird er seine Beobachtungen nicht allein als „Techne des Problemdenkens" (*Viehweg*) beschreiben können, sondern differenzieren müssen: Zwischen der Phase des Auffindens von Argumenten, der „ars inveniendi" und der des Bewertens, der „ars judicandi" (*Ciceros*, Topica, § 6; vgl. hierzu insbesondere *L. Bornscheuer*, Topik, Zur Struktur der gesellschaftlichen Einbildungskraft, 1976, S. 115 ff.). Lässt sich für den einen Aspekt frei nach *Kleists* „allmählicher Verfertigung der Gedanken" von einem „allmählichen Verfertigen des Rechts beim Reden" sprechen, bedarf es dann der Phase, in der die topoi auf ihre Tragfähigkeit als „Gründe" hin zu überprüfen sind, d.h. sie müssen – kohärent – in ein System rechtlicher Argumente passen, um der Grundbedingung juridischer Rationationalität zu genügen.

terlichen Praxis wird den Begrenzungen der Subjektphilosophie in cartesianischer Tradition, der „cogito-Falle" entkommen müssen, ohne allerdings das „Ich", hier den Richter als handelndes und denkendes Subjekt, sogleich in einem systemtheoretischen Autopoiesis-Konzept vollends verschwinden zu lassen[18]. Wir haben es mit einem sozial eingebundenen Denken zu tun, mit speziellen Mechanismen sozialer Kognition. Die Mechanismen, die wir zu analysieren haben, um juristische Interpretation durch den Richter zu beschreiben, der ein Gesetz auszulegen und in einer Entscheidung festzustellen hat, sind andere als die, die wir brauchen, um die Mechanismen des hermeneutischen Vorgangs zu erfassen, die wirksam sind, wenn ein Leser einen Text von *Hegel, Handke* oder *Hölderlin* liest und auslegt. Es geht bei der „Gesetzesauslegung" keineswegs „vor allem um die Rolle des interpretierenden Subjekts im Prozess des Verstehens sprachlicher Äußerungen" – wie es Arthur Kaufmann formuliert hat[19], sondern um die Frage: „Wie Institutionen denken", um als These den Titel eines Buches von *Mary Douglas* aufzugreifen.

Natürlich, so der naheliegende Einwand, können Institutionen und Organisationen nicht denken. Aber sprechen wir nicht selbstverständlich davon, dass Gerichte Beweise erheben – also wahrnehmen und zwar in den Bahnen der social perception –, entscheiden und Rechtsfragen klären – also doch vorher auch „denken"? Diese sprachlichen Zuordnungen sind keineswegs nur unzulässige sprachliche Verkürzungen. Richterliches Denken ist wie jedes professionelle Denken nicht individuelles, sondern institutionelles Denken. Informationen und Verarbeitungsregeln, Denkstile und Prämissen, die in gerichtliche Entscheidungen eingehen sollen, müssen in der Organisation, dem Gericht, im Instanzenzug „netzwerkfähig" sein, das heißt, sie müssen, um kommunizierbar zu sein und Aussicht zu haben akzeptiert zu werden, in einem inter-subjektiv vorgegebenen Denkraum einen Platz und Relevanz haben. Wenn ich in der 1. These auf die Kohärenz der Begründung abgestellt habe, ergibt sich an dieser Stelle also die Abhängigkeit dieser Kohärenz von der Kohärenz in der Organisation der Justiz[20]. Allgemein ausgedrückt: Professionelles

---

18 Die Ansätze, die nach dem (manchmal aber wohl eher überschätzten) Zusammenhang von Richterbiographie und Entscheidungsfindung fragen (hierzu *J. Schmid,* in dies./T. Drosdeck/D. Koch, Der Rechtsfall – Ein richterliches Konstrukt, 1997, S. 57 ff.) haben mithin ebenso ihre Funktion wie es andererseits dem hier vertretenen Ansatz entspricht, nach den Unterschieden von Gericht zu Gericht, nach der „lokalen Justizkultur" zu fragen; vgl. *W. Langer,* Staatsanwälte und Richter, 1994.

19 *A. Kaufmann,* Analogie und „Natur der Sache". Zugleich ein Beitrag zur Lehre vom Typus, 1982, S. 77 ff. Vgl. dazu auch *F. Müller,* Juristische Methodik, 7. Aufl. 1997, S. 25.

20 Der Spruchkörper unterliegt als „Kleingruppe" ganz unmittelbar Phänomenen, die als Gruppenkonformität untersucht sind, vgl. etwa *W. Herkner,* Lehrbuch

Denken verlangt kohärente Denkräume mit inter-subjektiver Verbindlichkeit, und diese sind ohne Kohärenz in der Verbindung der Menschen, die die Gruppe der professionals ausmacht, nicht zu haben.

Für die Praxis war dieser Zusammenhang immer selbstverständlich. Instanzenzug und das Rechtsmittelrecht sind eindeutig auf die Kohärenz des Rechts ausgerichtet, die die Methodenlehre allein eben nicht leisten kann. Beispiele ließen sich unzählige anführen; ein jüngstes ist der Bericht der Reflexionsgruppe über die Zukunft des Gerichtssystems der Europäischen Gemeinschaften, in dem expressis verbis der Vorschlag gemacht wird „zur Wahrung der Kohärenz der Rechtsprechung" ein Kollegium zu schaffen, das „in regelmäßig und häufig stattfindenden Sitzungen über die Kohärenz der Urteilsentwürfe der einzelnen Spruchkörper des EuGH (wacht) und ggf. die Übertragung bestimmter Rechtssachen an das Plenum (beschließt)"[21].

Aus diesem Zusammenhang erklären sich umgekehrt auch einschneidende Paradigmenwechsel in der Rechtsprechung – ich gebrauche den Ausdruck Paradigmenwechsel hier bewusst im Anschluss an *Thomas Kuhn*[22]. Wenn mit dem Lüth-Urteil, der Nassauskiesungsentscheidung[23] oder der Entscheidung des EuGH zum Wehrdienst von Frauen[24] bislang selbstverständliche Begründungs- und Akzeptanzrahmen grundlegend verändert und verschoben wurden, dann geschah dies unter der Perspektive „wie Institutionen denken" nicht von ungefähr durch Gerichte mit spezifischer Rekrutierung der Richter, mit eigener Organisationsstruktur, Aufgabenstellung und entsprechend eigenen (kohärenten) Denkräumen. Mit traditioneller juristischer Methodik sind diese Paradigmenwechsel nicht erklär- und nicht erfassbar.

3. These: Der Sachverhalt muss in *dem* Argumentations- und Denkraum generiert werden, in dem auch die Rechtsfindung erfolgt. Hier liegt eine weitere, dritte Kohärenzbedingung. Generiert wird er nicht aus „der" Wirklichkeit, sondern aus den Wirklichkeiten der Akteure und der

---

Sozialpsychologie, 5. Aufl. 1991/96, S. 453 ff. Das Erklärungspotential des Kohärenz-Begriffs ist jedoch, wie *ich* in JZ 2000, 1026 f. ausgeführt habe, nicht auf die Erklärung von Interaktionen in Gruppen im engeren Sinn begrenzt. An anderer Stelle wird dieses Erklärungspotential noch weiter zu entfalten sein.

21 Zukunft des Gerichtssystems der EG, Abschlussbericht der Reflexionsgruppe, Sonderbeilage zu NJW Heft 19/2000, S. 13.

22 *T. Kuhn* zieht ausdrücklich die Parallele zu anerkannten juristischen Entscheidungen (Die Struktur wissenschaftlicher Revolutionen, 1973, S. 44: „Es ist vielmehr, einer anerkannten juristischen Entscheidung im allgemeinen Recht ähnlich, ein Objekt für weitere Präzisierung und Spezifizierung unter neuen oder strengeren Voraussetzungen.").Vorstellbar ist, dass das Präjudiz für seine Theorie sogar Pate stand.

23 *BVerfGE* 58, 300.

24 C-285/98 – Tanja Kreil – vom 26.10.1999, DÖV 2000, 421.

„Normwirklichkeit"; er bildet weder Wirklichkeit ab, noch steht er als eigenständige Darstellung des „Seins" dem normativen „Sollen" gegenüber.

Der Sachverhalt ist gerade in seiner äußerlichen Knappheit und Klarheit – und unabhängig davon, dass er das Ergebnis eines durch das Prozessrecht weitgehend formalisierten Informationsverarbeitungsverfahrens ist – eine höchst komplexe „Geschichte": eine „Schichtung" aus mindestens fünf bzw. sieben Wirklichkeiten. Da sind zunächst die Wirklichkeiten der Parteien, und nicht nur in Ehe- und Familiensachen ergibt sich nicht selten für einen Außenstehenden allein aus dem gemeinsamen Rubrum und Aktenzeichen, dass es sich um den gleichen „Fall" handeln muss. Prozessbevollmächtigte gestalten aus dem, was ihnen ihre Mandanten erzählen und auf Befragen antworten, mit eigenen Wirklichkeitsbildern ihren Sachvortrag. Zeugen speichern und bilden nicht Realität ab, sondern erzählen ihre Sicht der Dinge. Schließlich erarbeitet der Richter aus alledem sein professionelles Konstrukt der Wirklichkeit, den Sachverhalt, indem er Wahrnehmungen und Informationen auf das normativ Relevante hin fokussiert.

Die Vorstellung von *dem* „Lebenssachverhalt" verdeckt demgegenüber, dass wir es zunächst nur mit den unterschiedlichen Wirklichkeiten derer zu tun haben, die an dem Gerichtsverfahren beteiligt sind; sie verschleiert auch, dass es sich um ein professionelles Konstrukt handelt, das sich zumeist gerade nicht zu dem verhält, was für die Beteiligten in ihrer Sicht „wirklich" wichtig ist. Die „Normtexthypothese", von der in der ersten These im Anschluss an *Müller* die Rede war, ist nicht vollziehbar, ohne zuvor eine „Sachverhaltshypothese" zu haben. Das, was der Fall war, muss sich dem Richter als *Rechtsfall* „zusammenreimen". Dieser Zusammenhang von Norm und Sachverhalt gilt nicht nur für die Anfangshypothesen, sondern auch für die Entscheidung: Sachverhalt und Entscheidungsgründe müssen als „Gründe" des Urteils eine Einheit bilden, in sich nicht nur konsistent im Sinne von widerspruchsfrei, sondern auch kohärent sein, d. h. sich gegenseitig argumentativ stützen.

Im Bild des „Hin- und Herwandern des Blickes" zwischen Sachverhalt und Norm ist das in der Methodik vielfach thematisiert[25]. Demgegenüber kommt – als Frage der kognitiven Psychologie – die Problematik der allzu schnellen Festlegung auf die Sachverhaltshypothese, die Verführung durch den „ersten Eindruck", leicht aus dem Blick. Für eine Theorie der richterlichen Praxis ist die „Normarbeit" der Analyse über veröffentlichte Entscheidungen relativ problemlos zugänglich; sie bekommt ihren Gegenstand als Ganzes allerdings erst in den Griff, wenn sie sich

---

25 Vgl. nur *Larenz/Canaris*, FN 8, S. 102 im Anschluss an *Engisch*.

die Mechanismen der Verarbeitung von Informationen[26] erschließen kann. Der Sachverhalt als Konstrukt wird anderenfalls leicht als Produkt der Beliebigkeit missverstanden[27].

Für Kläger und Beklagte, den Angeklagten ist der Prozess freilich in aller Regel etwas anderes als ein Verfahren zur Herstellung und Entscheidung eines „Rechtsfalles". Gleichwohl liegt es in dessen Sachlogik, dass in dem Maße, in dem die professionals (Richter, Anwälte, Behördenvertreter) die Sacharbeit auf das fokussieren, was im juristischen Kontext allein relevant scheint, die Verbindung mit dem Lebenskontext der Betroffenen aus dem Blick zu geraten droht. Mit der Diskussion der Notwendigkeit, den Konnex zwischen „Rechtsfall" und „Lebenswelt" der Betroffenen zu wahren[28], stehen wir freilich schon mitten in einem weiteren Thema, nämlich dem nach der „Gerechtigkeit durch Verfahren". An dieser Stelle bleibt nur, das Problem als *„Kunst der richterlichen Praxis"* aufzurufen.

Angesprochen ist damit zugleich auch eine weitere, entscheidende Wirklichkeitsebene. Sie betrifft die generelle Ebene: Norm-Wirklichkeit[29]. Die Norm ist in ihrer Funktion, soziale Konflikte zu regeln und zu lösen, auf diese „Lebenswelt", nicht auf den Rechtsfall bezogen. Hinter jeder Norm steht ein vom Gesetzgeber gewollter bzw. vom Interpreten vorgestellter Wirkungszusammenhang, der als wertbezogenes Funktions-Modell zu begreifen ist[30], wie eben diese Norm die Wirklichkeit regulierend entweder ändern oder stabilisieren soll. Man kann hier von *„Realitätskoordinaten"* des oben beschriebenen Argumentations- und Denkraumes[31] sprechen. Sie werden oft nicht sichtbar, in anderen Fällen müssen sie explizit gemacht werden, etwa wenn es um die Verhältnismäßigkeit geht[32] oder um gesetzliche Instrumente der Wirtschaftslenkung, die ohne das zugrunde liegende volkswirtschaftliche Modell nicht inter-

---

26 Dazu *Schmid,* FN 18, S. 68 ff.

27 Vgl. *Strauch,* FN 11, S. 1023 mit Hinweis auf den eindrucksvollen Pistazieneismord-Fall, *BGH* NJW 1999, 1562.

28 In diesem Zusammenhang ist das wesentlich Aufgabe und Kunst der mündlichen Verhandlung; vgl. dazu *H.-J. Strauch,* Die Öffentlichkeit und Mündlichkeit des Verwaltungsstreitverfahrens, in Festschrift für Mallmann, 1979, S. 345.

29 Siehe hierzu auch *F. Müller,* FN 19, 154.

30 Typisches Beispiel ist die Funktionsbeschreibung der Freiheit der Berichterstattung durch den Rundfunk gemäß Art. 5 Abs. 1 Satz 2 GG (Rundfunkfreiheit) wie der Pressefreiheit, der Freiheit der Meinungsäußerung und der Informationsfreiheit als „schlechthin konstituierend für die freiheitlich-demokratische Grundordnung" (*BVerfGE* 35, 202, 221; 7, 198, 208; 20, 56, 97 f.; in der Konsequenz ist deshalb auch zu untersuchen, ob Maßnahmen „geeignet sind, zu bewirken, was Art. 5 Abs. 1 GG gewährleisten will" *BVerfGE* 57, 295, 320.

31 Oben FN 15.

32 Vgl. hier die Materialsammlung von *K. J. Philippi,* Tatsachenfeststellungen des Bundesverfassungsgerichts, 1971, S. 28 ff., 56 ff.

pretierbar sind[33]. Es gilt jedoch allgemein: Die „Normarbeit“ gewinnt an dieser Schnittstelle ihre Verankerung in den gesellschaftlichen Realitätsbezügen. Paradigmenwechsel und neue Leitentscheidung haben so auch zumeist ihren Grund darin, dass bisherige Wirklichkeitsvorstellungen und Wirklichkeitsmodelle nicht mehr akzeptiert und durch zeitgemäßere ersetzt werden müssen.

Das Sichten und Beobachten von „Daten“ ist theorie-, ins Deutsche übersetzt: anschauungs-abhängig[34]. Für den Beobachter[35] richterlicher Praxis wird damit ein doppelter Theorie-Praxis-Bruch deutlich beschreibbar: einmal hinsichtlich der „Lebenswelten“ der Parteien und Zeugen und zum anderen hinsichtlich der „Normwirklichkeit“, d. h. des Wirkungszusammenhanges und des Wirklichkeitsmodelles der Norm. Wenn die Zugänge zu beiden Wirklichkeiten theoriegeleitet sind, dann bedeutet dies für die richterliche Anschauung Blick durch die Norm auf die „Wirklichkeit“, also Abhängigkeit der Wahrnehmung von *normativen* Vorverständnissen. Der in der Praxis wohl häufig berechtigte Vorwurf, der Richter habe die „Wirklichkeit“ so „hingebogen“, dass sie auf seine normative Lösung passt, der Vorwurf prozessual-handwerklich unsauberer Sachverhaltsermittlung, ist hier nicht gemeint, sondern das grundsätzliche, schon angesprochene Dilemma, dass der Richter nicht damit rechnen kann, dass sich Kläger und Beklagte auch bei handwerklich sauberer Sachverhaltsermittlung in dem Entscheidungs-Sachverhalt „wirklich“ wiederfinden. Diese Problematik wiederholt sich auf der Ebene: *Norm-Wirklichkeitsmodell der Norm.* Ob die Normauslegung – etwa über die „tools for handling reality“[36] durch „Präjudizien“, denen die Juristen nicht von ungefähr besondere Namen geben, wie die Physiker von einem „X“-Effekt sprechen – „wirklich“ noch mit den „Realitätskoordinaten“ zusammenpasst und sich von ihren ursprünglichen wertbezogenen Funktions-Modellen „bei Lichte besehen“ nicht längst entfernt hat – für dieses „Bei-Lichte-besehen“ gibt es keine Methodenlehre. Es gibt nur die theoretische Leerstelle „Judiz“, durch das in der Praxis üblicherweise der gute vom schlechten Juristen unterschieden wird.

---

33 Ein besonders anschauliches Beispiel war die Auseinandersetzung um das Tatbestandsmerkmal „volkswirtschaftlich besonders förderungswürdig“ in § 1 Abs. 4 InvZulG 1969; vgl. dazu etwa einerseits *VG Köln* BB 1972, 870, andererseits *BVerwGE* 48, 211.

34 Dies kann nach dem hier (oben FN 11) vertretenen konstruktivistischen Ansatz nicht zweifelhaft sein (siehe zu dem Gedankengang auch *A. Peczenik,* FN 6, S. 137 ff.). Konkret aus einer empirischen Untersuchung: *T. Drosdeck,* in J. Schmid/T. Drosdeck/D. Koch, FN 18, S. 25 f.

35 Hier theoretisch schlicht vereinfacht, d. h. ohne das Problem des beobachteten Beobachters.

36 Vgl. oben FN 4.

Ist es ein ganz wesentliches Moment der juristischen Praxis zu erkennen, wann ein Fall, ein sozialer Konflikt, nicht mehr dadurch adäquat zu lösen ist, dass man den beschriebenen juristischen Denk- und Argumentationsraum einfach nach einer passenden Interpretationsschablone absucht, dann bedeutet das auch nichts anderes, als dass ein wesentliches Moment einer „Theorie der juristischen Praxis“ vor allem darin liegen müsste, die „Kunst der juristischen Praxis“ zu erfassen. In diesem Widerspruch liegt wohl das entscheidende Problem des Theorie-Praxis-Bruchs.

II. Juristische Dialogik und Rhetorik versus Theorie juristischer Argumentation?

RECHTSTHEORIE 32 (2001), S. 213–225
Duncker & Humblot, 12165 Berlin

VERHÄLTNIS ZWISCHEN THEORIE UND PRAXIS IN EINER DIALOGISCH REKONSTRUIERTEN TECHNE DER JURISPRUDENZ

Von Rolf Gröschner, Jena

I. Ausgangsthesen

Mein Vortrag geht von zwei Thesen aus, die im Zusammenhang unserer Tagung lediglich einer kurzen Erläuterung bedürfen[1]: erstens vom evidenten Scheitern eines naturwissenschaftlich inspirierten Theoriekonzepts in der Jurisprudenz; und zweitens von signifikanten Praxisdefiziten der akademischen juristischen Methodenlehre.

Zum wissenschaftsgeschichtlichen Hintergrund der ersten These verweise ich nur auf die spezifisch neuzeitliche Umkehrung der überkommenen hierarchischen Ordnung von Theorie und Praxis, die Hannah Arendt als „reversal of contemplation and action" bezeichnet und beschrieben hat[2]. Die philosophische Lebensform der „vita contemplativa" wurde konvertiert in den Glauben an die Wissenschaft und an deren Nutzen für eine „vita activa" von Arbeitstieren[3]. Solchermaßen in einen Gegensatz zur Praxis gebracht konstituierte sich „Theorie" als ein rationaler Erklärungszusammenhang, in dem es auf die Beherrschung der erklärten Phänomene ankommt[4]. Ob dies in den Naturwissenschaften wenigstens im Grundsatz gelungen ist, kann hier dahinstehen; in der Rechtswissenschaft jedenfalls ist der seit dem 19. Jahrhundert unternommene Versuch gescheitert, die rechtliche Alltagsarbeit in dem Sinne zu beherrschen, daß die Rechtsarbeiter so verfahren, wie eine am naturwissenschaftlichen Theoriekonzept der Moderne orientierte Methodenlehre es vorschreibt[5]. Ohne Veränderung dieses Konzepts ist deshalb eine im

---

1 In die schriftliche Fassung des frei gehaltenen Vortrags konnten einige Anregungen aus der Diskussion aufgenommen werden, für die ich namentlich *Ottmar Ballweg, Ulfrid Neumann* und *Jan Schapp* herzlich danke.

2 *H. Arendt,* The Human Condition, 1958, S. 289 ff.; deutsch: Vita activa oder Vom tätigen Leben, 10. Aufl. 1998, S. 367 ff. „Die geschichtliche Herkunft des Theorie-Praxis-Problems aus dem Geist der Neuzeit" thematisiert aus Hegelscher Perspektive *M. Riedel,* Theorie und Praxis im Denken Hegels, 1965, S. 73 ff.

3 *H. Arendt,* Condition (FN 2), S. 320 ff.: „The Victory of the Animal Laborans".

4 Dazu etwa *H.-G. Gadamer,* Über die Möglichkeit einer philosophischen Ethik, in: Gesammelte Werke, Bd. 4, 1987, S. 175 ff. (176).

Tagungsthema mit Fragezeichen versehene „Wiederbelebung" juristischer Methodik im rechtlichen Alltag nicht zu erwarten.

Was die Praxisdefizite der juristischen Methodenlehre betrifft, beschränke ich mich auf die beiden bekanntesten. Das erste Defizit besteht darin, daß dem „Fall" als lebensweltlichem Fundus aller Rechtsverhältnisse in der traditionellen Lehre der Subsumtion keine prominente Stellung eingeräumt wird; das zweite liegt in dem Umstand begründet, daß der Rechtsfindungsprozeß in positivistischer Tradition „dualistisch" konstruiert, in ein „abstrakt-generelles Sollen" und ein „konkret-individuelles Sein" gespalten und in das Schema eines „Justizsyllogismus" gezwängt wird[6]. Schon eine Auseinandersetzung mit der klassischen römischen Jurisprudenz – deren Erben wir heutigen Juristen auch methodologisch sind – zeigt die Zwanghaftigkeit dieser Konstruktion: die Kunst eines Respondierjuristen wie Celsus, mit der Regel „impossibilium nulla obligatio est" umzugehen und ähnliche Fallgruppen nach dem Gerechtigkeitsmodell der „ars boni et aequi" kunstgerecht gleich zu behandeln, folgt keinem logischen, sondern einem ästhetischen und ethischen Ideal[7]. In der jüngsten Monographie zu diesem Thema wird deshalb zurecht von „juristischer Ästhetik" gesprochen[8]. Eine Präzisierung sowohl dieses Begriffs als auch der Titelbegriffe des vorliegenden Themas erfordert einen entschlossenen Rückzug aus dem neuzeitlichen Theorie-Praxis-Konzept und einen ebenso entschlossenen Rückgriff auf philosophische Konzeptionen der Antike – weil der Fortschritt in der Philosophie sehr wohl im Rückschritt liegen kann. Ich steige also mit Absicht noch einmal in den Thalesbrunnen der aristotelischen Wissenschaftslehre. Mögen die thrakischen Mägde ruhig lachen[9].

II. Präzisierung der Titelbegriffe

1. Theorie und Praxis

Mit dem „Gemeinspruch", etwas mag in der Theorie richtig sein, tauge aber nicht für die Praxis[10], läßt sich unser Thema schon deshalb nicht

---

5 Mehr als ein Scheitern der Theorie (als Methodologie) gegenüber der Praxis (und ihrer Methodik) wird damit fürs erste nicht behauptet.

6 Überblick über die in der aktuellen juristischen Methodenlehre vertretenen Modelle bei *R. Gröschner*, Rechtsfindung, in: Ergänzbares Lexikon des Rechts, 2/430.

7 Näheres bei *R. Gröschner/C. Dierksmeier/M. Henkel/A. Wiehart*, Rechts- und Staatsphilosophie. Ein dogmenphilosophischer Dialog, 2000, S. 57 ff.: „Die Römer und die Kunst der Jurisprudenz".

8 *J. Lege*, Pragmatismus und Jurisprudenz, 1999, S. 569 ff.

9 Hintergründe dazu bei *H. Blumenberg*, Das Lachen der Thrakerin. Eine Urgeschichte der Theorie, 1987.

hinreichend behandeln, weil unter „Theorie“ in der Jurisprudenz höchst Unterschiedliches verstanden werden kann: außer der akademischen Methodenlehre als Theorie der (richtigen) Auslegung und Anwendung des positiven Rechts auch die Grundlagendisziplin der „Rechtstheorie“ insgesamt oder einzelne „Theorien“ der Rechtsdogmatik wie die – selbst in Examensklausuren häufig bloß abstrakt bemühten – Abgrenzungstheorien zu § 40 VwGO, also zur Abgrenzung öffentlichrechtlicher von anderen Streitigkeiten. Bei näherem Hinsehen erweist sich aber vor allem der gängige Praxisbegriff als untauglich, die Struktur der „praktischen“ juristischen Tätigkeit zu erfassen. Denn nach der klassischen aristotelischen Dreiteilung des Wissens in theoretisches, praktisches und poietisches Wissen[11] haben wir es dabei gar nicht mit einer „praktischen“, auf das Erfahrungswissen des Handelnden abstellenden, sondern mit einer „poietischen“, auf die Herstellung eines (Kunst-)Werkes abzielenden Tätigkeit zu tun. Sehen wir uns deren Struktur also genauer an.

2. Praxis und Poiesis

„Handeln“ (prattein) ist nach Aristoteles strukturell durch den Bezug zur Erfahrung (empeiria) bestimmt, „herstellen“ (poiein) durch den Bezug zur Kunst (techne): „Techne entsteht, wenn aus vielen Aussagen der Erfahrung (empeiria) eine allgemeine Auffassung über die ähnlichen Einzelfälle wird“[12]. Bei aller praktischen Bedeutung der „empeiria“ (die von Aristoteles selbstverständlich noch nicht neuzeitlich-empiristisch, sondern lebensweltlich-vorwissenschaftlich verstanden wird), kommt es für das uns interessierende Theorie-Praxis-Verhältnis auf den philosophischen Gehalt der „allgemeinen Auffassung“ an: „Wenn nun jemand den Begriff (logos) hat ohne Erfahrung und das Allgemeine kennt, den Einzelfall darin aber nicht kennt, wird er sich oft in der Behandlung irren; denn das, was behandelt werden soll, ist der Einzelfall. Aber dennoch glauben wir, daß das Wissen und das Sich-auf-etwas-Verstehen der techne eher zukommen als der Erfahrung, und wir halten die Techniten für kompetenter als die Erfahrenen, weil sich Kompetenz für alle eher gemäß dem Wissen ergibt: Dies deshalb, weil die einen den Grund wissen, die anderen nicht. Denn die Erfahrenen wissen zwar das Daß,

---

10 *I. Kant,* Über den Gemeinspruch: Das mag in der Theorie richtig sein, taugt aber nicht für die Praxis, Gesammelte Schriften, Akademieausgabe Bd. VIII, 1912, S. 273 ff. (S. 275 mit dem bekannten Hinweis auf „Theoretiker“, „die in ihrem Leben nie praktisch werden können, weil es ihnen an Urteilskraft fehlt“).

11 *Aristoteles,* Metaphysik I 1, 981 a und b; I 2, 982 b; Nikomachische Ethik VI 4, 1140 a ff.

12 Met. I 1, 981 a in der Übersetzung von *A. Wiehart,* in: R. Gröschner (FN 7), S. 66.

das Warum wissen sie aber nicht; die anderen (nämlich: die Techniten) jedoch kennen das Warum und den Grund"[13]. Mit diesem unverkennbar an der Heilkunst orientierten Technebegriff steht Aristoteles in der Tradition der Diagnoselehre des Hippokrates, von der die juristische Methodenlehre durchaus profitieren kann.

Aber vergegenwärtigen wir uns erst einmal die Lehre des Aristoteles, indem wir sie auf die richterliche Tätigkeit beziehen: Eine „herstellende Kunst" (poietike techne) ist diese Tätigkeit gerade dadurch, daß sie nicht auf „bloßer" und damit theorieblinder Erfahrung beruht, sondern auf dem theoretischen Wissen um die Gründe der richtigen Entscheidung. Dieses Wissen ist aber wiederum nicht „rein theoretischer", dem „praktischen" Erfahrungswissen entgegengesetzter Natur, sondern es ist ein Wissen, das den Einzelfall *im* Allgemeinen erkennt. Nach dieser elementaren aristotelischen Differenzierung hätte ein Examenskandidat erst dann die Kompetenz eines „Techniten", wenn er die „Sonderrechtstheorie" zu § 40 VwGO nicht als fallunabhängiges Konstrukt, sondern als dogmatischen Grund für die Entscheidung von Fällen als Fälle öffentlichrechtlicher Streitigkeiten begriffen hätte (statt sie als abstrakte Theorie auswendig zu lernen und mit der „Anwendung" auf den konkreten Fall entsprechende Schwierigkeiten zu haben). Der Lehrsatz der Verwaltungsrechtsdogmatik, daß eine Streitigkeit dann öffentlichrechtlich sei, wenn die streitentscheidenden Normen ein Subjekt öffentlicher Gewalt als solches berechtigen oder verpflichten, erschließt sich erst aus den Standardbeispielen, in denen dies der Fall ist – wie bei der Polizeiverfügung, der Baugenehmigung oder dem kommunalen Abgabenbescheid. Und die juristische Kompetenz und Kunst im aristotelischen Sinne liegt darin, diese Standardbeispiele auf der Basis der einschlägigen Sonderrechtsnormen des Landesrechts als Ausdruck des Grundes der jeweils öffentlichrechtlichen Lösung des Falles zu verstehen, nämlich als Ausdruck von Zuständigkeit, Aufgabe und Befugnis der Polizei-, Bauordnungs- und Kommunalbehörden, einseitig Recht zu setzen und durchzusetzen.

Nimmt man Aristoteles auch in der Orientierung an der ärztlichen Heilkunst zum wissenschaftstheoretischen Vorbild für die Strukturbestimmung einer „poietike techne", ergibt sich eine äußerst hilfreiche Parallele zur richterlichen Entscheidungskunst: Auch der Arzt muß die Kunst beherrschen, den Einzelfall aufgrund seiner praktischen Erfahrung aus der Fülle ähnlicher Fälle „herauszukennen" (wie man „diagignoskein" in den hippokratischen Schriften übersetzen könnte[14]), ihn bei seinem medizinischen Namen zu nennen und mit dieser Benennung zu-

[13] Met. I 1, 981a in der Übersetzung von *A. Wiehart,* in: R. Gröschner (FN 7), S. 68.

gleich den theoretischen Grund für den Befund und die weitere Behandlung zu liefern. Die medizinische Diagnose hat daher methodologisch dieselbe Struktur wie die juristische Subsumtion. Dies kann und muß hier nicht weiter ausgeführt werden, weil es an anderer Stelle bereits geschehen ist[15]. Im Hinblick auf das Tagungsthema sei aber der Hinweis erlaubt, daß eine medizingeschichtliche Aufarbeitung der hippokratischen Diagnoselehre für die Jurisprudenz methodenvergleichend von besonderer Bedeutung wäre. Es liegt nämlich die Vermutung sehr nahe, daß die Methodengeschichte der Medizin keinen vergleichbaren Theorie-Praxis-Bruch zu Tage fördern würde. Und das wäre ein weiterer Beweis für den Irrweg der juristischen Methodenlehre im 19. und 20. Jahrhundert.

3. Rechtswissenschaft und Jurisprudenz

Auf der soeben erläuterten aristotelischen Grundlage besteht die „Techne der Jurisprudenz" in der Vermittlung zwischen dem theoretischen Wissen, das die Rechtswissenschaft zur Verfügung stellt, und dem praktischen Können, das aus forensischer oder sonstiger juristischer Erfahrung erwächst, kurz: in der Vermittlung zwischen Theorie und Praxis. Beschränkt man sich aus Zeit- und Raumgründen auf die richterliche Kunst als pars pro toto für die Techne der Jurisprudenz, muß die richterliche Entscheidung (paradigmatisch: das Urteil) methodologisch vom Zusammenhang zwischen Theorie und Praxis her verstanden werden, nicht von jenem neuzeitlichen Gegensatz her, der den tagungsgegenständlichen „Bruch" verursacht hat. Ob man diesen Zusammenhang mit Aristoteles in einer juristisch adaptierten Poiesislehre kunstadäquat auf die urteilsherstellende Leistung der „Techne" zurückführt oder auf verwandte Konzeptionen – wie die kantische „Urteilskraft"[16], die hermeneutische „Applikation"[17] oder die logische „Abduktion"[18] –, ist eine Frage der

---

14 Näheres bei *R. Gröschner*, Hippokratische Techne und richterliche Kunst, in: M. Kilian (Hrsg.), Jurisprudenz zwischen Techne und Kunst, 1987, S. 11 ff.

15 Außer an der in FN 14 genannten Stelle auch in: *R. Gröschner*, Dialogik und Jurisprudenz, 1982, S. 152 ff. (Neuauflage in Vorbereitung).

16 *I. Kant* (FN 9), S. 235 und Kritik der Urteilskraft, Akademieausgabe Bd. V, 1908, S. 165 ff. (S. 168 mit der berühmten Bestimmung der Urteilskraft als „Mittelglied" in der „Ordnung unserer Erkenntnisvermögen zwischen dem Verstande und der Vernunft"; S. 179 mit der Definition des Urteilsvermögens, „das Besondere als enthalten unter dem Allgemeinen zu denken").

17 *H.-G. Gadamer*, Wahrheit und Methode, Zweiter Teil, II 2 c: „Die exemplarische Bedeutung der juristischen Hermeneutik", Gesammelte Werke, Bd. 1, 1990, S. 330 ff.

18 Im Sinne der Logikkonzeption von *Ch. S. Peirce*. Dazu jetzt eingehend *J. Lege* (FN 8), S. 127 ff., 360 ff., 398 ff., 445 ff.; aus strafprozessualer Sicht *L. Schulz*,

philosophischen Grundposition und des jeweiligen Methodenkonzepts. Im phänomenologischen Ausgangsbefund stimmen die genannten Positionen überein, weil erstens das theoretisch bestimmte Allgemeine (das erkenntnis- oder verständnisleitende Prinzip) in einen notwendigen Zusammenhang mit den praktischen Besonderheiten des Einzelfalles gestellt wird, die nur im Hinblick auf das allgemeine Prinzip erkannt bzw. verstanden werden können und weil zweitens das Urteil über den Einzelfall keine schlichte Anwendung des Allgemeinen erlaubt, sondern dessen Konkretisierung erfordert[19].

In der gegenwärtigen juristischen Methodenlehre gibt es zwei Ansätze, die den eingangs erwähnten Dualismus zwischen dem als abstrakt-generell aufgefaßten Gesetz einerseits und dem konkret-individuellen Fall andererseits dadurch auflösen, daß sie ein eigenes Gesetzes- bzw. Normkonzept entwickelt haben: *Jan Schapps* Lehre von der „Fallreihe" und *Friedrich Müllers* „Strukturierende Rechtslehre". Für Schapp stellt bereits das Gesetz selbst eine Entscheidung dar: nicht über den Einzelfall, sondern über die Reihe von Fällen, die in Zukunft unter das betreffende Gesetz subsumiert werden sollen. Der Gesetzgeber hat darüber in der Weise entschieden, daß er Tatbestandsbegriffe formuliert hat, die den abgekürzten Grund für die Entscheidung des Richters enthalten, den ihm vorliegenden Fall in die Fallreihe des Gesetzes einzuordnen. Über diese Einreihung wird in einem „Gespräch" zwischen dem Richter, den Fallbeteiligten und dem Gesetzgeber als stillem Partner entschieden, der durch seine abgekürzten Regelungsgründe repräsentiert ist[20]. Ausweislich der prominenten Stellung dieser Regelungsgründe läßt sich die *Schappsche* Konzeption ohne Schwierigkeiten der Tradition der aristotelischen Technelehre zuordnen, in der es – wie erläutert – ganz zentral um das Auffinden des allgemeinen „logos" im besonderen Fall geht[21].

Nicht von einem phänomenologischen, sondern von einem linguistischen Ansatz herkommend gehört auch *Müllers* „Strukturierende Rechtslehre" in diese Tradition. Für sie besteht eine Rechtsnorm nicht nur aus

---

Regel und Fall. Über ein Modell kohärenter Verknüpfung, in: *B. Feldner/N. Forgó* (Hrsg.), Norm und Entscheidung, 2000, S. 153 ff.

19 Hierin liegt das Problem der Kompatibilität der juristischen mit der kantischen „Urteilskraft"; ein weiteres Problem wäre die Subjektivierung des Geschmacksurteils, die *Kant* in der „Kritik der Urteilskraft" vorgenommen hat: *H.-G. Gadamer* (FN 17), S. 48 ff.

20 *J. Schapp,* Hauptprobleme der juristischen Methodenlehre, 1983, S. 65.

21 In der Hegelschen Fassung des Subsumtionsschlusses – die m.E. das beste Schema für juristische Subsumtionen bereitstellt – ist das Besondere die Mitte zwischen dem Einzelnen und dem Allgemeinen. Dazu *R. Gröschner,* Wer denkt abstrakt? Rechtsphilosophische Reflexionen über einen Aufsatz des frühen Hegel, in: Schriften des Hellmuth-Loening-Zentrums für Staatswissenschaften in Jena, Berlin 2002.

einem sprachbestimmten „Normprogramm“, sondern zugleich und wesentlich aus einem sachbestimmten „Normbereich“, der dem Normtext erst Sinn und Struktur verleiht[22]. Der agonale Charakter der Jurisprudenz kommt bei *Müller* dadurch sehr deutlich zum Ausdruck, daß er den Streit um die zutreffende Bedeutung der einschlägigen Norm als „semantischen Kampf“ der Beteiligten bezeichnet[23]. In ihm wird die „Entscheidungsnorm“ als „jeweils von einem bestimmten Fall her und auf seine verbindliche Lösung hin abschließend individualisierter Aggregatzustand“ der Rechtsnorm[24] erst erzeugt, d.h. in aristotelischer Tradition: durch Poiesis erst hergestellt.

Obwohl mit dem „semantischen Kampf“ und dem „Gespräch“ über die Gründe der Fallentscheidung schon zwei Stichworte für die noch ausstehende dialogische Rekonstruktion der richterlichen Urteilskunst gefallen sind, sei der bisherige Gedankengang im Hinblick auf die Überschrift „Rechtswissenschaft und Jurisprudenz“ noch einmal kurz zusammengefaßt: In einer an Aristoteles orientierten Methodologie ist die Techne der Jurisprudenz dadurch gekennzeichnet, daß sie Theorie und Praxis miteinander verbindet und so den tagungsgegenständlichen „Bruch“ von vornherein vermeidet. „Jurisprudenz“ kann in diesem Methodenmodell aber nicht Synonym für Rechtspraxis, sondern muß Oberbegriff für Rechtswissenschaft einerseits und Rechtspraxis andererseits sein. „Rechtswissenschaft“ wiederum muß dann im weiteren Sinne verstanden werden als Sammelbezeichnung für die Rechtsdogmatik (oder Rechtswissenschaft im engeren Sinne) und sämtliche Grundlagendisziplinen, also Rechtsgeschichte, Rechtsphilosophie, Rechtssoziologie, Rechtstheorie sowie Methoden- und Argumentationslehre. Solchermaßen begrifflich bestimmt degeneriert „Jurisprudenz“ per definitionem nicht zu bloßer „Praxis“, sondern wird qua Technelehre zur wissenschaftsorientierten, vom theoretischen Wissen der Dogmatik und der Grundlagendisziplinen geleiteten „Poiesis“.

III. Dialogik als Techne der Jurisprudenz

1. Der Streit als Grundphänomen der Jurisprudenz

Daß der Streit der Vater aller juristischen Dinge ist, dürfte im Prinzip konsensfähig sein – jedenfalls dann, wenn man terminologisch auch den „Konflikt“ zuläßt. Hauptaufgaben der Jurisprudenz sind dann Streitver-

---

22 *F. Müller*, Strukturierende Rechtslehre, 2. Aufl. 1994, S. 184 ff.; *ders.*, Juristische Methodik, 7. Aufl. 1997, S. 172 ff.

23 *F. Müller* (Hrsg.), Untersuchungen zur Rechtslinguistik, 1989, S. 40 f. m.w.N.

24 *F. Müller* (FN 22, Methodik), S. 175.

meidung und Streitentscheidung, und für die richterliche Entscheidung wird die streitige Verhandlung das paradigmatische Verfahren. Dieses in der Praxis geübte Verfahren kann nun entweder mit einer allgemeinen Theorie des Diskurses konfrontiert werden – wie dies prominent in der Diskurstheorie *Robert Alexys* geschieht – oder aber man kann versuchen, die in der dialogischen Praxis der Jurisprudenz immer schon vorhandenen Strukturen herauszuarbeiten. Dann muß man allerdings der These widersprechen, daß der juristische Diskurs ein Sonderfall des allgemeinen praktischen Diskurses sei[25] und von den methodologischen Eigenheiten der richterlichen Poiesis ausgehen – auf die alle forensische Argumentation und alle juristische Ausbildung ausgerichtet ist. Dies ist das Anliegen der Dialogik als einer Philosophie und Techne der Jurisprudenz. „Philosophie" der Jurisprudenz ist diese Dialogik im Sinne der sokratischen Kunst der Gesprächsführung (dialektike techne), in deren Zentrum die dialogische Suche nach dem „logos", dem begrifflich präzisierbaren Grund für die richtige Antwort auf die diskutierte Frage steht. „Techne" der Jurisprudenz ist die Dialogik dann sowohl im sokratischen als auch im aristotelischen Sinne. Die richterliche Vermittlungsleistung zwischen Theorie und Praxis wird dadurch zu einer spezifisch dialogischen. Was das bedeutet, soll im folgenden in drei Schritten erläutert werden: im ersten Schritt von den lebensweltlichen Ansprüchen her, die im forensischen Dialog gestellt werden; im zweiten auf die juristische Verantwortung hin, die der Richter für seine Entscheidung trägt; und im dritten Schritt auf jenes „Kunst-Werk" hin, dessen Poiesis in der Herstellung einer Einheit zwischen lebensweltlicher Gerechtigkeit und juristischer Richtigkeit liegt.

2. Die Kunst der richterlichen Streitentscheidung

Trotz aller materiellen und prozessualen Bindungen des Richters an das positive Recht ist rechtsphilosophisch und methodologisch zu betonen, daß mit jedem Klagebegehren und jedem Gegenvorbringen eines Beklagten nicht nur Rechte geltend gemacht, sondern auch lebensweltliche Ansprüche erhoben werden. Jeder will sein „gutes" Recht, und das kann bei der Kompliziertheit unserer Rechtsordnung aus der Sicht eines juristischen Laien nur heißen: man will Gerechtigkeit. Zwar verläßt man sich auf die Rechtskenntnis des Gerichts, erwartet aber, daß die Besonderheit des eigenen Falles zur Sprache kommt und das Urteil gerade

---

[25] *R. Alexy,* Theorie der juristischen Argumentation, 3. Aufl. 1996; zur „Sonderfallthese" S. 261 ff.; darüber hinausgehende Diskussion des Alexyschen Ansatzes bei *R. Gröschner,* Theorie und Praxis der juristischen Argumentation, JZ 1985, S. 170 ff.

dieser Besonderheit gerecht wird. Und da der Streit der Beteiligten regelmäßig auch diese Besonderheit betreffen wird, ist „audiatur et altera pars" bis heute eine selbstverständliche Forderung prozessualer Gerechtigkeit. Aber auch an der seit 2000 Jahren als „Ulpiansche Formel" tradierten Gerechtigkeitsforderung, „ius suum cuique tribuere" (jedem das ihm gebührende Recht zuzuteilen) hat sich im Prinzip nichts geändert[26]. Vor allem ist der Umstand gleich geblieben, daß der Zuspruch subjektiver Rechte einen durch nichts zu erschütternden, sich selbst treu bleibenden Willen – „constans et perpetua voluntas" – des Richters voraussetzt, aus der Allgemeinheit des objektiven Rechts, seiner Regeln, Grundsätze, Prinzipien und Institute, das Beste für die Beteiligten zu machen: ihr je besonderes und daher aus ihrer Sicht „gutes" Recht. Aus dieser lebensweltlichen Perspektive haben die beiden genannten Gerechtigkeitsforderungen – dem pragmatischen Grundzug der klassischen römischen Jurisprudenz durchaus entsprechend – nichts Höheres oder gar Metaphysisches an sich[27]. Sie formulieren Ansprüche, denen der Richter in seiner Rolle, seiner rollenspezifischen Persönlichkeit und seinem Berufsethos gerecht werden muß – und zwar genau denjenigen gegenüber, die ihn daraufhin beanspruchen. Richterliche Verantwortung wird daher im ursprünglichen Sinne des Verantwortungsbegriffs durch Antwort erfüllt: durch Antwort auf den lebensweltlichen Gerechtigkeitsanspruch der Prozeßbeteiligten in einem – um es möglichst bündig zu sagen – Gerechtigkeitsdialog.

Da der zweite Schritt nicht zeitgleich mit dem ersten erfolgen konnte, ist von der Forderung nach juristischer Richtigkeit der richterlichen Entscheidung erst jetzt die Rede. Diese Forderung ließe sich zwar auch als Aspekt lebensweltlicher Gerechtigkeit formulieren – schließlich ist das Recht ein wesentliches Moment der Lebenswelt auch juristischer Laien –, die Richtigkeitsverantwortung sollte von der Gerechtigkeitsverantwortung begrifflich aber unterschieden werden, weil es sich um zwei Antwortarten in zwei verschiedenen Dialogen handelt. Die Richtigkeitsantwort ist in einem Dialog mit der Juristenzunft zu geben: im Instanzenzug gegenüber den Richterkolleginnen und -kollegen und, je höher in der Instanz, desto intensiver, in der literarischen Auseinandersetzung gegenüber den Kolleginnen und Kollegen aus der Rechtswissenschaft. In diesem Richtigkeitsdialog kann, darf und sollte alles thematisiert werden, was der Jurisprudenz an theoretischem Wissensvorrat und ent-

---

[26] Zu beiden Gerechtigkeitsforderungen *R. Gröschner* (FN 7), S. 75 ff.

[27] Im kantischen Sinne artikuliert der Gerechtigkeitsanspruch freilich eine transzendentale Bedingung richterlicher Alltagsarbeit in der Form einer regulativen (nicht also konstitutiven) Idee, die „uns zur Richtschnur des empirischen Gebrauchs der Vernunft dienen soll" indem sie uns dafür einen „focus imaginarius" liefert (Kritik der reinen Vernunft, B 702, B 672).

sprechendem Kritikpotential zur Verfügung steht: Probleme rechtsdogmatischer Begriffs- und Systembildung ebenso wie Rückfragen aus rechtshistorischer, -philosophischer, -soziologischer oder methoden- und argumentationstheoretischer Perspektive. Art und Intensität dieses Dialogs sind Ausdruck der Wissenschaftskultur eines Landes und ein Merkmal unter mehreren für den Stand einer Rechtskultur. Richter sind an der Entwicklung dieser Rechtskultur nach Maßgabe eines professionellen Vermögens beteiligt: durch ihr Judiz, d.h. durch die Fähigkeit, bereits im forensischen Dialog zu beurteilen, wie die Zunft auf die tragenden Gründe der Entscheidung reagieren wird, ob dafür ein festes Fundament in Rechtsprechung und Lehre vorhanden ist oder ob dogmatisches Neuland betreten werden muß[28].

Der dritte Schritt ist für das vorliegende Thema der entscheidende. Es geht um die Herstellung einer technespezifischen, also in noch zu präzisierender Weise kunstgerechten Entscheidung, die den Streit der Beteiligten dadurch beendet, daß sie sowohl laienhaften Gerechtigkeits- als auch professionellen Richtigkeitsansprüchen gerecht wird und damit in the long run den Rechtsfrieden sichert. Die naheliegende Antwort, die gesuchte Einheit sei das schriftlich abgesetzte Urteil, wäre aus zwei Gründen unzureichend: Erstens übersähe sie den in der heutigen Rechtstheorie gängig gewordenen Unterschied zwischen der Herstellung und der Darstellung einer richterlichen Entscheidung[29] und setzte allein bei der dargestellten Entscheidung an, während der hier gewählte poietische Weg der „Techne" der Weg der Herstellung ist; zweitens vernachlässigte sie den Charakter der richterlichen Verantwortung in den hier so genannten Gerechtigkeits- und Richtigkeitsdialogen und die prinzipielle Bedeutung der Verhandlung. Ob diese Verhandlung mündlich oder schriftlich durchgeführt wird, macht für das von mir verfolgte dialogische Prinzip keinen Unterschied. Worauf es ankommt, ist die Vermittlungsleistung, die der Richter respektive das Gericht in der und durch die Verhandlung erbringt: eine Leistung, die man im Sinne der griechischen Ursprungsbedeutung des Lehnwortes „Hermeneutik" als sprachliche Übersetzungsleistung bezeichnen kann wie sie durch Dolmetscher erfolgt. Die Juristenkollegen aus der Richterschaft – nicht nur die auf dieser Tagung anwesenden – werden bestätigen können, was auch jeder Professorenkollege aus eigener Erfahrung weiß: wie schwer es ist, einem Laien die Welt des Rechts sprachlich zu erschließen. In einer dialogisch rekonstruierten Techne der Jurisprudenz ist es aber gerade jene sprach-

28 Grundlagen dafür bei *R. Gröschner*, Judiz – was heißt das und wie läßt es sich erlernen?, JZ 1987, S. 903 ff.

29 Früh schon in diesem Sinne *K. Sobota*, Sachlichkeit, Rhetorische Kunst der Juristen, 1990, S. 13 ff.

liche Erschließung der Rechtswelt, die den Richter als (Sprach-)Künstler im semantischen Kampf um die Entscheidungsnorm kennzeichnet. Vor allem muß er die Geschichten, die ihm – durchaus im anspruchsvollen Sinne der Geschichtenphilosophie *Wilhelm Schapps*[30] – erzählt werden, sowohl in ihrer lebensweltlichen als auch in ihrer juristischen Bedeutung verstehen, um aus ihnen den erhobenen Rechts- und Gerechtigkeitsanspruch herauszuhören. Uno actu mit der Übersetzung des Gehörten in die Rechtssprache muß er das dogmatische System, in das der erhobene Anspruch gehört, rückübersetzen in die Laiensprache, um auf mögliche Probleme der Rechtsdurchsetzung insbesondere im Tatsachenbereich hinzuweisen. Für das daraus resultierende Rechtsgespräch, das selbstverständlich je nach Fall in unterschiedlicher Intensität geführt und mangels Erforderlichkeit auch einmal auf Null reduziert werden kann, habe ich mir schon vor zwanzig Jahren ein Wort *Martin Bubers* geborgt, das nach meinem Geschmack den prägnantesten Ausdruck für den Raum bereitstellt, in dem sich der Richter als Technit des juristischen Wortes bewegt: das forensische „Zwischen"[31]. Als substantiviertes Verhältniswort verlegt es den Ort, an dem die Entscheidung hergestellt wird, weder in den Anspruchsteller noch in den erkennenden Richter, sondern zwischen sie, genauer: in das mindestens aus drei Beteiligten bestehende Prozeßrechtsverhältnis zwischen Anspruchsteller, Anspruchsgegner und Gericht. Das Prozeßrecht stellt für dieses Rechtsverhältnis aber nur den Rahmen bereit, der durch das forensische „Zwischen" ausgefüllt werden muß. Ob dies gelingt, erweist sich immer erst in der Sitzung, weil auch die beste Vorbereitung und Leitung nicht verhindern kann – und aus Gründen des Gerechtigkeitsdialogs auch gar nicht verhindern soll –, daß die Verhandlung anders verläuft als gedacht. Das ist für forensisch erfahrene Juristen zwar eine Trivialität, für die traditionelle juristische Methodenlehre aber leider kein Thema mehr, seit das Triviale als unwissenschaftlich stigmatisiert wurde – im Unterschied zu vormodernen Zeiten, in der es als „Trivium" (Grammatik, Logik und Rhetorik) die Basis aller theoretischen Universitätsstudien bildete. Das ist nichts anderes als die universitätsgeschichtliche Variante des neuzeitlichen Theorie-Praxis-Bruchs im Sinne meiner Ausgangsthese[32].

Erfreulicherweise hat man gerade hier in Hagen begonnen, das Rad der Theoriegeschichte zurückzudrehen und die erwähnten Trivialitäten der Rechtspraxis zum Gegenstand empirischer Forschungen zu machen:

30 *W. Schapp*, In Geschichten verstrickt, 2. Aufl. 1976, und Philosophie der Geschichten, 2. Aufl. 1981.

31 *R. Gröschner* (FN 15), S. 33 ff.

32 Ebenso *M. Senn*, Rechtsgeschichte – ein kulturhistorischer Grundriß, 2. Aufl. 1999, S. 33 f.

zu fragen, welches Methodenverständnis in der richterlichen Alltagsarbeit tatsächlich leitend ist (in den rechtssoziologischen Untersuchungen *Martin Morloks*) und wie juristisches Argumentieren de facto funktioniert (in der analytischen Rhetorik *Katharina von Schlieffens*). Solche Forschungen können die Dialogik nur bereichern, weil sie das dialogische „Zwischen" – das ja nichts weiter ist als ein Kürzel für die vernachlässigten poietischen Phänomene der Entscheidungsfindung – methodologisch strukturieren. Dasselbe gilt für die nicht-empirischen Arbeiten zu den rhetorischen, linguistischen, hermeneutischen und argumentationstheoretischen Strukturen juristischer Entscheidungstätigkeit, deren Autoren auf dieser Tagung präsent sind (*Ottmar Ballweg, Ralph Christensen, Winfried Hassemer, Friedrich Müller, Ulfried Neumann* und *Thomas Michael Seibert*).

Was ist nun schließlich und endlich jenes Werk, auf das die richterliche Techne in der herstellenden oder werkschaffenden Struktur ihrer Poiesis ausgerichtet ist, wenn es – wie gesagt – nicht der Urteilstext als solcher ist? Hier gilt es ein letztes Mal, an Aristoteles zu erinnern, der seine Philosophie der Poiesis nicht nur in einer (unvollständig überlieferten) Gedankensammlung zur Poetik oder Dichtkunst zusammengetragen, sondern in sokratisch-platonischer Tradition auf ein weites Feld handwerklicher, kunsthandwerklicher und künstlerischer Tätigkeiten erstreckt hat: vom schlichten Handwerk eines Schuhmachers oder eines Pferdebereiters über die Kunst des Arztes oder des Staatsmannes bis zu den schönen Künsten von Bildhauern oder Theaterautoren. Je einfacher die Tätigkeit strukturiert ist, desto genauer läßt sich das Werk und das zu seiner Herstellung erforderliche werkschaffende Wissen bestimmen, je näher sie aber der auf das ganze Leben bezogenen Tüchtigkeit (arete) kommt, desto schwieriger wird dies[33]. Schwierigkeiten bereitet schon die Theaterkunst: Ist „Werk" hier die Textvorlage oder die Aufführung? Wenn es die Aufführung ist, kommt es dann auf die „werk"-getreue Umsetzung der Vorlage an und welche Bedeutung hat der Erfolg der Aufführung für den „Werk"-Charakter? Bei der richterlichen Tätigkeit kommt die Schwierigkeit des doppelten Dialogs und damit das Problem hinzu, das poietische Werk nicht nur als richtige, sondern auch als gerechte Entscheidung auszuweisen. In dieser schwierigen Lage kann auf jene juristische Übersetzungs-Kunst zurückgegriffen werden, die im Mittelpunkt der Überlegungen zur Dialogik des Verhandelns stand. Anders als

---

33 Für *Aristoteles* kann das Gelingen des Lebens nicht durch eine Techne erzeugt werden. Im richterlichen Alltag geht es aber nicht um dieses Gelingen, sondern um gelingende, den Streit der Beteiligten befriedende Entscheidungen und damit um Poiesis und nicht um Phronesis: *A. Wiehart,* in: *R. Gröschner* (FN 7), S. 48 f., 80. Zu Poiesis, Praxis und Phronesis eingehend *H. Hesse,* Ordnung und Kontingenz, 1999, S. 36 ff., 133 ff.

das „poetische" Werk eines Dichters kann das „poietische" Werk eines Übersetzers nicht aus sich selbst heraus beurteilt werden. Die Richtigkeit der Übersetzung ist eine Frage der Übereinstimmung mit dem übersetzten Text und ob der Übersetzer dem literarischen Anspruch seines Autors gerecht geworden ist, bemißt sich nicht nur nach der lexikalischen Transformation einzelner Wörter und Sentenzen, sondern nach der kunstgerechten „Ent-Sprechung" im ganzen. Genauso verhält es sich mit der „Poietik" – nicht etwa der „Poetik" – der Jurisprudenz: Der Entscheidungstext liefert nur die Grundlage für die Beurteilung der Frage, ob die juristische Übersetzung der lebensweltlichen Ansprüche der Beteiligten richtig *und* gerecht erfolgt ist und damit insgesamt als gelungen angesehen werden kann[34]. Mit der eingangs erwähnten Grundlegung einer „juristischen Ästhetik" in *Joachim Leges* „Pragmatismus und Jurisprudenz"[35] liegt ein erster Ansatz vor, die Gelungenheit juristischer Entscheidungen als lege artis hergestellte, im Duktus und in der Stimmigkeit der Begründung zum Ausdruck kommende Einheit lebensweltlicher Gerechtigkeit und juristischer Richtigkeit auf den Begriff zu bringen. Er kann und sollte zu einer Poietik der Jurisprudenz verfeinert werden.

---

34 In *J. Schapps* Modell (FN 20) bezieht sich dieser Gelingensanspruch auf das „Gespräch" über die Einordung des Einzelfalls in die „Fallreihe" des Gesetzes, in *F. Müllers* Modell (FN 22) auf den „semantischen Kampf" um die Erzeugung der „Entscheidungsnorm". Der dialogische „Streit" um die adäquate „Übersetzung" lebensweltlicher Ansprüche ist philosophisch und methodologisch weit genug gefaßt, um mit beiden Modellen arbeiten zu können.

35 *J. Lege* (FN 8).

RECHTSTHEORIE 32 (2001), S. 227–238
Duncker & Humblot, 12165 Berlin

METHODENLEHRE ZWISCHEN STAATSRECHT UND RECHTSPHILOSOPHIE – ZUGLEICH EINE VERSCHLEIERUNG DES THEORIE-PRAXIS-BRUCHS?

Von Martin Hochhuth, Freiburg

I. Einleitung

Die Tagung gilt u.a. der Frage: „Ob hinter dem Theorie-Praxis-Bruch vielleicht ganz grundsätzliche Grenzen im Wirksamwerden von Gesetzen bzw. Theorien stehen, die bislang noch nicht angemessen analysiert, geschweige denn methodisch normativ berücksichtigt wurden.“[1] – Ich will mit einigen seelischen Befunden und statistischen Fakten antworten. Ihre Vergessenheit scheint mir der Grund dafür zu sein, dass viele „rechtsmethodologische“ Bemühungen, besonders die sprachanalytischen, wenig nützen.

Gesetze „wirken“, indem Menschen gehorchen: seien es Laien im Alltag, sei es ein Richter[2], der sie für im konkreten Fall anwendbar hält und das amtlich ausspricht. Sie wirken, indem Subjekte ihren Willen danach richten. Sie „binden“ also nicht faktisch, sondern fordern. Der Einzelne, die Gesamtheit der Einzelnen, genügt der Forderung, weil er das will, oder er genügt ihr nicht. Die daraus folgende Hauptthese, uralt, lautet: Nur in einem engen Bezirk, der knifflig genug sein kann, hat die Methodenlehre Sinn. Als wörtliche, systematische und geschichtliche Auslegung verdeutlicht sie jenen verbindlichen Appell, den Gehorsamsaufruf an das (letztlich unbindbare) Subjekt, den die Rechtsordnung ausspricht.

Die damit vorgeschlagene Reduktion der Methodenlehre erscheint nur auf den ersten Blick, nur unaufgeklärtem Denken naiv. Die „Naivität“ ist Folge des logischen Ortes, den die „Methode“ dem geltenden Staatsrecht gemäß einnehmen muss. Ihn legt in den echt gewaltenteiligen Rechtsstaaten[3] mittelbar dasjenige geschriebene Recht fest, das die Kompetenzen der Richter bestimmt und begrenzt. Es sind z.B. in Deutsch-

---

1 So *Martin Morlok* in seiner Einladung zur Hagener Tagung.

2 Die Verwaltung sollte auf der Tagung ausgespart werden. Die hier vorgestellten Thesen gelten jedoch auch für sie. (Zum Sonderproblem der gerichtlichen [Nicht-]Nachprüfung der von der Verwaltung angewandten „unbestimmten Rechtsbegriffe“ vgl. im Besonderen Teil von *M. Hochhuth*, Relativitätstheorie des Öffentlichen Rechts, 2000, § 7 II und III, besonders S. 240–269.)

land u.a.[4] der Art. 97 Abs. 1 Halbsatz 2 GG[5] und mehreren Anordnungen des Art. 20 GG[6]. Zu etwas, was die Richter und sonstigen Rechtspflegeorgane nicht müssen oder dürfen, braucht auch die Methodenlehre nicht zu taugen, die ja ihr Werkzeug ist. (Ich sage deswegen auch etwas scheinbar Altmodisches zum Unterschied von Politik und Recht.) Eine bislang unübliche Unterscheidung nach Fallgruppen löst vielleicht die eine oder andere Klemme, in die ein überforderter Gesetzgeber oder schmerzliche Einzelkonstellationen den Richter bringen. Allerdings ist es eine unbequeme Hilfe, wie sich zeigen soll.

Ausgangspunkt ist die Unterscheidung von Normal- und Grenzfall. Die Aporie der Gewaltenteilung zwingt den Rechtsanwender im (allerdings überraschend seltenen) Grenzfall, sich rechtsphilosophisch anzustrengen. Grenzfall ist der Fall, in dem das Gesetz den Rechtsanwender in näher zu bestimmender Weise im Stich lässt. Die Methodenlehre hilft zwar, diese Grenzfälle zu erkennen, bleibt dem Gesetz aber untergeordnet. Das heißt: Der Richter kann seines Amtes mit ihrer Hilfe – in aller Regel – innerhalb der Grenzen des positiven gesetzten Verfassungs- und Fachrechts walten. Den Grenzfall zeigt sie ihm dann nur noch an. Entscheiden muss er ihn ohne sie. Versucht er dagegen, sie noch weiter zu gebrauchen, wo er zum Überschritt aus dem positiv gesetzten Recht heraus gezwungen ist, täuscht sie. – Sie ist ein spezielles Werkzeug zur Ermittlung der *Legal*ität. Hinter deren Grenzen, also bei *Legitim*itätsfragen

---

3 Das sind diejenigen Staaten, in denen unabhängige Richter nach geschriebenem Recht die anderen beiden Gewalten kontrollieren. Soweit die Richterschaft dagegen wenig oder kein vom Souverän oder dem Parlament gesatztes, sondern überwiegend das von ihr selbst „geschriebene“ Recht „anwendet“, – also in *case-law*-Systemen wie z.B. Großbritannien und den USA – fehlt es an der „gegenseitigen Hemmung und Beschränkung“, die Sinn der Gewaltenteilung ist. Die Richter wenden das Recht hier nicht an, sondern schaffen es. Ein Stück Freiheit bietet zwar auch diese bloß unechte Gewaltenteilung dem Rechtsunterworfenen solange, wie die Richter unabhängig, d.h. auf Lebenszeit eingesetzt und finanziell sicher sind. Rechtssicherheit bietet sie allerdings nicht. Die Verstreutheit und relative Seltenheit *offenbarer* und *spektakulärer* Rechtsprechungs-Änderungen bedeutet keine Stabilität; die bloße Langsamkeit und relative Milieu-Einheitlichkeit des Gesamtwandels darf man nicht mit Berechenbarkeit verwechseln. Diese „optische Täuschung“ bezüglich der Rechtssicherheit, die sogar in den echt gewaltengeteilten Systemen besteht, und die hier immerhin reduzierbar ist, ohne aber je gänzlich zu verschwinden ist in *case-law*-Systemen die unvermeidliche Regel. Unsicheres Recht aber schützt vor allem die gesellschaftlich (d.h. finanziell oder politisch) Schwachen unzuverlässig.

4 Ein Großteil der Gerichtsverfassung gehört hierher, also vor allem die Art. 92–104 GG und das GVG.

5 „Die Richter sind ... nur dem Gesetze unterworfen.“

6 „... Deutschland ist ... demokratisch [...] ...“ „Alle Staatsgewalt geht vom Volke aus. Sie wird vom Volke in Wahlen und Abstimmungen und durch besondere Organe der Gesetzgebung, der vollziehenden Gewalt und der Rechtsprechung ausgeübt.“ „Die [...] Rechtsprechung [ist] an Gesetz und Recht gebunden.“

nützt nur noch das allgemeine Werkzeug, also die *allgemeine* Logik und die sonstige Philosophie. „Methodenlehre“ hier noch „anzuwenden“ gaukelte dem Richter vor, noch immer entlaste ihn die statische Sphäre des (im Prinzip) objektiv ermittelbaren positiven Gesetzeswillens von eigenen Grundwertungen und damit von einer wesentlichen Bürde der Subjektivität. Dabei zwingt der Grenzfall gerade, ausnahmsweise in die Sphäre des Naturrechts hinauszutreten, wo für Legitimitätsfragen zahlreiche Antworten konkurrieren, und wo der demokratische Souverän die Entscheidung nicht mehr vorweggenommen hat. Hier, am – glücklicherweise seltenen – Ort der Souveränitätswende, lenkt die Beschäftigung mit Methodenlehre von der wahren Aufgabe verhüllend ab. Der im Normalfall gebotene, d.h. einzig legale und einzig legitime Gesetzespositivismus verkäme zum Betriebspositivismus.

II. Wirklichkeit des Normalfalles

Der „Normalfall“ wird definiert als derjenige, in dem ein aus der Sicht des Rechts (!) also des Rechtsanwenders wie der Rechtsunterworfenen eindeutig nach dem natürlichen Wortlaut verständlicher Gesetzesbefehl vorliegt. – Hier erhebt sich der Einwand: „Ja gibt es das denn überhaupt?“ – Ja. Falsch eingesetzte Methodenlehre mit insbesondere ihren irrigen Folgerungen aus der Sprachkritik verstellt den Blick darauf, dass die Normalität, der legitime Alltag *in aller Regel unproblematisch gelingt*. Der Richter – geschweige der Philosoph, Soziologe oder Universitätsjurist wird damit nur nie befasst. Der Normalfall des Rechts sind die täglich millionenfach erlassenen Sozialamts-, Steuer- und Einberufungsbescheide, die nicht angegriffen, die Leasing-, Werk und Handelsverträge, die trotz Geldknappheit, Kaufreue oder sonstigem Unbehagen erfüllt werden, weil sie evident gültig sind.

Wie aber, so wird man nun fragen, verträgt sich das mit der nachweislichen Unschärfe aller, wirklich *aller* sprachlichen Ausdrücke? – Es gilt zu unterscheiden. Die *scharfe* Wortlaut*grenze* ist gewiss eine Illusion, gerade so, wie die Idee etwa einer scharfen Grenze zwischen Tag und Nacht. Das aber widerlegt nicht die Idee der Wortlaut*bindung*. Es zeigt nur, dass der Wortlaut allein nicht immer genügen kann. – Denn jedenfalls gebunden bleibt der Rechtsanwender in jenem *sprachlich* unproblematischen Normalfall, dass der zu subsumierende Sachverhalt im sprachlichen Begriffs*kern* liegt: Etwa der 23-jährige männliche gesunde im Inland wohnende und gemeldete Staatsbürger bei der Frage der Wehrpflicht. Ähnlich gibt es zu den meisten Rechtsbegriffen unzählige Fälle, an denen nichts zu deuteln[7], d.h. in denen das vom Gesetzgeber Gemeinte ohne Fein- oder Tiefsinn direkt aus dem Text eines einzigen

Rechtssatzes ermittelbar ist. Hinzu tritt die zweite Normalfallgruppe. In ihr löst zwar noch nicht allein der Wortlaut dieses Satzes alle Zweifel, wohl aber die Heranziehung des – seinerseits ebenfalls aus gesatztem Recht ablesbaren – Allgemeinen Teils des betreffenden Rechtsgebietes sowie anderer systematischer Argumente, also die grammatisch-logische Auslegung. Sie machen die Masse, sie machen den Rechtsalltag aus.

Die Verkennung dieser statistischen Banalität flösst dem Rechtsanwender unbegründetermaßen ein generelles schlechtes Gewissen bezüglich der theoretischen Abgesichertheit seines Tuns ein. Das wäre nun nichts als lästig und bräuchte die solide Theorie nicht zu kümmern, wenn es keine Kehrseite hätte. Die Kehrseite ist aber, dass in dem allgemeinen schlechten Gewissen sozusagen das spezielle untergeht. Einen Richter, der wirklich seine Amtsbefugnis überschreitet, etwa aus unerkannt politischen Motiven, kann die Kritik nicht mehr erreichen, wenn er sich längst an die undifferenziert aufgefasste „Fragwürdigkeit" seines Berufes gewöhnt hat, etwa mit Hilfe der Fehlannahme, auf den Wortlaut komme es letztlich doch nicht an.

1. Das Aufgehobensein durch verselbständigte Formengebäude (das „Man") als anthropologische Normalität

Die Erinnerung an den Normalfall leitet uns zur Philosophie. Das gilt unabhängig davon, ob der Veranstalter *Morlok* das Wort vom „Scheitern" der Methodenlehre mit existenzialistischen Nebengedanken in den Titel dieser Tagung gesetzt hat. Jedenfalls passen in unseren Zusammenhang zwei Erträge der Objektivitäts- und Entfremdungskritik der linken Hegelschule, besonders des mit *Stirner* beginnenden, später sogenannten Existenzdenkens.

Zunächst fragen wir nach dem Begriff der *Person,* aber mit Blick auf den Rechtsanwender: Der Existenzialismus beschreibt zwei Seiten des Menschendaseins. Einmal seinen Alltag, dumpf abgetaucht in den Formenschätzen (sie „Diskurse" zu nennen, ist zu eng), wo es nicht lebt, sondern bloß funktioniert, „gelebt wird". Zum andern richtet er den Blick auf die „Grenzsituationen", in denen es zu sich selber kommt, „ek-sistiert". Solche Grenzsituationen sind in dieser Perspektive oft ein „Scheitern", wie es besonders (naheliegender- aber doch nicht zwingenderweise) im Tode gesehen werden kann.

Die Beschreibung der Verschwundenheit des Einzelsubjekts in den Schema-Gebäuden der Sprache, Sitte, Höflichkeit, Arbeitswelt, Rechts-

---

[7] Dem „Deuteln", also den Verbiegungstricks im Unterschied zur Auslegung begegnen wir unten, bei FN 14.

welt und sein – unvorhersehbares – Hervortreten daraus in den Grenzsituationen trifft zu. Nicht übernehmen dagegen sollten wir den pauschal abwertenden Beigeschmack, den diese Preisgegebenheit an die objektiven Formen in der Beschreibung der Existentialisten (außer bei *Werner Maihofer*) dabei weithin eint. Denn diese „Formenschätze“, das von *Heidegger* sogenannte „Man“, die Gesamtheit der Strukturen des objektivierten Geistes[8] entfremden uns nicht nur. Dieses unpersönliche „Man“ nimmt uns im Alltag des Lebens und Arbeitens die unendliche Vielzahl der Entscheidungen ab. Es mindert nicht nur die Freiheit und Authentizität, sondern auch die Unübersichtlich- und Ratlosigkeit.

2. Das „Man“ beim Juristen und die „geometrische Methode“ im Normalfall

Dass dieses Verschwinden des Individuellen kein Mangel sein muss, wissen wir vor allem als Juristen. Rechtsgesetz und der Rechtsdogmatik haben Entlastungs- aber auch Legitimitätsfunktion. Der Richter trägt seine Robe auch zum Zeichen seines Willens, hinter den objektiven Strukturen zurückzutreten, der Idee nach gar zu verschwinden, die er zu vollziehen hat. *Montesquieus* „naive“ Forderung, die Rechtsprechung

---

8 Eine vorläufige Skizze einer allgemeinen Theorie des „objektivierten Geistes“ wird versucht in *M. Hochhuth* (wie FN 2), S. 43 ff., 411 ff. Mit diesem besonders von *Nicolai Hartmann* in *Hegels* kritischer, wenn auch nicht ausreichend kritischer Fortsetzung ausgearbeiteten Begriff beschreibt sich die Stabilität und Brüchigkeit moderner Rechtsordnungen besser, als mit den im Theoriemilieu vorherrschenden Soziologismen. Der idealistische Beigeschmack des Begriffs ist zwar zu recht erst einmal verdächtig. Aber er verliert seinen Schrecken, wenn man sieht, dass zahlreiche einstige Platonismen, auf ihre Funktionalität nüchtern geprüft, als Vor-Entdeckungen im Sinne *Husserls* weiterleben können (zu den Schismen speziell der phänomenologischen Schule, die daraus folgten und folgen, vgl. etwa *K.-H. Lembeck*, Einführung in die phänomenologische Philosophie, 1994, S. 95 ff.). Wir fallen daher nicht hinter die Wende von „Substanzbegriffen“ zu „Funktionsbegriffen“ zurück, vergessen insbesondere nie, dass es um bestimmte gedankliche Operationen geht, ein „Wie“ und „Wozu“, und dass jedes „Was“ nur ein davon zu unterscheidendes geistiges Werkzeug bleibt (vgl. dazu *E. Cassirer*, Substanzbegriff und Funktionsbegriff, 3. Aufl. 1969, passim, insb. S. 416 f.). Wir tragen nur dem Umstand Rechnung, dass die theoretische Neufundierung der Philosophie, die kritische Umstülpung der Begriffe also, an der *Alltags*praxis weniger ändert, als man hätte erwarten können. Alle Begriffe sind nun zwar auf ihren Nutzen hin kritisierbar. Aber wir erkennen, dass es *für ihre Funktion* sinnvoll sein kann, sie, in zweiter „Naivität“ wieder *wie* Substanzen zu setzen und zu behandeln. Selbst im Bereich des Theoretischen wird man das zugestehen: Wem schadet es, naiv zu sagen, in „der Zwölf“ stecke dreimal „die Vier“? Im Bereich der Praxis dürfte das auch gelten. „Substanzen“ wären hier etwa konkrete Tabus. – Etwa die Folter, um die Menschenwürde, oder der Inzest, um Kinder und Heranwachsende zu schützen, usw. – Aber solche nach kritischer Reflexion neuzusetzende „Substanzen“, ausgenüchterte Platonismen können auch hochabstrakte „Dinge“ wie Rechtstaat, Gewaltentrennung, Demokratie sein.

dürfe nur Mund des Gesetzes sein, „*bouche de la loi*" gehört hierher. Auch die gestern hier von *Rolf Groeschner* ausdrücklich zurückgewiesene regulative Utopie, „*more geometrico*" zu denken, d.h. nicht entscheidend zu werten, sondern bloß ableitend zu „rechnen", muss als „naive" Forderung aufrechterhalten bleiben. Sie ist der Sinn des zitierten Verfassungssatzes „Die Richter sind ... dem Gesetze unterworfen". – Aber sie entlastet nicht nur den Richter, sie sichert und befreit vor allem die Rechtsunterworfenen.

3. Fiktion und Hypothese

Wie steht es nun aber mit dem naiven Beigeschmack, den solche Forderungen haben? – Fiktion (Setzung) darf nicht mit Hypothese (Annahme) verwechselt werden. Die Forderung muss – für den Normalfall – aufrechterhalten werden, und zwar als eine ganz bestimmte Art von Fiktion. Dass etwas eine Fiktion ist, hier also die strenge Wortlautbindung, schadet im Recht sowenig, wie es in der Mathematik schadet, dass etwas Fiktion ist[9]. Vielmehr könnten beide Praktiken, weder die mathematische noch die juristische, ohne Fiktionen überhaupt stattfinden.

Gegen eine Fiktion lässt sich nicht einwenden, sie sei illusionär oder empirisch widerlegt, sondern allenfalls, sie sei unzweckmäßig. Die Fiktion jedoch, dass der Richter nicht seinen eigenen Willen vollziehe, sondern nur den des Volkes vermittelt über das parlamentarische und verfassungsmäßige Gesetz konkretisiere, ist nicht nur eine zweckmäßige Fiktion, sondern eine unbedingt notwendige. Ohne sie kann „Man" vom Verlierer eines Rechtstreits nicht verlangen, dass er existentielle Vermögenseinbußen oder etwa auch die langjährige, vielleicht sogar lebenslängliche Einsperrung hinnimmt; – ohne sie könnten wir ihm, ohne roh oder zynisch zu sein, nicht ansinnen, dass er etwas als *rechtlich* geboten einsehe oder hinnehme.

Weitere Beispiele finden sich leicht: So gehört zu den notwendigen Fiktionen auch die der Einheitlichkeit der Sollens-Ordnung, von der das Recht – seinerseits auch einheitlich – ein logischer Teil ist. Die Einheit der Rechtsordnung finden wir ebenfalls nicht etwa vor, aber wir stellen sie logisch her (d.h. wir fingieren sie.). Auch die aus den Befangenheits-Debatten bekannte Unterscheidung des vorurteilsbeladenen Privatmenschen vom *der Idee nach* unparteilichen Amtsträger ist ein Beispiel. Er kann sich, wenn nicht allzu nahe persönlich betroffen, mit Hilfe des kritischen Bewusstwerdens und dann der zugehörigen regulativen Fiktionen – etwa eben des Amtsgedankens[10] davon ein Stück weit frei machen.

---

9 Vgl. wiederum das Argument soeben in FN 8.

Dieser Appell an ihn, die regulative Utopie „Unparteilichkeit" gehört in das Arsenal des Werkzeugs, das leicht lächerlich zu machen, aber gleichwohl unverzichtbar ist. Der Amtsgedanke ist auch die – einzige – Antwort auf die erschrockene Frage, wo denn die Rechtssicherheit bleibe, wenn die Wortlautbindung und so vieles andere Unverzichtbare „bloße" Forderung, „bloß" fiktiv sei? – Sowenig die sauberen Begriffe einer richtigen Mathematik schlampiges oder betrügerisches Rechnen verhindern, sowenig setzen die Regelgebäude der staatlichen Ordnung sich durch, wo der Anwendungswille fehlt. Hier öffnet sich der Abgrund der menschlichen Subjektivität.

Ein staatsrechtlich-demokratietheoretischer – noch unausgearbeiteter – Vorbegriff davon steckt auch in *Rousseaus* „Gemeinwillen" (*volonté générale*) – ebenfalls einer Fiktion. – Die Idee „Gemeinwille" hat sich durchgesetzt nicht, weil sie wahr wäre. Sie nützt, weil nur mit ihr demokratische Herrschaft begründbar ist, insbesondere also die regelmäßige Gebundenheit auch der überstimmten Minderheit, der Minderjährigen, Geisteskranken, durchreisenden Gäste usw. – Wir müssen an solchen Begriffen festhalten, weil mit ihnen *die Prämissen von Recht überhaupt* fallen würden.

III. Scheinbare und wirkliche Grenzfälle: Scheitern des „Man" und Rückkehr des „Ichs"

Nun zu den Sonderfällen, die es kennzeichnet, dass der Richter in ihnen vom strengen Wortlaut und der ergänzenden systematischen Auslegung im Stich gelassen wird: Wie gesagt ist die Zahl dieser Fälle relativ klein, d.h. wenn man sie mit der Masse der unproblematischen Fälle, die der Rechtsstaat Tag für Tag entscheidet und die in der akademischen Literatur keinen Niederschlag finden, die auch nicht zu den obersten Gerichten wandern, vergleicht. Behielte man die Millionen Rechtsvollzüge verkehrsregelnder Polizisten (oder Ampeln!) oder zugreifender Gerichts-

---

10 Es spricht viel dafür, dass „Überparteilichkeit" bei einer Regierung, oder die Verpflichtung der Abgeordneten gegenüber ihrem Gewissen (anstatt gegenüber ihrer Partei oder Fraktion) usw. für den *politischen* Bereich vielfach bloße „Legenden" ja sogar „Lebenslügen des Obrigkeitsstaates" sind, wie *Radbruch* an der berühmten Stelle des Weimarer Handbuches des Staatsrechts schreibt (Band 1, 1930, § 25, S. 285 ff., S. 289). Ich zöge es vor, diese Ideen auch hier, im zwar politisch zustandegekommenen, aber eben doch schon staatlich verfassten, also nicht mehr nur *gesellschaftlichen* Feld von Staatsleitung und Parlament zumindest als regulative Utopien aufrecht zu erhalten. Demgegenüber gilt es aber keineswegs nur für den Obrigkeitsstaat (wie *Radbruch* a.a.O. meint), sondern für den ganzen Bereich des *Rechts* überhaupt, dass „die Lehre vom Standpunkt über den Parteien ... eine ideelle Lebensbedingung" darstellt. Hier gerade liegt ein Unterscheidungsmerkmal zur Politik.

vollzieher nicht im Sinn, dann sähe das, was ich unten für die Extremfallgruppe vorschlage, wie herkömmlicher Anarchismus aus.

1. Verringerung der Grenzfälle durch die Schutzhierarchie des GG

Führt der Wortlaut zu einem anscheinend unerträglichen Ergebnis für ein existentielles, d.h. ein als vorstaatlich denkbares und zugleich zentrales Gut, so wird der Richter in aller Regel mit Hilfe der übergeordneten Grundrechte und des Art. 19 Abs. 2 GG[11], im Wege der verfassungskonformen Auslegung des Fachrechts, Abhilfe schaffen können. Solche durch Auslegung rettbaren Fälle sind noch gänzlich systemintern gelöst, so schwierig sie juristisch sein mögen. Sie fordern den Überschritt nicht, sind keine „Grenzfälle" im hier gemeinten Sinn. Insbesondere „unbefriedigende" Ergebnisse und „Akzeptanz"-Schwierigkeiten gehören nicht hierher, erlauben kein Abgehen vom Gesetzeswillen, denn sonst verkäme die Demokratie zur Richter-Aristokratie.

Hiergegen erhebt sich die Frage, was mit den „völlig unerträglichen" Ergebnissen sei: Solle man etwa einen Straftäter laufenlassen, der eine wertvolle fremde Sache findet und sich zueignet, nur weil der Gesetzgeber „vergessen" hat, die Fundunterschlagung zu regeln? Muss man denn dort nicht, wie es die Gerichte jahrzehntelang getan haben, mit Hilfe der „kleinen" oder „großen" sogenannten „berichtigenden Auslegung" arbeiten? Oder war es nicht „völlig unerträglich", wenn eine traditionell empfindende Frau noch in den 1960er, gar 80er Jahren ihren ehemaligen Verlobten gem. § 1300 BGB auf das sogenannte Kranzgeld verklagte? – Diese beiden Beispiele wähle ich bewusst. Für beide Fallgruppen ist die Gesetzeslage inzwischen von dem dafür berufenen Organ so geändert worden, wie es dem vermutlich überwiegenden gesellschaftlichen Konsens entspricht. Vor diesen Gesetzesänderungen jedoch hätte einer, der einen Fund unterschlagen hatte, frei-, und der Anspruch wegen der Defloration nach § 1300 BGB hätte zugesprochen werden müssen[12]. Der Freispuch des Stromdiebes durch das Reichsgericht, der den Gesetzgeber mittelbar zur Einführung von § 248c StGB „zwang", ist die einzige in einem echt gewaltenteilenden Rechtsstaat vertretbare Lösung. Wenn er hier etwas als „unerträglich" empfindet, so ist der Richter, wie andere Staatsbürger auch, auf die legalen und legitimen Kanäle des Politischen zu verweisen. Im übrigen hat er sich an die Rechtsordnung zu halten; er beginge sonst Rechtsbeugung.

---

11 „In keinem Falle darf ein Grundrecht in seinem Wesensgehalt angetastet werden."

12 Vgl. zu § 1300 BGB als vorkonstitutionellem Recht – das aber fortgilt, wenn es nicht verfassungswidrig ist – *BVerfGE* 32, 296, 303 ff. (Beschluß v. 26. Jan. 1972) m.w.N.

2. Der Notausstieg: Verallgemeinerbares „Partisanentum“

Nur in einem allerletzten, und faktisch derzeit winzigen Bereich scheinen mir die normkritischen Wertungen des Richters ausnahmsweise der Berücksichtigung wert. Es ist ein doppelt gekennzeichneter Fall. Die ungebrochene Anwendung des gesetzgeberischen Willens muss erstens – wie gesagt – vorstaatlich verstehbare und zugleich zentrale Rechtsgüter (Leben, Gesundheit, Lebensgemeinschaft engster Familienangehöriger, Gedanken-, Gewissens- und Glaubensfreiheit) nicht bloß betreffen, beschränken usw. sondern – zweitens – vernichten oder doch in existentiellem Grade beeinträchtigen. Ein Beispiel ist die Freiheitsstrafe oder die Entziehung der Wohnung. Die Bundesrepublik, wie wir sie kennen, bietet solche Fälle (im Vergleich zu vielen anderen Rechtsordnungen) in erfreulich geringem Umfang. Gleichwohl kommen sie noch vor: besonders im Asyl- und sonstigen Ausländer- und eben im Strafvollzugsrecht. Dem Rechtsstab kann hier nichts Allgemeines oder Prinzipielles vorgeworfen werden, da diese Bereiche besonders schwierig sind. Er muss jedoch auf der Hut bleiben.[13]

Im Falle dieser existentiellen Verletzungsdrohung widerstreiten beim Richter nun zwei moralische Appelle. Der Gehorsam gegenüber der in den momentan meisten Staaten im Großen und Ganzen legitimen Legalität, und die Schutzpflicht für die Güter, die in seine Entscheidungsmacht gegeben sind. Glücklicherweise wie gesagt können unter dem Grundgesetz die meisten „Kandidaten“ für diese Fallgruppe doch noch ohne den Überschritt in die Rechtsphilosophie gelöst werden. Oder doch *fast* ohne diesen Überschritt. Erkennt der Richter, dass die anzuwendende Vorschrift etwa des Asylverfahrensgesetzes Leben oder Menschenwürde des Asylbegehrenden vernichten könnte, weil das Gesetz gegenüber dem GG zu eng gefasst ist, so hat er zwei Möglichkeiten. Er kann diesen Umstand offen- und die Entscheidung dem Bundesverfassungsgericht vorlegen (Art. 100 Abs. 1 Satz 1 GG befiehlt es so). Der Idee nach, die das System trägt – der regulativen Fiktion nach – wird das BVerfG den Asylanten ja retten, wie es die Verfassung (in den Art. 16a Abs. 1 i.V.m. Art 19 Abs. 2 GG) fordert, wenn er wirklich politisch verfolgt ist.

---

13 Unbehaglicherweise ist das Aufbrechen von Konflikten, die dann zu solchen Verletzungen führen können, in keiner Rechtsordnung verlässlich und endgültig ausschließbar. Das gilt selbst für eine so auf äußerste Freiheitlichkeit und Humanität zielende wie die des Grundgesetzes. Es könnte daran liegen, dass die Aporie eine Grundfigur des Öffentlichen Rechts ist, und nicht nur ein gelegentlich und vorläufig auftretendes Kuriosum. Zum Beweis dieser Annahme vergleiche das Schema in der oben (FN 2) zitierten „Relativitätstheorie des Öffentlichen Rechts“ S. 41 (Beispiele dazu aus der innerstaatlichen Rechtspraxis S. 85 ff., 150 ff. und insb. 235 ff. sowie aus dem Kriegsvölkerrecht S. 325 ff.).

Weiß der Fachrichter jedoch, dass die letzte Instanz die Frage anders („falsch") bewerten wird, so steht er – wie gesagt nur in existentiellen Fällen – vor dem folgenden Dilemma: Das BVerfG wird das Gesetz gutheißen, er gezwungen sein, den Fall nach Wortlaut zu entscheiden und den Asylanten u. U. in den (aus seiner Sicht) sicheren Tod oder die (aus seiner Sicht) auf politischer Verfolgung beruhende Vernichtung der Menschenwürde im Heimatland zurückschicken müssen. Er hätte seine moralische (vorrechtliche und rechtsunabhängige) Pflicht gegenüber dem Asylanten verletzt. Hätte er dafür dann wenigstens seine Pflicht gegenüber dem Begriffsgebäude des gewaltengeteilten Rechtsstaates getan? – Die geltende Rechtsordnung ist so ausgestaltet, dass auch die streng positivrechtlich gedeutete Amtspflicht des Richters in diesem Fall eine andere ist. Das einfache Gesetz wäre im so gebildeten Falle ja falsch, auch aus Sicht der positiven Ordnung, zu der Art. 19 Abs. 2 GG gehört, und der zur Korrektur solcher Fehler verpflichtete Spruchkörper hätte versagt. Dies nun wäre ein Fall, der in existentialistischer Formulierung das *„Scheitern"* der Rechtsordnung (als eines Formenschatzes des „Man") heißen könnte, eine Grenzsituation. Der Richter ist *nun* mehr dem Einzelfall verpflichtet als dem Begriffsgebäude, das ja versagt hat. Wir sind in dem – minimalen – Bereich, in dem die dem GG zugrundeliegende Theorie des Öffentlichen Rechts etwas mit der Freirechtsschule gemeinsam hat: die Autonomie des Richters, die jetzt hervortreten muss. Da die berufene Instanz versagt oder absehbarerweise versagen wird, hat er das Rechtsgut zu schützen, das in seine Hand gegeben ist.

Hier – und nur hier – sind Schleichwege, Auslegungs*tricks* erlaubt, denn sie sind moralisch geboten. So rettete etwa in vergleichbarer Not das Reichsgericht ein junges Mädchen vor der Todesstrafe, das in besonders bedrängter Lage das uneheliche Neugeborene seiner Schwester ertränkt hatte: Es stufte die Angeklagte, die sämtliche Tatbestandsmerkmale allein verwirklicht hatte, vermittelst der „subjektiven Teilnahmetheorie" zur Gehilfin der Kindesmutter herab[14]. Im Rechtsstaat muss so

---

14 *RGSt* 74, 84. Dieser „Badewannenfall" illustrierte die vorgeschlagenen Grenzfalltheorie, die sich auf den Begriff „kantianischer Partisan" bringen lässt. Allerdings müsste stimmen, was der beteiligte Reichsgerichtsrat *Hartung* berichtet, dass nämlich das von ihm und uns für materiell richtig gehaltene Ergebnis mit legalen Mitteln nicht durchsetzbar gewesen wäre. Der Strafsenat, auf die Kritik gefasst, die dann auch reichlich geübt wurde, habe sogar erwogen, das Urteil in der amtlichen Sammlung wegzulassen. Vgl. *Hartung,* JZ 1954, S. 430 f. *Seiner* Schilderung nach handelte es sich dann sogar um ein Musterbeispiel für diese Entscheidungstheorie. Ich kann allerdings historisch und strafrechtsdogmatisch nicht beurteilen, ob den – in der Sache einigen – obersten Richtern des Reiches wirklich kein unanfechtbarer Weg offengestanden hätte (Februar 1940). Die Denkfigur des kantianischen Partisanen (vgl. wiederum knapp „Relativitätstheorie d. Ö. R." [oben FN 2], S. 325, FN 1012) strukturiert das Problem „Naturrecht oder Rechtspositivismus" so, dass es im Einzelfall vielleicht lösbar wird.

etwas die absolute Ausnahme bleiben, da es seine Verlässlichkeit, die Gewaltenteilung und damit die Legitimität der gesamten Ordnung in Frage stellt. Es darf also nur geschehen, wenn es an dieser Legitimität für den Einzelfall nach amtspflichtmäßiger Wertung des Richters ohnehin schon fehlt, weil das Gesamtgebäude im konkreten Fall in existentieller Weise versagt hat. In diesen Fällen – eine Art Widerstand – wird dem Richter ein ungeheures Maß an Rückgrat abverlangt. In vielen anderen Fällen, in denen der gesellschaftliche Druck um ihn herum, dazu gehören besonders die Medien, dahin geht, ihn zu einer gesetzeswidrigen Entscheidung zu veranlassen, weil es an „Akzeptanz" oder an „Durchsetzbarkeit" fehle, wird ebensoviel Rückgrat verlangt, sich gegen diesen Trend zu stemmen. Die Methodenlehre scheint mir dagegen oft nur die fatale Wirkung zu haben, die man den freirechtlichen Kurzschluss nennen könnte. Sonst jedoch – wenn nicht der existentielle Fall vorliegt, – behält der Richter die unangenehme Pflicht, Urteile nach der Gesetzeslage zu sprechen und die unterlegene Prozesspartei auf das Versagen des parlamentarischen Gesetzgebers hinzuweisen. Das ist der Preis der Demokratie, der hier zugleich der der Rechtsstaatlichkeit ist.

IV. Insbesondere Rechtspositivismus statt Milieupositivismus

Rechtspositivismus muss im echt gewaltenteiligen Rechtsstaat daher wortlautgebundener Gesetzespositivismus sein. Die Dogmatik, die die Sätze des Gesetzes verknüpft, Regel-Ausnahme-Verhältnisse feststellt, Widersprüche auflöst usf. gehört dazu, und damit auch die unvermeidliche *systemintern* kritische Aufgabe der Rechtswissenschaft gegenüber dem Gesetz. Hierdurch bleiben, im Rahmen der übergeordneten Verfassung, hinreichende Spielräume zur Lösung unvorhergesehener Konstellationen[15]. Jedoch muss etwas ausgesondert werden, was oft mit Rechtspositivismus verwechselt wird, aber nur ein soziologischer Fehlschluss ist, nämlich die Praktiker-Romantik: – Sie verweigert sich den möglicherweise unbequemen, im eigenen Milieu schwer durchsetzbaren Anordnungen des Gesetzes mit dem Hinweis auf eine andere „Praxis". – Eine Praxis, die sich gerade dadurch perpetuiert. Sie ist Betriebs- oder Milieupositivismus, und hat mit dem Gesetz nichts zu tun[16]. Und eben die Versuchung zum Betriebspositivsmus wird durch die oben angegriffene Überschätzung des Grenzfalles zu Lasten der Normalität, und durch die Anschwärzung der Normalität als illusionär verschlimmert.

---

15 Vgl. *Hochhuth*, Relativitätstheorie (FN 2), S. 73.

16 Vgl. im Einzelnen zu dieser rechtswidrigen zirkelhaften Prophetie *Hochhuth*, Relativitätstheorie (FN 2), S. 13 f., m. w. N. in FN 5.

Weitere bei der systematischen Auslegung zu berücksichtigende Sätze

Die Methodenlehre nimmt zwischen den beiden im Titel genannten Gebieten einen kleineren Raum ein, als es scheint. – Viel unter Bezeichnungen wie „Methodenlehre" Diskutiertes zählt überdies, wie *Jan Schapp*[17] dargelegt hat, in Wahrheit zum jeweiligen Allgemeinen Teil der einzelnen Gebiete, und damit zur systematischen Auslegung des Gesetzes. So lässt sich etwa zeigen, dass der Satz „Im Zweifel für die Freiheit" zum Allgemeinen Teil des Grundgesetzes gehört[18], ihn vielleicht sogar ausmacht. Zum Allgemeinen Teil, und zwar sowohl zum Freiheitsteil (Eingriffsabwehr) als auch zum Organisationsteil (Gewaltengliederung) gehört auch die Regel, dass die Klage abgewiesen wird, wenn der natürlich verstandene, d.h. grammatisch-logisch und hilfsweise[19] auch historisch ausgelegte Wortlaut der betreffenden Vorschrift nicht eindeutig den Anspruch ergibt. Will der Gesetzgeber es anders, so kann – und wird – er es anordnen, indem er weite Formulierungen wählt, Behauptungslasten umkehrt, usw. Wollte der Verfassungsgeber es anders, so könnte er den Zugriffsbereich der Gerichte ausweiten; sie selber dürfen es nicht.

V. Zusammenfassung

Der Rechtsanwender hat sich dem legitimen und funktionalen Platonismus, nämlich der legalen Gesetzesordnung strikt zu fügen. Kritik an schmerzlichen Entscheidungen trifft nicht ihn, sondern einerseits den demokratischen Gesetz- und andererseits den Verfassunggeber. (In der Regel lassen Härten sich ohnehin verfassungskonform, also durch ein Element der systematischen Auslegung des Fachrechts-Wortlautes lindern.) Demgegenüber soll der Richter sich bewusst bemühen, resistent gegen das Milieu und seine Stimmungen zu sein. Sie bleiben eine illegitime Heteronomie, auch wenn sie sich für „rationale Diskurse" halten mögen. Nicht ihr Agent ist er, sondern der der Rechtsordnung, und im äußersten, seltenen Grenzfall autonom.

---

17 Vgl. *Jan Schapp*, Die juristische Methode als der Weg zum Verstehen und Anwenden des Rechts, in: JURA 2001, S. 217–223.

18 Vgl. *Hochhuth*, Relativitätstheorie (FN 2), § 5, S. 187–197, wo das im Anschluß an *Robert Alexys* Theorie der Grundrechte versucht wird.

19 Also zur Klärung von bei grammatisch-logischer Auslegung verbleibenden Mehrdeutigkeiten.

RECHTSTHEORIE 32 (2001), S. 239–255
Duncker & Humblot, 12165 Berlin

JURISTISCHE METHODENLEHRE UND THEORIE DER JURISTISCHEN ARGUMENTATION

Von Ulfrid Neumann, Frankfurt/M.

I. Defizite der juristischen Methodenlehre

Das Generalthema der Tagung legt die Diagnose nahe: die klassische juristische Methodenlehre ist tot. Wenn diese Diagnose zutrifft, dann schließen sich zwei Fragen an. Die erste Frage: woran ist die juristische Methodenlehre gestorben? Die zweite: wer wird, wer soll die juristische Methodenlehre beerben? Die zweite Frage interessiert naturgemäß insbesondere die Verwandtschaft, in erster Linie die nächsten Angehörigen, also die juristische Rhetorik und die Theorie der juristischen Argumentation.

Todesursachen sind häufig umstritten. Eine naheliegende Vermutung lautet: Die juristische Methodenlehre ist an ihren Idealisierungen gestorben. Ihr mangelnder Sinn für die rechtliche und die soziale Wirklichkeit hat ihr ein Überleben in eben dieser Wirklichkeit auf die Dauer unmöglich gemacht. Daß die klassische juristische Methodenlehre die Handlungsbedingungen der juristischen Praxis verfehlt, hat Esser schon vor dreißig Jahren festgestellt[1]. Diese Feststellung ist bis heute nicht widerlegt worden[2]. Sie gilt aber schon für den akademischen Bereich selbst, der strukturell (wenn auch nicht institutionell) Bestandteil der juristischen Praxis ist, soweit es darum geht, Fälle anhand rechtlicher Regeln zu entscheiden. Die methodische Kompetenz, die für ein erfolgreiches Studium erforderlich ist, erwerben die Studentinnen und Studenten so, wie sie – und wir alle – seinerzeit die Muttersprache erlernt haben: durch Nachahmung, durch Einübung auf der Basis bloß impliziter Regelbeherrschung, nicht durch den Erwerb expliziter Regelkenntnis. Studienanfänger, die fragen, wie man sich am besten die in Prüfungsarbeiten geforderte Argumentationstechnik aneignen könne, werden in der

---

1 *Esser*, Vorverständnis und Methodenwahl, 1970, S. 7.

2 Zur Notwendigkeit einer Bestandsaufnahme der Argumentationspraxis der Gerichte vgl. *M. Morlok/R. Kölbel/A. Launhardt,* Recht als soziale Praxis. Eine soziologische Perspektive in der Methodenlehre, Rechtstheorie 31 (2000), S. 15 ff.

Regel auf die Lektüre von Musterklausuren in juristischen Ausbildungszeitschriften verwiesen, also auf Nachahmung.

Die mangelnde Vermittlung von explizitem Regelwissen führt zur Verunsicherung. Immer wieder wird gefragt, ob man der „herrschenden Meinung“ folgen müsse, ob man eine gefestigte Rechtsprechung des Bundesgerichtshofs, des Bundesverwaltungsgerichts oder eines anderen obersten Gerichtshofs des Bundes infrage stellen dürfe, ob und wann man gegen den Wortlaut eines Gesetzes argumentieren könne usw. Diese Unsicherheit sucht man zu kompensieren durch die umso eifrigere Aneignung von Aufbauschemata, die jene Gewißheit zu verkörpern scheinen, die man im Bereich des juristischen Argumentierens vermißt. Nun ist gegen Aufbauschemata als Mittel der formalen Strukturierung juristischer Erörterungen nichts einzuwenden, solange man sich ihrer technischen Funktion bewußt bleibt und nicht, wozu der akademische Betrieb noch immer neigt, die Beherrschung der konventionellen (und teilweise durchaus fragwürdigen) Schemata zum Schibboleth der Zugehörigkeit zur Wissenschaftsgemeinschaft erhebt. Die Sorge der jungen Juristinnen und Juristen um die Beherrschung des „richtigen“ Aufbaus aber stabilisiert gerade diese Tendenz, weil sie wenig nach dem Sinn (oder Unsinn) der konventionellen Schemata fragt, sondern sich ihrer als eines heilsversprechenden Rituals bedient.

Hinzu kommt ein zweiter, vielleicht noch wichtigerer Punkt. Der Verzicht auf den Versuch, den Jurastudentinnen und -studenten explizit zu sagen, *wie* man argumentiert, beraubt uns jeder Möglichkeit, zu verdeutlichen, *warum* man so und nicht anders argumentiert. Nur wenn man die Regel, daß man sich mit einschlägigen Bundesgerichtshof-Entscheidungen argumentativ auseinandersetzen muß, ausdrücklich formuliert, kann man begründen, warum diese Regel sinnvoll ist. Aber selbst dort, wo entsprechende Regeln explizit angegeben werden, fehlt häufig eine Auseinandersetzung mit dem rechtstheoretischen Hintergrund. So wird der Studienanfänger häufig – und zutreffend – darauf hingewiesen, daß er sich in der Klausur oder Hausarbeit jeweils für eine bestimmte Rechtsauffassung entscheiden müsse, auch dort, wo in Rechtsprechung und Schrifttum zahllose Lösungsalternativen angeboten werden. Er muß also bei seiner Lösung von dem Modell der einzig richtigen Entscheidung ausgehen. Spätestens bei der Besprechung der Arbeit erfährt er dann, daß bei der Korrektur jeweils *alle* in Schrifttum oder Rechtsprechung vertretenen Rechtsauffassungen als vertretbar (und damit im Sinne der Bewertung der wissenschaftlichen Arbeit als „richtig“) angesehen wurden. Die naheliegende Frage, warum man als Bearbeiter der Aufgabe strenger sein müsse als der Korrektor, wird in der Anleitungsliteratur, die jene Regel formuliert, nicht oder nur unzureichend beantwortet. Hinter ihr steckt eines der zentralen Probleme der Rechtstheorie, nämlich die

Frage, inwieweit die Rechtsordnung der Einsicht in die tatsächlich bestehende Mehrheit von Rechtsauffassungen folgen darf und inwieweit sie an der Idee einer einzig richtigen Entscheidung festhalten muß.

Kurz: Die juristische Methodenlehre bietet deshalb keine Hilfe, weil sie über Fragen streitet, die für die juristische Argumentation irrelevant sind, anstatt den Studenten zu sagen, wie – und warum gerade so – zu argumentieren ist. Beispiele: Umstritten ist, ob eine konstante Rechtsprechung als Rechtsquelle anzusehen ist[3]; nicht umstritten ist, daß sich der Richter, wie auch der Jurist in der Ausbildung, mit einer konstanten Rechtsprechung intensiv auseinandersetzen muß. Umstritten ist, ob eine feste Rangfolge von Auslegungsmethoden besteht[4]; nicht umstritten ist, daß der Jurist bei seiner Argumentation mit Gründen eine Rangfolge herstellen muß, wenn sich hinsichtlich einer Entscheidung Pro- und Contra-Argumente anführen lassen. Umstritten ist schließlich, ob man zwischen Auslegung und Analogie eine scharfe Grenze ziehen kann[5]; nicht umstritten ist, daß eine strafrechtliche Verurteilung nach der deutschen Rechtsordnung nicht auf die Begründung gestützt werden darf, es sei in diesem Fall ein Straftatbestand analog anzuwenden (strafrechtliches Analogieverbot, Art. 103 II GG).

Daß die Regeln der Argumentation in diesem Sinne klarer sind als die Aussagen der juristischen Methodenlehre, bedeutet nicht, daß sie der Diskussion entzogen wären. Es bedeutet insbesondere nicht, daß es einen ein für allemal festliegenden Bestand an juristischen Argumentationsregeln geben könnte. Wichtig ist aber, daß man das Problem des Umgangs mit Rechtsfragen als Problem der vernünftigen Argumentation – und nicht der richtigen Erkenntnis – formuliert. Die letale Schwäche der juristischen Methodenlehre dürfte im wesentlichen darauf zurückzuführen sein, daß sie diesem Erkenntnisanspruch niemals glaubwürdig abgeschworen hat. Die Methodenlehre basiert weithin auf nicht einlösbaren kognitiven Ansprüchen, und damit auf einem schwankenden rechtstheoretischen Fundament.

---

3 Vgl. einereits *Larenz,* Methodenlehre der Rechtswissenschaft, 6. Aufl. 1991, S. 432 (Richterrecht als bloße Rechtskenntnisquelle), andererseits *Fikentscher,* Methoden des Rechts, Bd. 4, 1977, S. 143 f. (Richterrecht als eine dem Gesetzesrecht ebenbürtige Rechtsquelle).

4 Vgl. einerseits *Arthur Kaufmann,* Das Verfahren der Rechtsgewinnung, 1999, S. 37; *Pawlowski,* Methodenlehre für Juristen, 3. Aufl. 1999, Rn. 7; *Schroth,* Theorie und Praxis subjektiver Auslegung im Strafverfahren, 1983, S. 78 ff.; andererseits *Koch/Rüßmann,* Juristische Begründungslehre, 1982, S. 176 ff.; *Fr. Müller,* Juristische Methodik, 7. Aufl. 1997, Rn. 429 ff.

5 Verneinend *Sax,* Das strafrechtliche Analogieverbot, 1953, S. 152 ff. *Arthur Kaufmann,* Analogie und Natur der Sache, 2. Aufl. 1982, S. 6 ff., 37 ff. (vgl. aber auch S. 61 ff.).

Wenn man für diese nichteinlösbaren kognitiven Ansprüche den Begriff der „Idealisierungen“ verwendet, muß man allerdings hinzufügen: eine Theorie des juristischen Argumentierens und Entscheidens, die auf jegliche Idealisierung verzichtet, ist nicht möglich. Gerade wenn sie eine realistische Theorie der Praxis sein will, muß sie die notwendigen, teilweise in der Struktur der Rechtsordnung selbst angelegten Idealisierungen zur Kenntnis nehmen. Ich werde daher im folgenden meine grundsätzliche Kritik an den Idealisierungen der juristischen Methodenlehre mit einer regional begrenzten Verteidigung bestimmter Idealisierungen verbinden, und diese vor allem gegen die Attacken einer radikal skeptischen rechtsrealistischen Position in Schutz nehmen.

II. Idealisierungen

Ich werde mich dabei auf vier Punkte beschränken: 1. Das Verhältnis von Erkenntnis und Dezision bei der Entscheidung einer umstrittenen Rechtsfrage; 2. Die Möglichkeit einer Regelbindung der juristischen Entscheidung; 3. Die Idee der Richtigkeit einer Entscheidung und 4. Die Idee der Rechtsgeltung.

1. Kognition und Dezision

Jedenfalls in Teilen der juristischen Methodenlehre wird weiterhin daran festgehalten, daß auch die Entscheidung umstrittener Rechtsfragen ein Akt der Erkenntnis sei. Das soll selbst für innovative Entscheidungen gelten, wie etwa die „erstmalige Auffüllung einer Gesetzeslücke im Wege einer Analogie oder einer teleologischen Reduktion“[6]. Hier wird der Begriff der Erkenntnis allerdings durch das Attribut „schöpferisch“ spezifiziert. Aber das ist keine befriedigende Lösung. Man kann zugestehen, daß der paradox anmutende Begriff der „kreativen Erkenntnis“ einen Stellenwert im Rahmen eines Modells des Verstehens hat, das die aktive Rolle des Interpreten im Verhältnis zu dem zu interpretierenden Werk und dessen Urheber betont. In diesem Sinne mag man von der musikalischen, der literarischen, der kunstgeschichtlichen Interpretation als schöpferischer Erkenntnis sprechen. Bei der Tätigkeit des Juristen aber kommt es gerade darauf an, klarzustellen, wem eine bestimmte Entscheidung zuzurechnen ist. Das folgt aus der Bedeutung von Kompetenzregeln in der Rechtsordnung. Der Unterschied zwischen der kognitiven Komponente der richterlichen Entscheidung (Rekonstruktion der Entscheidung des Gesetzgebers) und der kreativen darf deshalb nicht durch harmonisierende Formeln verdeckt werden. Hält man deshalb an der scharfen

---

6 *Larenz/Canaris*, Methodenlehre der Rechtswissenschaft, 3. Aufl. 1995, S. 222.

kategorialen Unterscheidung zwischen Erkenntnis und Dezision fest, so liegt auf der Hand, daß sich die Entscheidung strittiger Rechtsfragen nicht im Wege der reinen Erkenntnis vollzieht. Erkenntnis ist ohne gleichwertige Alternative; die Alternative zur Erkenntnis ist der Irrtum. Wer der Auffassung ist, die Planeten bewegten sich auf epizyklischen Bahnen, vertritt nicht einfach eine Mindermeinung, sondern unterliegt einem Irrtum. Wer dagegen der Auffassung ist, daß Notwehr (§ 32 StGB) auch gegen Angriffe von Tieren zulässig ist, irrt nicht, sondern vertritt eine Mindermeinung. Wenn es aber bei umstrittenen Rechtsfragen nicht um Erkenntnis geht: Folgt daraus, daß es die Rechtswissenschaft lediglich mit (Willens)-Entscheidungen zu tun hat?

Diese Konsequenz wird teilweise gezogen. Folgerichtig ist dann nicht von der Richtigkeit einer umstrittenen Rechtsauffassung die Rede, sondern nur von dem Grad ihrer faktischen Anerkennung, ihrer „Zertität". Juristische Auseinandersetzungen sind dann Kämpfe um Zertitätswerte[7]. Der Grad der Akzeptanz der eigenen Auffassung soll erhöht, der der gegnerischen entsprechend vermindert werden. Das ist sicher eine realitätsnahe Perspektive. Nur bleibt die Frage unbeantwortet, mit welcher Begründung der Jurist um ein höheres Maß an Zustimmung werben kann, wenn ihm die Behauptung verboten sein soll, seine Auffassung sei eben die richtige, jedenfalls die richtigere, die besser begründete etc. Offensichtlich kann auch jenseits der Vorstellung einer bloßen Erkenntnis des „Richtigen" auf normative Differenzierungen („richtiger", „besser begründet") nicht verzichtet werden.

Aus der Sicht der Argumentationstheorie löst sich das Problem durch die Einsicht, daß Entscheidung nicht notwendig Willkür bedeutet. Auch dort, wo der kognitive Bereich überschritten ist, geht es im Bereich des Rechts nicht um pure Dezision, sondern um begründetes Entscheiden[8]. Die Entscheidung für eine bestimmte Rechtsauffassung kann durch bessere oder weniger gute, durch zahlreiche oder weniger zahlreiche Argumente geführt werden. Wer für eine bestimmte Auffassung plädiert, behauptet damit explizit oder implizit, daß diese Auffassung im Vergleich zu ihren Konkurrentinnen die besseren Argumente auf ihrer Seite hat. Auch jenseits des Bereichs reiner Erkenntnis wird also mit Richtigkeitsbehauptungen um die Zustimmung von Rechtswissenschaft und -praxis geworben. Auf die Frage nach dem logischen Status dieser Richtigkeitsbehauptung werde ich später zurückkommen.

---

7 Vgl. *Adomeit,* Rechtstheorie für Studenten, 4. Aufl. 1998, S. 24.

8 Grundlegend *Alexy,* Theorie der juristischen Argumentation, 1978 (3. Aufl. 1996).

2. Regelbindung

Die These von der Möglichkeit einer strikten Gesetzesbindung ist heute weitgehend destruiert – zu Recht, wenn man darunter das Modell einer Determination der Einzelfallentscheidung durch den Text versteht. Festzuhalten ist aber: Eine Minimalbedingung für die Richtigkeit der Entscheidung ist ihre Übereinstimmung mit einer Regel[9]. Diese Forderung reicht weiter und ist fundamentaler als das Prinzip der Gesetzesbindung. Denn sie gilt auch in nicht oder nur teilweise kodifizierten Rechtsordnungen, und auch dort, wo das Gericht contra legem entscheidet. Die Forderung regelorientierten Entscheidens ist eine der konkreten Rechtsordnung vorausliegende Forderung gerechten und rationalen Entscheidens. Denn gerecht i. S. der Gleichgerechtigkeit ist eine Entscheidung nur dann, wenn in allen anderen Fällen, die in allen relevanten Punkten gleich gelagert sind, ebenso zu entscheiden ist. Und rational begründet ist eine Entscheidung nur dann, wenn für sie rationale Argumente angeführt werden können. Rationale Argumente beziehen sich aber niemals auf einen individuellen Fall, sondern stets auf eine allgemeine Fallkonstellation[10]. Wenn im konkreten Fall zugunsten des Angeklagten sein bisheriges straffreies Leben angeführt wird, dann heißt das: es ist grundsätzlich ein Argument zugunsten des Angeklagten, daß er bisher nicht straffällig geworden ist.

Man müßte diesen Zusammenhang nicht betonen, hätte nicht die These, jeder Einzelfall trage die richtige Lösung in sich, in neuester Zeit durch die Vertreter des „Dekonstruktivismus" prominente Unterstützung erfahren. Zitat Derrida: „Jeder Fall ist anders, jede Entscheidung ist verschieden und bedarf einer vollkommen einzigartigen Deutung, für die keine bestehende, eingetragene, codierte Regel vollkommen einstehen kann und darf". Da auf der anderen Seite die „regellose" Entscheidung gleichfalls nicht als gerecht erscheint, ergibt sich, „daß man niemals *in der Gegenwart* sagen kann: eine Entscheidung oder irgendjemand *sind* gerecht ..."[11].

Aber: aus der Perspektive des Rechts ist das nicht überzeugend. Denn welche Umstände des Falles entscheidungsrelevant sind und welche nicht, sagt nicht der Fall, sondern die Regel. Ob es für die Strafbarkeit wegen Vergewaltigung darauf ankommt, ob Täter und Opfer miteinander verheiratet sind, ergibt sich allein aus dem Gesetz, das diese Frage heute, im Gegensatz zu früheren Regelungen, verneint (§ 177 StGB). Das

---

9 *Alexy,* Theorie der juristischen Argumentation, S. 273 ff.

10 Grundlegend *Hare,* Die Sprache der Moral, 1983, S. 164 ff., 196 ff.; *ders.,* Moralisches Denken, 1992, S. 44 ff., 63 ff., 133 ff.

11 *Derrida,* Gesetzeskraft. Der „mystische Grund der Autorität", 1991, S. 48.

Gesetz, allgemeiner: eine Rechtsregel, ist deshalb auch dann nicht entbehrlich, wenn man den zentralen Akt des Rechtsgewinnungsverfahrens in einem Fallvergleich sieht.[12] Welche Fälle vergleichbar sind, sagt allein die Regel[13].

Die zunehmende Praxis der Revisionsgerichte, bei der rechtlichen Bewertung auf die Bedeutung des Einzelfalls zu verweisen, ist deshalb außerordentlich problematisch[14]. Das Abstellen auf den Einzelfall bedeutet den Verzicht auf Regelbildung und damit auf die Regelorientierung der richterlichen Entscheidung.

Teilweise wird gegen die Möglichkeit eines regelorientierten Entscheidens mit dem Hinweis auf die Unbestimmtheit der Regel argumentiert. Daraus, daß Regeln (und damit auch Rechtsregeln) keine ideal existierenden Wesenheiten mit präzise bestimmbarem Regelungsgehalt sind, wird teilweise geschlossen, daß ihnen überhaupt kein Regelungsgehalt zukomme. Aber dieser Schluß von der zutreffenden Kritik einer „regelplatonistischen“ Position auf einen radikalen Regelskeptizismus ist unzulässig. Daraus, daß Regeln nicht alles regeln, folgt nicht, daß sie nichts regeln[15].

3. Die Idee der Richtigkeit

Im engen Zusammenhang mit der Vorstellung von der Entscheidungsfindung als Erkenntnisakt in der klassischen Methodenlehre steht der Anspruch auf Richtigkeit. An dem Modell der einzig richtigen Entscheidung wird auch heute noch von Canaris festgehalten[16]. Nach dieser Auffassung ist die faktische Unmöglichkeit einer eindeutigen, also konsensfähigen Entscheidung schwieriger Fälle lediglich eine Konsequenz unseres begrenzten menschlichen Erkenntnisvermögens. Am eindruckvollsten hat diese Auffassung Ronald Dworkin[17] formuliert. Die im Einzelfall (einzig) richtige Entscheidung ergebe sich aus der Gesamtheit der

---

12 So *Engisch,* Logische Studien zur Gesetzesanwendung, 3. Aufl. 1963, S. 26, 37; *Arthur Kaufmann,* Das Verfahren der Rechtsgewinnung, S. VI u. ö.

13 Zutr. Kritik an regelnihilistischen Modellen des Fallvergleichs bei *Kaufmann* (FN 5), S. 25 ff.

14 *Röhl,* Allgemeine Rechtslehre, 1994, S. 663 ff.

15 Näher dazu unten S. 253; *Neumann,* Rechtswissenschaft zwischen Ontologie und Ideologiekritik – Überlegungen zum Objektivitätsideal bei der Rechtsfindung, ARSP-Beiheft Nr. 13 (1980), S. 215 ff.

16 *Canaris,* Richtigkeit und Eigenwertung in der richterlichen Rechtsfindung. Grazer Universitätsreden Nr. 50, 1993, S. 23 ff. (dazu *Larenz/Canaris,* Methodenlehre der Rechtswissenschaft, S. 60, FN 131).

17 *Dworkin,* Bürgerrechte ernstgenommen, 1984, S. 144 ff., 448 ff., 529 ff.; *ders.,* A Matter of Principle, 1985, S. 119 ff.; *ders.,* Law's Empire, 1986, S. 211 ff. Zur Diskussion vgl. etwa *Aarnio,* One right answer and the majority principle, in:

in einer Rechtsordnung gegebenen Rechtsregeln und Rechtsprinzipien. Ein Richter mit übermenschlichen Fähigkeiten, ein Herkules der Justiz, dem alle diese Regeln und Prinzipien in ihrem Verhältnis zueinander bekannt seien, sei in der Lage, in jedem Falle die einzig richtige Entscheidung zu treffen. Es sei also nicht eine in der Sache liegende Unbestimmtheit, sondern lediglich ein defizitäres Erkenntnisvermögen, das seinen minderbegabten menschlichen Kollegen „Herbert" daran hindert, diese Entscheidung zu finden.

Eine entsprechende Auffassung wird von einzelnen Autoren für die richterliche Strafzumessung vertreten. Schuldangemessen sei jeweils nur eine, genau bestimmte Strafe. Lediglich die Begrenztheit des menschlichen Erkenntnisvermögens hindere den Richter daran, diese Strafe zu erkennen[18]. Auch hier wäre die Konsequenz zu ziehen, daß ein richterlicher Herkules in der Lage wäre, die schuldangemessene Strafe präzise zu beziffern. Auch in der Rechtsprechung wird teilweise die Auffassung vertreten, „richtig" sei „stets nur eine einzig richtige Auslegung"[19].

Bevor man die gegen diese Auffassung zu erhebenden Einwände repetiert, ist festzuhalten: Das Modell der einzig richtigen Entscheidung ist heuristisch außerordentlich fruchtbar. Es spiegelt die Entscheidungssituation des Richters, der gezwungen ist, sich auf eine bestimmte Entscheidung festzulegen, und gehalten ist, sich möglichst nur an den Vorgaben des Rechts zu orientieren. Die gleiche Entscheidungssituation bestimmt die Aufgabe des Gutachters, der eine richterliche Entscheidung vorbereiten soll.

Das Modell der einzig richtigen Entscheidung schießt aber über das Ziel hinaus, wenn es diese Handlungs- und Entscheidungsvorgaben zu der Vorstellung eines existenten Sachverhalts überhöht. Das aber geschieht in der Vorstellung, daß lediglich ein Informationsdefizit bzw. mangelnde Kapazität zur Informationsverarbeitung den Richter daran hindere, tatsächlich die einzig richtige Entscheidung zu finden. Die Problematik dieser Auffassung läßt sich am Beispiel der Strafzumessungsentscheidung verdeutlichen. Auch wenn dem Richter Herkules alle Informationen über die strafzumessungsrelevanten Rechtsregeln und -prinzipien zur Verfügung stehen, kann er keine einzig richtige Strafe bestimmen, weil die Rechtsordnung keine präzisen Regeln hinsichtlich der Verarbeitung dieser Informationen zur Verfügung stellt. Das Maß der

---

H. J. Koch/U. Neumann (Hrsg.), Praktische Vernunft und Rechtsanwendung, ARSP-Beiheft Nr. 53, 1994, S. 34 ff.

18 Näher zu diesem Modell *Neumann,* Zur Bedeutung von Modellen in der Dogmatik des Strafzumessungsrechts („Punktstrafe", „Spielraumtheorie", „Normalfall"), in: Festschrift für Günter Spendel, 1992, S. 435 ff.

19 Nachw. bei *Kramer,* Juristische Methodenlehre, Bern 1998, S. 224 m. FN 813.

Schuld ist keine der Rechtsordnung vorgegebene Größe, sondern wird durch die entsprechenden Regeln der Rechtsordnung festgelegt. Es kann daher nicht genauer bestimmt sein, als diese Regeln das zulassen. Entsprechendes gilt für die Richtigkeit der Entscheidung generell. Wo es an einem hinreichend präzisen Entscheidungsprogramm fehlt, kann auch ein Richter mit übermenschlichen Fähigkeiten nicht zu einer allein richtigen Entscheidung gelangen. Das Modell der einzig richtigen Entscheidung darf daher nicht als Beschreibung eines gegebenen Sachverhalts, sondern muß als Formulierung einer regulativen Idee verstanden werden.

Die entscheidende Frage aus der Sicht der Praxis lautet aber: an welchen Punkten der Rechtsordnung wird die Perspektive des Rechts von der regulativen Idee der einzig richtigen Entscheidung, und an welchen Stellen wird sie von der Einsicht in die „Vertretbarkeit" mehrerer Rechtsauffassungen geprägt? So gelten bei Prüfungsentscheidungen alle Auffassungen als vertretbar, die in Rechtsprechung und wissenschaftlichem Schrifttum vertreten werden. Der Strafrichter, der am Vortag noch in einer Urteilsbegründung behauptet hat, daß zur Abgrenzung von Täterschaft und Teilnahme allein die subjektive Theorie des Bundesgerichtshofs herangezogen werden dürfe, kann gleichwohl in der mündlichen Prüfung im Staatsexamen die Tatherrschaftslehre nicht einfach für falsch erklären. Wie aber steht es bei der Überprüfung von Urteilen in der Rechtsmittelinstanz, wie bei Abweichungen der Rechtsprechung gleichrangiger Gerichte, wie bei der Kontrolle von Gerichtsurteilen durch das Bundesverfassungsgericht?

Die Antwort auf diese Frage zeigt, daß die Grenze zwischen dem Herrschaftsbereich der regulativen Idee der einzig richtigen Entscheidung einerseits und dem der Einsicht in die tatsächliche Vertretbarkeit unterschiedlicher Rechtsauffassungen andererseits nicht von rechtstheoretischen Erwägungen, sondern von institutionellen Vorgaben bestimmt wird. Im Rahmen des Instanzenzugs, bei der Überprüfung des erstinstanzlichen Urteils durch das Berufungs- oder Revisionsgerichts, wird das Prinzip der einzig richtigen Entscheidung zugrundegelegt. Das heißt: die Entscheidung des erstinstanzlichen Gerichts, das sich auf eine „vertretbare" Rechtsauffassung gestützt hat, hat keinen Bestand, wenn das Berufungs- oder Revisionsgericht eine andere Rechtsauffassung vertritt[20].

Dagegen geht die Rechtsordnung an anderen Stellen offensichtlich von einer Mehrzahl vertretbarer Rechtsauffassungen aus. Mit der Zielfunk-

20 Zur rechtsstaatlichen Problematik der Fiktion der einzig richtigen Entscheidung in der Rechtsprechung vgl. *Bleckmann,* Spielraum der Gesetzesauslegung und Verfassungsrecht, JZ 1995, S. 685 ff.

tion der „Fortbildung des Rechts“ in § 132 GVG wird anerkannt, daß es nicht die ein für allemal richtige Rechtsauffassung gibt, sondern die Richtigkeit einer Rechtsauffassung als Funktion eines bestimmten, änderbaren tatsächlichen und/oder normativen Zustands der Gesellschaft verstanden werden kann. Die Kategorie der „Vertretbarkeit“ einer Rechtsauffassung spielt schließlich eine besondere Rolle in der Rechtsprechung des Bundesverfassungsgerichts, nach der eine Grundrechtsverletzung durch ein Urteil eines Fachgerichts (nur) dann zu bejahen ist, wenn dieses Urteil auf einer unvertretbaren Rechtsauffassung beruht[21]. Anders als Berufungs- und Revisionsgericht bewertet das Bundesverfassungsgericht also die Rechtsauffassung des anderen Gerichts insoweit nicht unter den Kategorien von „richtig“ und „falsch“, sondern unter denen von „vertretbar“ und „unvertretbar“[22].

Verfassungsrechtliche Relevanz erhält die Idee der einzig richtigen Entscheidung dort, wo aus Gründen der Rechtsstaatlichkeit Entscheidungsspielräume von Amtsträgern nicht akzeptiert werden können. Ein Beispiel im deutschen Recht bietet der Grundsatz des gesetzlichen Richters (Art. 101 Abs. 1 Satz 2 GG). Nach der Rechtsprechung des Bundesverfassungsgericht verlangt dieses Prinzip, daß die Zuständigkeit des Gerichts sich allein aus den generellen Regelungen der Gesetze, nicht aber (auch) aus einer ad hoc getroffenen Entscheidung ergibt[23]. Unter diesem Gesichtspunkt erscheint die Bestimmung des Gerichtsverfassungsgesetzes als problematisch, derzufolge für bestimmte leichtere Straftaten die Amtsgerichte zuständig sind, wenn nicht „die Staatsanwaltschaft wegen der besonderen Bedeutung des Falles Anklage beim Landgericht erhebt“ (§ 24 Abs. 1 Nr. 3 GVG). Denn diese Regelung könnte dahingehend verstanden werden, daß die Zuständigkeit von Amtsgericht oder Landgericht von einer ad hoc Entscheidung des Staatsanwalts abhängig wäre. Ähnliche Probleme stellen sich bei der Entscheidung zwischen der Zuständigkeit des Landgerichts und der des Oberlandesgerichts nach § 120 Abs. 2 GVG. Das BVerfG verneint einen Vorstoß gegen das Prinzip des gesetzlichen Richters unter Rückgriff auf die Idee der einzig richtigen Entscheidung[24]. In Fällen von besonderer Bedeutung müsse die Staatsanwaltschaft Anklage beim Landgericht erheben, in allen anderen Fällen müsse die Anklage beim Amtsgericht erhoben werden. Es sei deshalb jeweils nur eine Entscheidung richtig, so daß dem Prinzip der vollständigen Festlegung des zuständigen Gerichts durch die

---

21 Vgl. etwa BVerfGE 82, 6, 13; 85, 248, 257 f.; 96, 375, 395.

22 Grundlegend zur Idee der Vertretbarkeit im juristischen Denken *Gröschner*, Dialogik und Jurisprudenz, 1982, S. 179 ff.; unter Bezug auf Gröschner ferner *Lege*, Pragmatismus und Jurisprudenz, 1999, S. 578 ff.

23 Vgl. BVerfGE 95, 322; 97, 1.

24 BVerfGE 9, 223.

generellen Regelungen des Gesetzes (und die Geschäftsverteilungspläne der Gerichte) genügt sei.

Die Beispiele zeigen, daß die Idee der einzig richtigen Entscheidung in juristischen Argumentationen eine wichtige Rolle spielt. Dagegen ist rechtstheoretisch wenig einzuwenden, solange man sich bewußt ist, daß es sich dabei um eine regulative Idee handelt. Andernfalls droht insbesondere die Einsicht in die kreative Komponente der Entscheidung, in die Bedeutung des richterlichen Vorverständnisses und in die Ideologieabhängigkeit der Entscheidungs- und Argumentationspraxis verloren zu gehen. Ob es verfassungsrechtlich befriedigend ist, Bedenken gegen die „bewegliche“ Zuständigkeitsregelung des § 24 Abs. 1 Nr. 3 GVG und entsprechende Bestimmungen mit der idealisierenden Annahme jeweils nur einer richtigen Entscheidung zu begegnen, erscheint zweifelhaft. Wo es um die Reichweite rechtsstaatlicher Prinzipien (hier: Prinzip des gesetzlichen Richters, Art. 101 I S. 2 GG) geht, sollte eher eine realistische (auf die Vertretbarkeit unterschiedlicher Entscheidung abstellende) Perspektive eingenommen werden. Das BVerfG selbst räumt ein, daß man sich eine Regelung vorstellen könnte, die dem Prinzip des gesetzlichen Richters besser gerecht wird[25].

4. Rechtsgeltung

Ein letztes, besonders drastisches Beispiel für Idealisierungen in der klassischen juristischen Methodenlehre betrifft die Frage der Interpretation des Geltungsbegriffs. Die Geltung von Rechtsnormen wird beschrieben als Phänomen im Bereich der „rechtlichen Sachverhalte und Beziehungen“[26]. Diese rechtlichen Sachverhalte und Beziehungen werden verstanden als eine „eigene Seinsebene“, nämlich als „Abschnitt aus dem Bereich des ... objektivierten Geistes“ i.S. Nicolai Hartmanns[27]. Ich verzichte auf die Diskussion der Frage, ob sich die Methodenlehre hier zu Recht auf Nicolai Hartmann beruft. Die Idee einer nicht nur normativen, sondern ontologischen Wirkung der Gesetzgebung hält erkenntnistheoretischer Kritik wohl nicht stand[28]. Daraus kann aber wiederum nicht geschlossen werden, daß der Begriff der Rechtsgeltung als metaphysischer Unsinn zu verdammen sei, wie manche Vertreter des Rechtsrealismus meinen[29]. Die Geltung einer Rechtsnorm ist keine geheimnisvolle Eigenschaft, die einer Norm per se zukommen (oder nicht zukommen) würde.

---

25 BVerfGE 9, 223, 227.

26 *Larenz/Canaris* (FN 6), S. 77.

27 *Coing,* Grundzüge der Rechtsphilosophie, 5. Aufl. 1993, S. 240 ff.; *Larenz/Canaris* (FN 6), S. 77.

28 Näher dazu *Neumann,* in: Philosophische Rundschau 1981, S. 189 ff., 190 ff.

Sie wird vielmehr konstituiert durch Regeln, die bei der Abgrenzung des geltenden Rechts von unverbindlichen Normen zugrundegelegt werden. Hat man sich das klar gemacht, dann ist es unproblematisch, die Geltung einer Norm als eine Tatsache des sozialen Lebens zu betrachten. Nur handelt es sich dabei nicht um eine rohe (natürliche) Tatsache wie die Existenz eines Gebäudes oder die Bewegung eines Planeten. Ebenso wenig geht es um einen metaphysischen Sachverhalt im Bereich des Transzendenten. Vielmehr handelt es sich um eine durch soziale Regeln geschaffene, sog. „institutionelle" Tatsache[30]. Da institutionelle Tatsachen ihre Existenz sozialen bzw. rechtlichen Regeln verdanken, können sie nicht „klarer" sein als die entsprechenden Regeln. Enthält also die „Erkenntnisregel" unpräzise Kriterien (etwa in der Formulierung von einem „unerträglichen Maß" eines Widerspruchs zwischen Gesetz und Gerechtigkeit), dann ist die Feststellung einer entsprechenden „Tatsache" ein Akt der Entscheidung, nicht der Erkenntnis. Wenn in diesem Fall unterschiedliche Auffassungen hinsichtlich der Geltung eines Gesetzes (beispielsweise hinsichtlich des „Grenzgesetzes" der ehemaligen DDR) vertreten werden, so ist das nicht Ausdruck eines begrenzten Erkenntnisvermögens, sondern die Konsequenz einer objektiven Unterbestimmtheit des Erkenntnisgegenstands.

Die Geltung des Rechts ist ebenso eine institutionelle Tatsache wie die Geltung der Regel, daß der König, der durch ein Schachgebot bedroht ist, nicht rochieren darf. Damit ist über eine moralische Pflicht, geltende Rechtsnormen zu befolgen, natürlich noch nichts ausgesagt. Die Diskussion, ob sich eine solche Pflicht begründen läßt, muß mit normativen Argumenten geführt werden[31].

---

29 Exemplarisch *Th. Geiger,* Vorstudien zu einer Soziologie des Rechts, 1947, S. 157 ff.

30 Grundlegend *Searle,* Sprechakte, 1977; *ders.,* Die Konstruktion der gesellschaftlichen Wirklichkeit, 1997. Rechtstheoretische Umsetzung dieses Modells bei *MacCormick/Weinberger,* Grundlagen des Institutionalistischen Rechtspositivismus, 1985.

31 Zu der umstrittenen Frage, ob unter Rückgriff auf institutionelle Tatsachen und die sie konstituierenden Regeln eine Ableitung eines Sollens im *außermoralischen* Sinn aus Seinsaussagen möglich ist vgl. *Searle,* Sprechakte, 1977, S. 261 ff.; aus rechtstheoretischer Sicht dazu *Lüderssen,* Anerkennungsprobleme im Völkerrecht, in: *ders.,* Genesis und Geltung der Jurisprudenz, 1996, S. 223 ff., 139: *Weinberger,* Das philosophische Framework der Handlungs- und Institutionentheorie, in: Rechtstheorie 31 (2000), S. 47 ff.

III. Juristische Methodik, juristische Rhetorik und Theorie der juristischen Argumentation

1. Regelbegründung statt Regelerkenntnis

Eine Theorie der juristischen Argumentation ist der Gefahr praxisferner Idealisierungen in geringerem Maße ausgesetzt als die klassische juristische Methodenlehre, weil sie die Richtigkeit der Entscheidung nicht als Ergebnis richtiger Regelerkenntnis, sondern als Funktion optimaler Regelbegründung versteht[32]. In diesem „konstruktivistischen" Ansatz trifft sie sich mit einer erkenntniskritisch orientierten Konzeption der juristischen Methodik wie der strukturierenden Rechtslehre Friedrich Müllers[33] und der Methodenlehre von Jan Schapp[34]. Ob man der Realität der Rechtspraxis mit einem radikal konstruktivistischen oder mit einem gemäßigt konstruktivistischen Ansatz eher gerecht wird, ist eine Frage, die aufgrund *der* Perspektive *der* juristischen Argumentationstheorie – die es als einheitliches theoretisches Modell nicht gibt – nicht entschieden werden kann. Die nachfolgenden Überlegungen zu diesem und anderen Punkten können für das argumentationstheoretische Lager keineswegs eine repräsentative Funktion beanspruchen. Sie markieren lediglich Aspekte eines möglichen Modells der juristischen Argumentation.

Die Deutung im Sinne einer radikal konstruktivistischen Position[35] legt die juristische Methodik Friedrich Müllers nahe, wenn dort die Auffassung vertreten wird, daß dem Normtext überhaupt erst nach der Konkretisierung durch den „Rechtsarbeiter" Bedeutung zukomme[36]. Dementsprechend haben Normtexte vor ihrer Konkretisierung noch keine entscheidungsleitende Kraft. Sie können lediglich Anspruch auf angemessene Berücksichtigung bei der Konkretisierung der Rechtsnorm erheben[37]. „Konkretisierung" ist dabei nicht im Sinne der bloßen Präzisierung oder Individualisierung einer vorgegebenen Norm zu verstehen. „Konkretisierung" meint hier vielmehr die Konstitution einer Rechts-

---

32 Näher dazu *Neumann,* Juristische Argumentationslehre, 1986, S. 3 ff. Zur Frage nach dem Verhältnis von prozeduraler und argumentativer Richtigkeit in diskurstheoretisch orientierten Modellen der juristischen Argumentation vgl. *Alexy,* Probleme der Diskurstheorie (1989), in: *ders.,* Recht, Vernunft, Diskurs, 1995, S. 109 ff., 118 ff.; *Neumann,* Zur Interpretation des forensischen Diskurses in der Rechtsphilosophie von Jürgen Habermas, Rechtstheorie 27 (1996), S. 415 ff.

33 *Fr. Müller,* Juristische Methodik, 7. Aufl. 1997 (hrsg. von Ralph Christensen).

34 *Jan Schapp,* Methodenlehre des Zivilrechts, 1998; *ders.,* Hauptprobleme der juristischen Methodenlehre, 1983.

35 Vgl. dazu *S. Schmidt* (Hrsg.), Der Diskurs des Radikalen Konstruktivismus, 1987.

36 *Fr. Müller,* Juristische Methodik, 7. Aufl. 1997, Rn. 185. Dazu und zum folgenden vgl. schon meine Rezension GA 2000, S. 41 ff.

37 *Müller* (FN 36), Rn. 17.

norm[38]. Der Begriff „bezeichnet nicht das Verengen einer gegebenen allgemeinen Rechtsnorm auf den Fall hin, sondern das *Erzeugen einer allgemeinen Rechtsnorm* im Rahmen der Lösung eines bestimmten Falls“[39]. Unmißverständlich formuliert Müller: ohne die Tätigkeit des Rechtsarbeiters „bliebe der Normtext ein Stück Papier, bedeckt mit Druckerschwärze“[40].

Eine betont regelskeptische Position bezieht auch Grasnick, wenn er den Gesetzen den Rechtsquellencharakter mit der Begründung abspricht, die Bindung an Gesetze könne nicht weiter greifen, „als diese wirklich in der Lage sind, die richterliche Entscheidung zu determinieren“ und kategorisch feststellt: „Just das tun sie aber gerade nicht“[41]. Grasnick zieht daraus – auf den Spuren der Topik – die Konsequenz, Gesetze seien nur Topoi im Rahmen der juristischen Argumentation, und plädiert, unter scharfer Kritik diskurs- und argumentationstheoretischer Ansätze, für eine verstärkte Berufung auf Autoritäten („herrschende Meinung“ und „ständige Rechtsprechung“)[42].

Die regelskeptische Position, für die sich außer Friedrich Müller und Grasnick auch andere Autoren anführen ließen[43], basiert auf der zutreffenden Kritik regelplatonistischer Positionen. Unter „Regelplatonismus“ ist dabei die Auffassung zu verstehen, (bestimmten) Regeln komme eine ideale, von menschlichen Verhalten (Regelformulierung, Regelbefolgung, Interpretation) unabhängige Existenz zu[44]. In der Konsequenz dieser Auffassung liegt die Annahme, jeder Fall im Relevanzbereich der Regel sei per se entweder regelkonform oder regelwidrig; Unsicherheiten in der Zuordnung zu der einen oder der anderen Seite können dann nur aus der Begrenztheit des individuellen oder des allgemeinen menschlichen Erkenntnisvermögens resultieren. Aus der zutreffenden Kritik an dieser Position des Regelplatonismus zieht der Regelskeptizismus die m. E. unzutreffende Folgerung, daß die Regel vor ihrer Konturierung durch den „Regelanwender“ überhaupt ohne determinierende Kraft sei, also in keinem Fall per se eine Entscheidung über Regelkonformität oder Regel-

---

38 *Müller* (FN 36), Rn. 284.

39 *Müller* (FN 36), Rn. 275 (Hervorhebung im Original).

40 *Müller* (FN 36), Rn. 531.

41 *Grasnick,* Methodologisches – oder: Aus gegebenem Anlaß – GA 2000, 153 ff., 156.

42 *Grasnick* (FN 41), S. 157.

43 Vgl. etwa *Haft,* Juristische Rhetorik, 5. Aufl. 1995, S. 11 f.

44 Näher dazu *Kemmerling,* Regel und Geltung im Lichte der Analyse Wittgensteins, in: Rechtstheorie 6 (1975), S. 104 ff.; *Hart,* Der Begriff des Rechts, 1973, S. 189 ff.; *Neumann.* Rechtswissenschaft zwischen Ontologie und Ideologiekritik, ARSP-Beiheft Nr. 13 (1980), S. 215 ff.; *Somek,* Von der Rechtserkenntnis zur interpretativen Praxis. Eine regelskeptische Verteidigung des Regelbegriffs in der Jurisprudenz, in: Rechtstheorie 23 (1992), S. 467 ff.

widrigkeit zulasse. Dahinter dürfte die Vorstellung stehen: Wenn es keine scharfe Grenze gibt, gibt es gar keine Grenze. Wenn es aber gar keine Grenze gibt, kann die Regel in keinem Fall eine Unterscheidung zwischen regelkonformen und regelwidrigen Verhaltensweisen ermöglichen[45].

Wittgenstein hat diese Denkweise in den „Philosophischen Untersuchungen" kommentiert:

> „Der Sinn des Satzes – möchte man sagen – kann freilich dies oder das offen lassen, aber der Satz muß doch *einen* bestimmten Sinn haben. Ein unbestimmter Sinn, – das wäre eigentlich *gar kein* Sinn. – Das ist wie: Eine unscharfe Begrenzung, das ist eigentlich gar keine Begrenzung. Man denkt da etwa so. Wenn ich sage ‚ich habe den Mann fest im Zimmer eingeschlossen – nur *eine* Tür ist offen geblieben' – so habe ich ihn eben gar nicht eingeschlossen. Er ist nur zum Schein eingeschlossen. Man wäre geneigt, hier zu sagen: ‚also hast du damit gar nichts getan'. Eine Umgrenzung, die ein Loch hat, ist so gut wie *gar keine*. – Aber ist das denn wahr?"[46]

und:

> „Es ist doch kein Spiel, wenn es eine Vagheit *in den Regeln* gibt." – Aber *ist* es dann kein Spiel? – „Ja, vielleicht wirst du es Spiel nennen, aber es ist doch jedenfalls kein vollkommenes Spiel." D. h.: es ist doch dann verunreinigt, und ich interessiere mich nun für dasjenige, was hier verunreinigt wurde. – Aber ich will sagen: Wir mißverstehen die Rolle, die das Ideal in unsrer Ausdrucksweise spielt. D. h.: auch wir würden es ein Spiel nennen, nur sind wir vom Ideal geblendet und sehen daher nicht deutlich die wirkliche Anwendung des Wortes „Spiel".[47]

Das Ideal, von dem sich der Regelskeptizismus täuschen läßt, ist das der „scharfen" Grenze. Der Regelskeptiker ist im Grunde ein enttäuschter Regelplatonist. Weil er die normative, verhaltens- bzw. entscheidungsdeterminierende Funktion der Regel an die Annahme ihrer idealen Existenz bindet, führt ihn die Einsicht in die nur soziale Existenz der Regeln zu einer regelskeptizistischen Position. Tatsächlich gibt es für diesen Schritt keine zwingenden Gründe. Auch Regeln mit nur sozialer Existenz haben verhaltens- und entscheidungsleitende Kraft. Andernfalls wäre ein „geregeltes" soziales Zusammenleben nicht möglich.

Wenn in berechtigter Kritik regelplatonistischer Modelle des Rechts die Bedeutung der konkreten Anwendungssituation für die Konstitution der Rechtsnorm hervorgehoben wird[48], dann sollte das nicht in dem Sinn eines „anything goes" verstanden werden. Wenn sich in einer Hochschul-

---

45 Dazu und zum folgenden näher *Neumann* (FN 44), S. 217 ff.

46 *Wittgenstein,* Philosophische Untersuchungen, § 99 (Werkausgabe Frankfurt/Main 1984, Bd. 1, S. 295).

47 *Wittgenstein* (FN 46), § 100.

ordnung in bezug auf die Vorschlagsliste für die Wahl des Rektors die Bestimmung findet „Sie muß mindestens zwei Namen umfassen“, dann steht unabhängig von allen kontextuellen Umständen fest, daß eine Liste, die nur einen Namen enthält, mit dieser Bestimmung nicht vereinbar ist[49]. Das ergibt sich aus den allgemeinverbindlichen und allgemeinverständlichen Regeln der deutschen Sprache. Wiederum darf die Kritik an einer begriffsrealistischen (regelplatonistischen) Position nicht dazu verleiten, den fraglichen Regeln jede entscheidungslimitierende Kraft abzusprechen. Natürlich kann man im Einzelfall möglicherweise begründen, daß es rechtlich zulässig ist, eine Ausnahme von der Regel „Die Liste muß mindestens zwei Namen umfassen“ zu machen. Es kommt aber unter argumentationstheoretischen und -praktischen wie unter rechtsstaatlichen Gesichtspunkten entscheidend darauf an, ob es um einen Anwendungsfall oder einen Ausnahmefall zu der Regel geht.

2. Interne und externe Perspektive

In Übereinstimmung mit der juristischen Methodenlehre und im Unterschied zur juristischen Rhetorik ist die (normative) Theorie der juristischen Argumentation[50] einer internen Perspektive verhaftet. Während sich die juristische Rhetorik zumindest überwiegend als eine analytische Disziplin versteht[51], die sich mit der Aufdeckung typischer Strukturen juristischer Argumentationen befaßt, geht es der normativen Theorie der juristischen Argumentation um Regeln richtigen, vorsichtiger formuliert: besseren Begründens[52]. Insofern bestehen gute Chancen für eine (weitere) friedliche Koexistenz. Daß der Blick auf die Arbeit der jeweils anderen Seite der eigenen Forschung ein breiteres und stabileres Fundament verleiht, bedarf keiner Hervorhebung. Insofern ist das Projekt einer deskriptiv-analytischen Bestandsaufnahme der Argumentations- und Entscheidungspraxis der Gerichte[53] auch aus der Sicht einer normativen

---

48 *M. Morlok/R. Kölbel/A. Launhardt* (FN 2), S. 15 ff. (insbes. S. 18, 30 ff.) m. Nachw.

49 Verwunderte Kenntnisnahme abweichender juristischer Deutungen bei *W. Klein,* Der Fall Horten gegen Delius, oder: Der Laie, der Fachmann und das Recht, in: G. Grewendorf (Hrsg.), Rechtskultur als Sprachkultur, 1992, S. 284 ff.

50 Zur Unterscheidung zwischen normativen (präskriptiven) und rekonstruktiven Theorien der juristischen Argumentation vgl. etwa *Schneider/Schroth,* Sichtweisen juristischer Normanwendung: Determination, Argumentation und Entscheidung, in: Kaufmann/Hassemer (Hrsg.), Einführung in Rechtsphilosophie und Rechtstheorie der Gegenwart, 6. Aufl. 1994, S. 470 ff., 480 ff.

51 Exemplarisch *Ballweg,* Analytische Rhetorik als juristische Grundlagenforschung, in: R. Alexy/R. Dreier/U. Neumann (Hrsg.), Rechts- und Sozialphilosophie in Deutschland heute, ARSP-Beiheft Nr. 44 (1991), S. 435 ff.; *K. Sobota,* Sachlichkeit, Rhetorische Kunst der Juristen, 1990, S. 2.

52 Eindrucksvolles Regelwerk bei *Alexy* (FN 1), S. 273 ff.

Argumentationstheorie uneingeschränkt zu begrüßen[54]. Umgekehrt dürfte diese Bestandsaufnahme weitgehend auf die von den normativen Disziplinen der juristischen Methodenlehre und der juristischen Argumentationstheorie entwickelten Kategorien und Typisierungen angewiesen sein.

3. Herstellung und Darstellung

Im Gegensatz zur juristischen Methodenlehre zielt eine Theorie der juristischen Argumentation nicht auf eine methodengerechte und in diesem Sinne „richtige" Entscheidungsfindung, sondern auf die überzeugende Begründung der gefundenen Entscheidung[55]. Sie hat es nicht mit der Herstellung, sondern mit der Darstellung des richterlichen Urteils zu tun. Das bedeutet aber nicht, daß aus der Sicht einer Theorie der juristischen Argumentation der Prozeß der Entscheidungsfindung dem freien Spiel rationaler und irrationaler motivationaler Kräfte überlassen wäre. Die radikale Trennung von (rationaler) Entscheidungsbegründung und (irrationaler) Entscheidungsfindung, wie sie sich exemplarisch bei H. Isay[56] findet, ist weder als empirische These überzeugend noch als Basis einer Beschränkung der normativen Ansprüche einer juristischen Argumentationstheorie akzeptabel. Eine Theorie der juristischen Argumentation, die sich auf den Appell zu lege artis formulierten Scheinbegründungen einlassen wollte, würde sich selbst die Grundlage entziehen. Auch hier ist allgemeines Augurenlächeln tödlich. Gute Argumente für eine Entscheidung sind zugleich gute Gründe, die Entscheidung so und nicht anders zu treffen.

---

53 Vgl. oben bei FN 2.

54 Erste Ansätze dazu bei *Arthur Kaufmann/U. Neumann/Jochen Schneider*, Argumentationstheoretische Aspekte höchstrichterlicher Rechtsprechungsänderungen, unveröffentl. Mskr. München 1980. Teilergebnisse des zugrundeliegenden, von der DFG geförderten Projekts sind veröffentlicht bei *U. Schroth*, Eine Methodik der formalen Rekonstruktion von Gerichtsurteilen, in: W. Hassemer/A. Kaufmann/U. Neumann (Hrsg.), Argumentation und Recht, ARSP-Beiheft Nr. 14 (1980), S. 119 ff. Vgl. auch *Arthur Kaufmann*, Das Verfahren der Rechtsgewinnung. Eine rationale Analyse, 1999, S. 94 f. sowie *U. Neumann*, Juristische Argumentationslehre, 1986, S. 114 ff.

55 Näher dazu *Neumann*, Juristische Argumentationslehre (FN 54), S. 3 ff.; *Sobota*, (FN 51), S. 13 ff.

56 *H. Isay*, Rechtsnorm und Entscheidung, 1929, S. 60 ff., 338 ff.

III. Habitualisierung und Professionalisierung der rechtlichen Handlungs- und Entscheidungspraxis oder Perspektivismus im modernen Rechtsdenken?

RECHTSTHEORIE 32 (2001), S. 259–272
Duncker & Humblot, 12165 Berlin

REFERENZ UND RESONANZ – ZUR FUNKTION VON METHODEN IN RECHTSTHEORIE, RECHTSLEHRE UND RECHTSPOIESIS

Von Alfons Bora, Bielefeld

I. Einleitung

In der Aufforderung an die Soziologie, sich zum „Bruch“ zwischen akademischer Methodik und juristischer Praxis zu äußern, liegt eine Aufforderung zur Fremdbeobachtung, zur Außenperspektive. Diese Außenperspektive kann möglicherweise für die rechtswissenschaftliche Debatte nutzbar gemacht werden, indem das Thema in einer für die Binnenperspektive etwas ungewohnten Systematik entfaltet wird. Dies geschieht in der Erwartung, durch solchen Referenzwechsel Resonanz zu erzeugen. Die Überlegungen, die in diesem Beitrag angestellt werden, lassen sich wie folgt skizzieren:

- Methoden, haben in einem bestimmten Sinne eine Binnenreferenz: Sie dienen der Herstellung binärer Codierungen innerhalb sozialer Funktionssysteme.
- Deshalb sind sie als solche nicht zwischen Funktionssystemen einfach übertragbar.
- Der „Bruch“, die Differenz, von der im Tagungsthema die Rede ist, ist daher eine zweifache: diejenige zwischen Binnen- und Außenreferenzen und diejenige zwischen unterschiedlichen Funktionssystemen.
- Daraus resultiert die Frage: Unter welchen Bedingungen kann Resonanz etwa im Recht für die Beobachtungen der Wissenschaft entstehen?

Diese Überlegungen werden in drei Schritten entwickelt: zunächst wird kurz an drei basale Unterscheidungen erinnert, auf die im Laufe der Argumentation zurückgegriffen wird; sie markieren den Übergang zu einer systemtheoretischen Beobachtung des Rechts (II.). Sodann wird die zweifache Differenz begrifflich analysiert, welche den „Theorie-Praxis-Bruch“ konstituiert (III.). Abschließend wird gefragt, inwiefern das soziologische Konzept der Professionalisierung an dieser Bruchstelle als Brückenkonzept genutzt werden kann und inwieweit Professionalisierungsprozesse in der Ausbildung und in den Organisationen des Rechtssysstems gesteuert werden können (IV.). Insgesamt ergibt sich aus soziologischer Sicht, dass der „Theorie-Praxis-Bruch“ nicht so überraschend ist, wie es aus der Binnenperspektive erscheinen mag. Eher unwahrscheinlich ist dagegen der Aufbau von Resonanzen an Systemgrenzen; realistische Suchstrategien für den Alltag des Rechts und der Rechtswissenschaft sollten daher, so wird argumentiert, die Bedingungen für solche unwahrscheinlichen Ordnungsbildungen in den Blick nehmen.

II. Drei Unterscheidungen

Die soziologische Beobachtung bezieht sich dabei auf die folgenden drei Unterscheidungen: 1. auf die Differenz von Theorie und Praxis; sie führt zum Systembegriff und zur Unterscheidung dreier Funktionssysteme, die in unserem Themenfeld zusammenspielen; 2. auf die Differenz von Praxis und Poiesis; sie wird nur kurz gestreift; hier soll vor allem die Seite der Poiesis herausgestellt werden; 3. auf die Differenz von Theorien und Methoden, die erst zusammen mit den beiden zuvor genannten hilft, unsere Fragestellung genauer zu lokalisieren und einige Anschlussüberlegungen zur Frage von Resonanz und zur Rolle von Professionen anzustellen.

1. *Theorie und Praxis*: Die Begriffe Theorie und Praxis bezeichnen eine auf den ersten Blick vertraute und gängige Unterscheidung. Sie ist in verschiedener Hinsicht problematisch geworden und in der neueren Systemtheorie durch die System-Umwelt-Unterscheidung ersetzt worden. Die erwähnten Schwierigkeiten der Theorie-Praxis-Unterscheidung können hier nur in Stichworten skizziert werden.

Sie liegen zum einen auf der Theorie-Seite, wie man etwa am *Marxschen* Modell des Theorie-Praxis-Verhältnisses sehen kann. In der zweiten Feuerbach-These heißt es bekanntlich: „Die Frage, ob dem menschlichen Denken gegenständliche Wahrheit zukomme, ist keine Frage der Theorie, sondern eine praktische Frage. In der Praxis muß der Mensch die Wahrheit, i.e. die Wirklichkeit und Macht, Diesseitigkeit seines Denkens beweisen ...“[1]. Praxis wird hier als epistemologische Kategorie, nämlich als Wahrheitskriterium für die Theorie eingesetzt. Dies impliziert einen Theoriebegriff, der nicht allein wegen seiner Wahrheitstheorie – einer schlichten Abbildtheorie der Wahrheit – problematisch geworden ist[2], sondern der auch die Frage nach seiner möglichen Selbstimplikation

---

1 In: K. Marx/F. Engels: Werke (MEW) Band 3, 1958/1983, S. 533.

2 Z.B.: *A. Bora*, Sachhaltigkeit versus Verfahren? Einige methodologische Konsequenzen konstruktivistischer Wissenschaftssoziologie, in: T. Sutter (Hrsg.), Beobachtung verstehen, Verstehen beobachten. Perspektiven einer konstruktivisti-

provoziert: ist die Theorie selbst nicht auch eine Form gesellschaftlicher Praxis? Wenn ja, verweist sie wahrheitskriteriologisch dann auf sich selbst (Praxis der Theorie)? Wenn nein, enthält sie dann als Theorie eine Selbstbeschreibung, die sie als Nicht-Praxis aus dem Bereich des Gesellschaftlichen herausnimmt (Theorie der Praxis, reduzierter Praxis-Begriff)[3]?

Eine zweite, komplementäre Schwierigkeit der Theorie-Praxis-Semantik liegt auf der Praxis-Seite. Sie wird – sozusagen in spiegelbildlicher Umkehrung der *Marxschen* Wahrheitstheorie – sichtbar in jenen Wissenschaftstheorien, die Praxis vor allem als Anwendungsfall von Theorie begreifen. Ein Beispiel wäre etwa *Talcott Parsons* mit seinem Professionen-Konzept, auf das später noch einzugehen sein wird. Solche Konzepte – man kann sie vielleicht als „Verwissenschaftlichungs"-Perspektiven kennzeichnen – benutzen eine eher unterkomplexe Vorstellung von Praxis, indem sie Praxis als unmarked space, als unstrukturierte Umwelt von Wissenschaft behandeln, in welche Theorien gewissermaßen eingeschrieben werden könnten: Anwendung als „Übertragung" von Beständen theoretischen Wissens in ein unstrukturiertes, durch solche „Übertragung" formbares Feld gesellschaftlicher Aktivitäten. Es war nicht allein die Techniksoziologie, die dieses Modell „angewandter Wissenschaft" ins Wanken gebracht hat: Sozio-technische Systeme folgen eigenen Entscheidungsdynamiken, die oft nur sehr vermittelt auf Wissenschaft verweisen. Auch in unserem Feld zeigen Jahrzehnte rechtssoziologischer Forschung, dass zwischen wissenschaftlicher Theorie und der Wirklichkeit des Rechtssystems kein linearer „Anwendungs"-Zusammenhang besteht. Sobald man diese eigensinnige Strukturiertheit der sogenannten Praxis sieht, fragt man sich, worin genau diese Strukturen bestehen, und stellt fest: es gibt verschiedene spezifische Formen des Wissens, unter denen wissenschaftliches Wissen nur eine spezielle, auf ein Funktionssystem bezogene Ausprägung darstellt. Religiöses, ästhetisches, auch rechtliches Wissen folgt eigenen Strukturierungsgesetzlichkeiten.

Diese Beobachtungen legen es nahe, die Theorie-Praxis-Unterscheidung durch eine System-Umwelt-Unterscheidung zu ersetzen. Man verfügt dann über eine Beobachtungssprache, die sichtbar werden lässt, dass wir es in unserem Beobachtungsbereich mit mehreren, unterschiedlich strukturierten sozialen Systemen zu tun haben, die wechselseitig in der systemspezifischen Umwelt der jeweils anderen Systeme angesiedelt sind. Theorie-Praxis-Verhältnisse lassen sich dann, wie im folgenden

---

schen Hermeneutik, 1997, S. 228 ff.; *S. Dangelmayr,* Die philosophische Interpretation des Theorie-Praxis-Bezugs bei Karl Marx und ihre Vorgeschichte, S. 219–245.

3 Vgl. etwa *R. Bubner,* Theorie und Praxis – eine nachhegelsche Abstraktion, 1971, S. 22 ff., 36, 41.

noch gezeigt wird, als Resonanz-Fragen in spezifischen systemischen Kontexten rekonstruieren.

Die Ausgangsfrage nach dem Verhältnis von akademischer Methodenlehre und juristischer Praxis tangiert die Funktionssysteme Wissenschaft, Recht und Erziehung. Mit Funktionssystemen werden – wie in der neueren Systemtheorie üblich – Kommunikationssysteme bezeichnet. Dabei wird zunächst die Ebene von Organisationszugehörigkeiten vernachlässigt. Es wird nicht gefragt: Ist ein Akteur „Jurist" oder nicht? Vielmehr konzentriert sich die Überlegung auf die Frage: Welches System regelt kommunikative Anschlüsse und wie tut es das? Bei der abschließenden Erörterung des Professions-Konzepts werden die funktionssystembezogene und die organisatorische Ebene dann jedenfalls im Ansatz zusammengeführt. Drei Funktionssysteme also gilt es im Blick zu behalten, mit jeweils einem spezifischen Verweis auf scheinbar gängige Begriffe: „Rechtstheorie" als Aspekt des Wissenschaftssystems, „Rechtslehre" (auch „Rechtswissenschaftslehre"), also rechtliche und rechtswissenschaftliche Ausbildung als Aspekt des Erziehungssystems und Rechts-„Praxis" schließlich als Aspekt des Rechtssystems in Aktion. Am letztgenannten Punkt setzt die zweite Unterscheidung an:

2. *Praxis und Poiesis*: Diese zweite Unterscheidung, die auf den Praxisbegriff Bezug nimmt, soll hier nur am Rande ganz kurz erwähnt werden, da sie auf eine Grundbegrifflichkeit der neueren Systemtheorie verweist, die als bekannt vorausgesetzt werden kann. In der aristotelischen Praxis-Poiesis-Differenz meint Praxis ja eine sich selbst kultivierende Tätigkeit, während Poiesis die Schaffung eines Werkes bezeichnet, die Herstellung von etwas. Die sozialen Systeme Wissenschaft, Erziehung und Recht werden in der Systemtheorie von dieser poietischen Seite her betrachtet und als je eigene Formen solcher Poiesis verstanden, als Formen der Produktion von Kommunikationen, die sich auf spezifische Unterscheidungen wie z.B. wahr/unwahr oder Recht/Unrecht beziehen. Der Blick auf diese poietische Seite der Unterscheidung ermöglicht im folgenden die Frage nach der Funktion von Methoden. Was machen/produzieren Methoden im je spezifischen Kontext der erwähnten drei Funktionssysteme?

3. *Theorien und Methoden*: Als Programme des Funktionssystems Wissenschaft, das Kommunikationen über Wahrheit selegiert, stellen Theorien und Methoden die Bedingungen für die Zuweisung von Wahrheits- bzw. Unwahrheitswerten her. Dabei unterscheiden sie sich durch ihre Referenz. Theorien erzeugen Außenreferenz. Sie beobachten die Umwelt des Wissenschaftssysstems und strukturieren diese Beobachtungen in einem Set propositionaler Aussagen, also wahrheitsfähiger Sätze mit kognitivem, d.h. widerlegungs- und lernfähigem Erwartungsgehalt.

Theorien sind komplexe Beschreibungen der Umwelt des Wissenschaftssystems. Sie sind selbst nicht binär aufgebaut, wie etwa der Code der Wahrheit, mit dem das System operiert, sondern sie bestehen aus Aussagen in der Form von Sätzen, und zwar unter Ausschluss selbstreferentieller Aussagen (etwa des Typs: dieser Satz ist wahr)[4]. Theorien sorgen für die intern erzeugte Externalisierung von Referenzen in den Operationen des Systems. Mittels der Theorie ist das Wissenschaftssystem in der Lage, sich auf die Welt zu beziehen. Theorien sichern in diesem Sinne erst die Einheit des Gegenstandes[5]. Gleichwohl tun sie das stets mit Bezug auf systeminterne Anschlussregeln. Wie externe Referenzen im System hergestellt werden, wird durch die Strukturen des Systems selbst festgelegt. Methoden haben demgegenüber dann eine interne Referenz. Sie sind Selbstbeobachtungen im Wissenschaftssystem und haben die Aufgabe, die Binarisierung zwischen den Codewerten wahr und unwahr herzustellen, indem sie die Entscheidung programmieren, wann, unter welchen Bedingungen ein Satz als wahr oder unwahr zu codieren ist. Sie beziehen sich in diesem Sinne auf eine systeminterne Funktion.

Externe und interne Referenzen im Wissenschafts-, Erziehungs- und Rechtssystem

Funktionssystem	*Leitunterscheidung/Code*	*Herstellung externer Referenz*	*Herstellung interner Referenz*
Wissenschaft (Rechtstheorie)	Wahrheit (wahr/unwahr)	Theorien (als wissenschaftliche Beobachtung) des Rechts	Methoden (z. B. Expriment, Textauslegung) Binarisierung: wahr/unwahr
Erziehung (Rechtslehre)	Abweichung (Verbesserung/ Verschlechterung von Leistungen, kein Code i. e. S.)	Curricula (als pädagogische Beobachtung personaler Entwicklung)	Methoden (z. B. Zertifikate, Titel, Qualifizierungen) Binarisierung: geeignet/ nicht geeignet
Recht (Rechtspoiesis)	Recht (Recht/Unrecht)	Dogmatiken (als „Theorien" im Recht, d. h. rechtliche Beobachtungen von Sachverhalten)	Methoden (z. B. Argumentations- und Entscheidungsregeln) Binarisierung: Recht/Unrecht

4 *N. Luhmann,* Die Wissenschaft der Gesellschaft, 1990, S. 167–209, 401–432 (406).

5 *Luhmann* (FN 4), S. 407.

Diese am Beispiel des Wissenschaftssystems dargestellte Funktion von Methoden ist eine verallgemeinerbare. Auch die anderen Funktionssysteme kennen Methoden. Und auch dort haben Methoden die Funktion, das System selbst mit den je relevanten Binarisierungen zu versorgen. Die Übersicht enthält neben den Bezeichnungen der Sozialsysteme jeweils deren Code bzw. Leitunterscheidung, sodann das mit externer Referenz operierende Programm, den Theorien der Wissenschaft entsprechend: Curricula/Erziehungsziele im Erziehungssystem, Dogmatiken im Rechtssystem, sowie in der rechten Spalte daraus abgeleitet Beispiele für systemtypische Methoden und deren jeweilige Binnenreferenz. Wo beispielsweise experimentelle Verfahren oder auch Verfahren der Textauslegung die wissenschaftliche Binnenreferenz herstellen, leisten dies erzieherische und juristische Methoden jeweils mit Blick auf die systemspezifischen Leitunterscheidungen.

Juristen mögen angesichts dieser Schematisierung von Zweifeln beschlichen werden, ob Dogmatiken zur Herstellung externer Referenzen dienen, wo sie doch gerade die interne Konsistenz und Kohärenz des Systems im Auge haben. Dieses Qualitätsmerkmal gilt freilich auch für wissenschaftliche Theorien. Auch deren wissenschaftliche (wissenschaftsinterne!) Qualität und Gültigkeit bemisst sich unter anderem an ihrer Konsistenz. Wichtig ist dabei jedoch, zwischen Qualitätsmerkmalen und Funktionen zu unterscheiden. Wenn man nämlich die systeminternen Geltungsbedingungen für die Akzeptabilität von Theorien wie Dogmatiken von deren jeweiliger systemspezifischer Funktion unterscheidet, sieht man auf Seiten der Funktion klarer: Jedes Funktionssystem entwickelt (intern!) komplexe Beschreibungen seiner Umwelt, also Beschreibungen des Typs „wahr ist, dass ...“, „Recht ist es, dass ...“, in denen die Umwelt mit Bezug auf den je systemspezifischen Code intern dargestellt wird. Eben dies ist gemeint, wenn von der Erzeugung externer Referenz die Rede ist. Dogmatiken werden hierbei verstanden als Regeln der Anwendung von Normen auf Fälle. Das heißt, sie steuern intern die Erzeugung externer Referenzen. Dieser Gedanke ist auch der Rechtstheorie nicht fremd[6]. Der hier gewählte Zugang setzt also vor allem auf die juristisch vielleicht etwas ungewohnte Option, Dogmatiken als Teil der

---

6 *K. Larenz* (Methodenlehre der Rechtswissenschaft, 6. Aufl. 1991, S. 443) nennt als eine wesentliche Funktion von Dogmatik die Eigenschaft, „eine Lebenserscheinung oder einen Sinnzusammenhang in der Fülle seiner Ausprägungen zu erfassen“ (also: externe Referenz zu erzeugen); siehe auch *P. Raisch,* Juristische Methoden. Vom antiken Rom bis zur Gegenwart, 1995, S. 200: culpa in contrahendo als paradigmatischer Fall einer über die Rechtsprechung sich bildenden Dogmatik mit dem Zweck, „ständige Neuargumentation“ in „gleichgelagert wiederkehrenden Fällen“ zu vermeiden. Als verwendungsfähige (sic) Aufbereitung von Rechtsstoff bezeichnet sie *N. Luhmann,* Rechtssystem und Rechtsdogmatik, 1974, S. 16 ff. m. w. N.

Poiesis des Rechtssystems von Rechtstheorie als Teil des Wissenschaftssystems abzugrenzen, deren Umwelt das Recht ist. Dass die Dogmatiken wiederum im Wissenschaftssystem als Gegenstand der wissenschaftlichen Beobachtung des Rechts auftauchen können, versteht sich vor diesem differenzierungstheoretischen Hintergrund von selbst. Auf der Grundlage dieser begrifflichen Differenzierungen soll nun im folgenden der Frage nachgegangen werden, wie die Verwerfungen zwischen akademischer Methodenlehre und juristischer Praxis beschaffen sind.

III. „Brüche" zwischen Methodiken und Methoden – eine zweifache Differenz

Die drei skizzierten Unterscheidungen – Theorie/Praxis, Praxis/Poiesis, Theorien/Methoden – und die daran anknüpfenden Unterscheidungen zwischen den drei Systemen Wissenschaft, Erziehung, Recht zum einen sowie zwischen interner und externer Referenz in jedem dieser Systeme zum anderen erlauben es nun, die Frage nach einem „Bruch" zwischen juristischer Methodik und rechtlichem Alltag in diesem Schema zu lokalisieren und aus soziologischer Perspektive zu formulieren.

Diese Frage – das ergibt sich allein aus der Unterscheidung von internen und externen Referenzen – kann nicht verstanden werden als diejenige nach einer wie immer gearteten Übertragung wissenschaftlicher Methoden in Rechtsmethoden. Methoden der Wissenschaft, also etwa auch der Rechtstheorie, beziehen sich auf die Herstellung wahrer Sätze, nicht auf die Produktion normativer Richtigkeit. Methoden der Erziehung, beispielsweise auch der Rechtslehre, beziehen sich auf die Erzeugung von Konformität in Gestalt spezifischer Qualifikationen und Eignungen, und nicht etwa auf die Wahrheit von Sätzen. Methoden der Rechtserzeugung und -anwendung, der Rechtspoiesis, dienen der Herstellung binärer Unterscheidungen im Schema Recht/Unrecht, und nicht etwa im Code der Wahrheit oder im Selektionsbereich von Qualifikation und Eignung. Auf Grund dieser Binnenreferentialität von Methoden als Selbstbeobachtungen sozialer Systeme wird man davon auszugehen haben, dass unser Ausgangsproblem nicht als eines der „Übertragung" oder „Übertragbarkeit" solcher Methoden zwischen verschiedenen Funktionssystemen zu formulieren ist. Eine erste Konsequenz der soziologischen Perspektive auf die Theorie-Praxis-Unterscheidung besteht also darin, nach Alternativen zu diesem Übertragungsmodell zu suchen, das einen unmittelbaren Transfer von Wissensbeständen (Methodiken) aus dem Wissenschaftssystem in seine Umwelt vorsieht.

Differenzierungstheoretisch betrachtet, liegen im Kontext des „Theorie-Praxis-Bruchs" zwei verschiedene Sachverhalte vor: Methoden als

Binarisierungsverfahren einerseits und Methodiken (Methodologien) als Theorieelemente andererseits. Unter juristischer Methodik kann man sowohl eine in der Rechtstheorie enthaltene spezielle wissenschaftliche Theorie über die Form und Angemessenheit wissenschaftlicher Methoden auf dem Gebiet der Rechtswissenschaft verstehen. Man kann damit aber auch die wissenschaftliche Beobachtung von Argumentations- und Entscheidungsverfahren im Rechtssystem bezeichnen. Beide Aspekte sind in Texten zur juristischen Methodik enthalten, wenngleich der zuletzt genannte im Vordergrund steht. Die hier verfolgte Fragestellung bezieht sich denn auch auf diese zweite Variante.

Methodik bezeichnet demnach den Sachverhalt, dass Wissenschaft Binarisierungsverfahren im Rechtssystem beobachtet und diese Beobachtung ihrerseits als wahr/unwahr codiert. Man kann aus dieser Perspektive beispielsweise beschreiben, welche Funktionen Methoden im Rechtssystem haben, auf welchen expliziten oder impliziten Voraussetzungen sie basieren, welche typischen Strukturen sie aufweisen, welches die charakteristischen Probleme bestimmter Argumentations-, Entscheidungs- oder Auslegungsverfahren sind. In der wissenschaftlichen Beobachtung juristischer Methoden kann ein methodologisches Interesse im engeren Sinne zum Ausdruck kommen, ebenso aber auch ein psychologisches, soziologisches, linguistisches, argumentationstheoretisches und so fort.

Nun ist die Thematik nicht nur auf die wissenschaftliche Beobachtung bezogen, sondern vielfach ist auch von einer möglicherweise mangelhaften Rezeption solchen wissenschaftlichen Wissens im Alltag des Rechts die Rede[7]. Wenn man so fragt, stellt sich das Thema als Frage nach wechselseitigen Beobachtungsverhältnissen zwischen Funktionssystemen dar oder – wie ich es im folgenden bezeichnen werde – als Frage nach der Resonanz zwischen Wissenschaft, Erziehung und Recht. Unter Resonanz ist allgemein die Einstellung von Systemzuständen auf die Beobachtung der Umwelt zu verstehen, also die Reaktion eines Systems auf seine eigenen Beobachtungen. Man kann in unserem Zusammenhang etwa an die Umstellung rechtlicher Methoden als Folge einer vom Rechtssystem beobachteten wissenschaftlichen Veränderung denken. Es stellt sich, wenn man so ansetzt, die Ausgangsfrage dann in folgender Form: *Unter welchen Bedingungen, in welchen Formen und in welchen Grenzen stellt das Rechtssystem seine Methoden auf seine – also des Rechtssystems! – Beobachtung der Operationen des Wissenschaftssystems ein?* Wie immer unsere verschiedenen Antwortvorschläge ausfallen werden, sie werden es mit zwei Differenzen, mit zwei – wenngleich unterschiedlich schwer zu gewichtenden – „Brüchen“ zu tun haben.

---

7 Siehe dazu den Aufsatz von *M. Morlok/R. Kölbel* in diesem Heft.

Zum einen befindet man sich an der Differenz zwischen Funktionssystemen. Hier tauchen Fragen auf wie etwa die folgenden: Unter welchen Bedingungen regen Wahrheitskommunikationen das Rechtssystem zu Strukturänderungen an? Welche Sensorien hat das Recht für Wahrheitskommunikationen? Handelt es sich um die Übertragung von Wissensbeständen zwischen Systemen oder geht es eher um geregelte Missverständnisse, productive misreadings, wie *Gunter Teubner*[8] es nennt? Gibt es organisatorische Kontexte, in denen solche Resonanzen verstärkt werden? Inwiefern benutzen solche Organisationen Leistungen des Erziehungssystems?

Zum anderen ist aber auch auf die Unterscheidung zwischen interner und externer Referenz zu achten. Hierbei liegt keine System-Umwelt-Differenz zu Grunde. Vielmehr sind Operationen ein und desselben Systems verschieden orientiert. Nur über externe Referenz entsteht Resonanz. Ob und inwiefern, mit welchen Hindernissen und Grenzen dann externe Referenz eine Strukturänderung des Systems, einen Umbau im Methodenbereich nach sich zieht, ist eine nicht generell beantwortbare Frage. Jedenfalls erscheint eine solche – extern angeregte – Strukturtransformation der binnenreferenziell angelegten Methoden als relativ unwahrscheinlicher, voraussetzungsreicher Prozess. Vor allem müssen dazu die Dogmatiken (als „Theorien" im Rechtssystem) die Fremdbeobachtung zum Anlass nehmen, mit bestimmten Methoden hergestellte Entscheidungen nicht länger als solche zu betrachten, die der Unterscheidung Recht-Unrecht folgen und von daher dann nach neuen Methoden verlangen. Es geht mit anderen Worten um Selbst-Transformation, Selbst-Änderung des Rechtssystems, angeregt durch die Beobachtung externer, wissenschaftlicher Kommunikationen. Auf die Bedingungen dieser Selbst-Transformation soll im folgenden Teil noch kurz eingegangen werden.

IV. Referenz und Resonanz – Zur Steuerbarkeit von Professionalisierungsprozessen

Wenn man überlegt, unter welchen Bedingungen der einigermaßen voraussetzungsreiche Prozeß der Selbst-Transformation, der Erzeugung von Resonanz in den Methoden des Rechts durch rechtliche Beobachtung externer wissenschaftlicher Kommunikationen, ablaufen könnte, so stößt man schnell auf das Erziehungssystem und das Konzept der Professiona-

---

8 *G. Teubner*, The Two Faces of Janus: Rethinking Legal Pluralism, in: Cardozo Law Review (13) 1992, S. 1443 ff.; *ders.*, Globale Bukowina. Zur Emergenz eines transnationalen Rechtspluralismus, in: Rechtshistorisches Journal (15) 1996, S. 255 ff.

lisierung. Das ins Rechtssystem inkludierte Fachpersonal, so besagt diese Vorstellung, soll qua akademischer Lehre professionalisiert werden. Von der Rechtstheorie über die Rechtslehre zur professionellen Rechtspoiesis also? Gegen dieses unmittelbare Übertragungsmodell wurden bereits einige grundsätzliche Bedenken vorgetragen. Deshalb soll abschließend die Frage diskutiert werden: Was kann Professionalisierung vor dem Hintergrund des hier skizzierten Konzepts funktionaler Differenzierung überhaupt heißen?

In der soziologischen Theorie ist das Professionen-Konzept verschiedentlich als „Brücken"-Element in Differenzierungstheorien eingesetzt worden. Das macht es natürlich auch zu einem Kandidaten im Falle der hier diskutierten „Brüche". *Emile Durkheim* hatte beispielsweise eine solche Vorstellung von der Rolle der Professionen in der modernen Gesellschaft. Im Vorwort zur zweiten Auflage der „Arbeitsteilung" korrigiert er seine ursprünglich optimistischen Erwartungen, was die Fähigkeit arbeitsteilig differenzierter Gesellschaften zur Hervorbringung organischer Solidarität anbetrifft[9]. Diese soziale Differenzierung, so sah es *Durkheim* nun, musste auch integrative Mechanismen erzeugen, wenn ein zu hohes Maß an Anomie verhindert werden sollte. Einen solche Integrationsmechanismus sah er in Professionellen-Gruppen, die über spezialisierte Ethiken professionellen Handelns enge Bindungen zwischen auseinanderdriftenden gesellschaftlichen Partikularinteressen zu erzeugen in der Lage sind.

Talcott Parsons war es dann, der diese Vorstellung weiter ausbaute und der intermediären Funktion von Professionen eine zentrale Rolle in modernen Gesellschaften zuwies. Professionen, so *Parsons*, hätten in der modernen Gesellschaft Momente wie z.B. Staat oder Kapitalismus ersetzt. Professionen sind beim Parsonianer *Richard Münch* in der Vermittlungszone zwischen wissenschaftlichem und rechtlich-politischem Handeln sowie dem kulturellen System angesiedelt[10]. Professionen umfassen Tätigkeiten, die 1. eine formalisierte Ausbildung sowie die institutionalisierte Evaluation der Ausbildung wie der Ausgebildeten voraussetzen, die 2. die Fähigkeit zur Anwendung spezifischer kultureller und intellektueller Kompetenzen implizieren und die schließlich 3. institutionalisierte Mechanismen zur sozial verantwortlichen Nutzung solcher Kompetenzen benötigen[11]. Ausgehend von Universitäten und Forschungsein-

9 *E. Durkheim,* Über die Teilung der sozialen Arbeit. Studie über die Organisation höherer Gesellschaften, 2. Aufl. 1988 (zuerst 1893), S. 41–75.

10 *R. Münch,* Die Struktur der Moderne. Grundmuster und differentielle Gestaltung des institutionellen Aufbaus der modernen Gesellschaften, 1984, S. 127–199.

11 *T. Parsons,* Professions, in: D. L. Sills (ed.), International Encyclopedia of the Social Sciences, 1972, S. 536 ff.

richtungen erstrecken sich Professionen zum einen auf die kulturellen Felder der Kunst, Ethik und Moral (die Intellektuellenkultur), zum anderen – und das ist der hier interessierende Strang – auf die Bereiche angewandter Wissenschaft. *Parsons* nennt Ingenieure und Technik als Beispiel, aber auch die Tätigkeiten von Medizinern und Juristen. Ersichtlich benutzt Parsons das dem eingangs erwähnten *Marxschen* Theorie-Praxis-Modell entgegengesetzte Konzept einer verwissenschaftlichten Praxis, das auf der Übertragung wissenschaftlichen Wissens in die Umwelt des Wissenschaftssystems beruht. Ich habe schon darauf hingewiesen, dass diese Vorstellung in der Wissenschafts- und Technikforschung, aber auch in der Rechts- oder Medizinsoziologie wenn nicht schon endgültig abgelöst, so doch ernsthaft in Frage gestellt worden ist. Man könnte hier auch auf neuere Überlegungen zu einem mode 2, einem neuen Modus der Wissensproduktion jenseits von Grundlagen- und Anwendungsbezug verweisen, die derzeit in der Wissenschaftsforschung eine gewisse Attraktivität zu besitzen scheinen[12]. Das „Übertragungsmodell“ angewandter Wissenschaft wählt dagegen eine Ebene der Beobachtung erster Ordnung, für welche die Umwelt des Wissenschaftssystems einen unstrukturierten unmarked space im Sinne *George Spencer Browns* darstellt. Die vorgetragenen Überlegungen liefen aber darauf hinaus zu zeigen, dass diese Umwelt vielfältig strukturiert ist und ihre eigenen Wissensformen nach ihren eigenen Regeln produziert – darauf sollte vor allem die Umstellung von Praxis auf Poiesis aufmerksam machen. Und sobald dieser „Eigenwert“ der Umwelt, ihr poietischer Aspekt, ihre eigenen Strukturbildungen und Funktionslogiken in den Blick kommen, verliert das Professionenmodell *Parsonsscher* Prägung an Attraktivität. Das „Übertragungsmodell“ professionellen Wissens aus der Wissenschaft in eine Praxis scheitert letztlich an diesem „Eigenwert“ der Umwelt.

Gegenüber dem *Parsonsschen* Konzept einer zentralen Position der Professionen scheint ein differenzierungstheoretischer Ansatz klarere Perspektiven zu bieten, der – wie *Rudolf Stichweh* formuliert – die Rolle der Professionen vom „running the society“ zur „professional purity“, bezogen also auf jeweils ein konkretes Funktionssystem, verschiebt[13]. In diesem Ansatz wird Wissens-Übertragung durch die Resonanz wechselseitigen Beobachtens ersetzt. Statt auf Übertragbarkeit, Aufnahme und Anwendung wäre hier auf die aktive Aneignung wissenschaftlicher Kommunikationsangebote in anderen Systemkontexten zu schauen, auf eine

---

12 *M. Gibbons/C. Limoges/H. Nowotny/S. Schwartzman/P. Scott/M. Trow,* The New Production of Knowledge. The Dynamics of Science and Research in Contemporary Societies, 1994.

13 *R. Stichweh,* Wissenschaft, Universität, Profession. Soziologische Analysen, 1995.

Aneignung also, die unter den Vorgaben des aneignenden Systems abläuft und nur von daher zu verstehen ist – productive misreadings, um den Begriff noch einmal ins Spiel zu bringen.

Damit ist die Rolle von professionals und von professionellem Handeln anders zu definieren. Vom „Übersetzer", der quasi in den Sprachuniversen der Wissenschaft und des Rechts gleichermaßen zu Hause ist, gelangt man nun eher zum Resonanz-Experten, der dann aber Experte in den Gefilden der Wissenschaft *oder* des Rechts ist. Profession, um noch einmal *Stichweh* zu zitieren, ist dann gegeben, „wenn eine Berufsgruppe in ihrem beruflichen Handeln die Anwendungsprobleme der für ein Funktionssystem konstitutiven Wissensbestände verwaltet"[14] und diese Kompetenz zur „Bearbeitung von Problemen der Strukturänderung, des Strukturaufbaus und der Identitätserhaltung von Personen" einsetzt[15]. Gewiss erlaubt die Multireferenzialität von Organisationen[16] und Interaktionen einzelnen Personen vielfältige und nahezu beliebige Rollenwechsel. Und Organisationen werden sowohl über Personalrekrutierung als auch über ihre Entscheidungsprogramme solche professionellen, resonanzhaltigen Beobachtungsweisen sowohl begünstigen als auch behindern können. Gerade unter diesem Gesichtspunkt hat die Thematik des „Theorie-Praxis-Bruchs" übrigens einen sehr stark organisationssoziologischen Charakter. Innerhalb der jeweiligen Expertenrolle wird jedoch die Referenz klar sein.

Professionalität – das haben auch Forschungen zum Verwaltungsverfahren sehr deutlich zeigen können[17] – besteht dann gerade in der klaren, methodisch entfalteten Referenz auf funktionssystemspezifische Anforderungen, nämlich beispielsweise auf die Anforderung, rechtlich bestandskräftige Entscheidungen zu produzieren, bei gleichzeitiger aufmerksamer Beobachtung der Wissenschaft oder anderer externer Referenzen. Professionalität wird auf dieser differenzierungstheoretischen Basis also verstanden als funktionssystembezogene Operation multireferenziellen Beobachtens bei eindeutiger Systemreferenz des Operierens. Und dieser Ansatz ließe sich dann m.E. auch über weite Strecken mit nicht systemtheoretisch inspirierten Professionalisierungstheorien wie

14 Ebd., S. 369.

15 Ebd., S. 373.

16 Dazu *A. Bora,* Öffentliche Verwaltungen zwischen Recht und Politik. Die Multireferentialität organisatorischer Kommunikation, in: V. Tacke (Hrsg.), Organisation und gesellschaftliche Differenzierung, 2001, S. 70–91.

17 *A. Bora,* Konfliktlösung durch Verhandlung? Empirische Probleme des Erörterungstermins im Verwaltungsverfahren, in: J. Brand/D. Strempel (Hrsg.), Soziologie des Rechts. Festschrift für E. Blankenburg zum 60. Geburtstag, 1998, S. 613 ff.; *ders.,* Differenzierung und Inklusion. Partizipative Öffentlichkeit im Rechtssystem moderner Gesellschaften, 1999.

z. B. jener von *Ulrich Oevermann,* in Übereinstimmung bringen[18]. Auch die von *Engisch, Larenz, Busse* und anderen Autoren vielfach beschriebenen Merkmale professioneller juristischer Auslegungstätigkeit lassen sich darin wiederfinden[19].

Bleibt noch die Frage, ob Professionalisierung nicht wenigstens über das Erziehungssystem vermittelt werden kann. Ist Professionalität lehrbar und abprüfbar? Für die hier in Anschlag gebrachte Differenzierungstheorie fällt die Antwort wohl eher verneinend aus. So wie Sozialisationsprozesse sinnvollerweise als Selbst-Sozialisation verstanden werden müssen[20], die durch Erziehung irritierbar, aber in ihrer Strukturtransformation und -reproduktion nicht in einem strengen Sinne steuerbar sind, so wird man auch Professionalisierung als Selbst-Professionalisierung verstehen müssen. Ich will auch hier noch einmal unsere Forschungen zur Öffentlichkeitsbeteiligung im Verwaltungsverfahren erwähnen. In der Empirie ließ sich sehr schön zeigen, dass rechtlich-administrative Professionalität sich unabhängig von der Zugehörigkeit zu einer typisch juristischen Berufsgruppe entwickelt, nämlich aus der praktischen Tätigkeit des in das Spannungsfeld von Norm und Fall eingebundenen Rechtsanwenders, der etwa in einem der von uns untersuchten Beispiele aus einer naturwissenschaftlich-technischen Berufssozialisation stammte. Bei diesem Akteur war ein sehr viel höheres Maß an Professionalität zu beobachten als beispielsweise bei den (relativ jungen, im Umgang mit Öffentlichkeit ersichtlich unerfahrenen und daher tendenziell eher etwas befangenen) Juristen, die ihm zur Seite gestellt waren[21]. Solche und ähnliche Beispiele verweisen letztendlich darauf, dass Rechtswissenschaft und Rechtslehre mit ihren Beratungs- und Interventionsangeboten allenfalls Irritationen für das Rechtssystem bereitstellen können, die dieses aufgreifen und in seinen alltäglichen Operationen weiterprozessieren wird – vielleicht in rekonstruierbarer und daher innerhalb gewisser Grenzen in vorhersagbarer Weise, nicht aber in einem strengen Sinne durch Lehre, gute Beispiele und Argumente direkt beeinflussbar – eben weil es nicht Praxis, sondern Poiesis ist.

---

18 Siehe dazu etwa *U. Oevermann,* Skizze einer revidierten Theorie professionalisierten Handelns, in: A. Combe/W. Helsper (Hrsg.), Pädagogische Professionalität, 1996, S. 70 ff.

19 *Larenz* (FN 6); *D. Busse,* Recht als Text. Linguistische Untersuchungen zur Arbeit mit Sprache in einer gesellschaftlichen Institution, 1992.

20 *T. Sutter,* Systeme und Subjektstrukturen. Zur Konstitutionstheorie des interaktionistischen Konstruktivismus, 1999, S. 35, 84 ff. m. w. N.

21 *Bora* (FN 17), 1999, Kap. 6; zur diskurstheoretischen Deutung dieser Befunde *A. Bora/A. Epp,* Die imaginäre Einheit der Diskurse. Zur Funktion von „Verfahrensgerechtigkeit“, in: KZSS 52 (2000), S. 1 ff.

V. Schluss

Wenn sich also der „Theorie-Praxis-Bruch" als mehrfache Differenz zwischen Funktionssystemen, aber auch zwischen interner und externer Referenz erweist, die durch Professionalisierungsprozesse jedenfalls nicht einfach überbrückbar ist im Sinne eines Transfers von Wissensbeständen von einem Bereich in den anderen, so mag man angesichts einer solchen externen soziologischen Beobachtung zur Resignation neigen oder den externen Beobachter verurteilen. Eine solche Reaktion verwechselt jedoch die Diagnose mit einem Therapievorschlag. Die Feststellung eines komplexen Geflechts von Differenzen lässt zwar die Lösung des „Theorie-Praxis-Problems" in weitere Ferne rücken. Sie zeigt aber doch auch die soziale Komplexität des Problems und vermag eben deshalb vielleicht eher als andere Beobachtungsperspektiven zu erklären, was das eigentlich Problematische am Problem ist. Gleichzeitig lässt sie uns jedoch nicht ohne Entscheidungsoptionen zurück. Denn man wird bei allem, was man an Verbesserungen im Verhältnis von Theorie oder „Praxis", an neuer Juristenausbildung und Justizreform rechts-, bildungs- und verwaltungspolitisch vorschlagen kann, im Auge behalten müssen, ob und an welchen Stellen, in welcher Weise und mit welchen Folgen Resonanz in den betreffenden sozialen Systemen erzeugt werden kann, ob sie also in die Lage versetzt werden, ihre eigenen Systemzustände auf die Beobachtung fremder Zustandsveränderungen einzustellen. Und man wird zu berücksichtigen haben, dass dies zusätzlich im Verhältnis je systemeigener Außen- und Innenreferenz geschehen müsste. Das aus der soziologischen Beobachtung resultierende verminderte Staunen über den „Theorie-Praxis-Bruch" mündet also immerhin in eine Suchstrategie nach realistischen Entscheidungsoptionen. Es führt zu der Frage, unter welchen Bedingungen in den Organisationen des Rechtssystems Entscheidungen so programmiert und Stellen so besetzt werden, dass die rechtlichen Kommunikationen dieser Organisationen Resonanzen auf wissenschaftliche Beobachtungen des Rechts ermöglichen. Der „Theorie-Praxis-Bruch" kann, so gesehen, als Katalysator für evolutionär unwahrscheinliche Ordnungsbildung in den Organisationen des Rechts dienen.

RECHTSTHEORIE 32 (2001), S. 273–287
Duncker & Humblot, 12165 Berlin

TYPISIERUNG, IDEALTYPENBILDUNG UND QUALITATIVES URTEIL

Von Jörg Frommer, Magdeburg

Die nachfolgende Darstellung einer Forschungsmethodologie und Methodik, die unsere Arbeitsgruppe im zurückliegenden Jahrzehnt zunächst in Düsseldorf und später in Magdeburg entwickelt hat, geht im Kontext von Fragen des Theorie-Praxis-Bruches in der juristischen Methodenlehre und Soziologie von der Überlegung aus, dass diese Methodologie im gegenwärtigen Diskurs fachübergreifendes Interesse beanspruchen könnte. Nun sind die Verbindungen zwischen Psychiatrie, Psychosomatik und Psychotherapie einerseits und den Rechtswissenschaften auf der anderen Seite unter soziologischer Perspektive vielfach beleuchtet worden. Ich werde im Nachfolgenden auf die meisten Felder, in denen eine Verbindung existiert, nicht eingehen. Dies betrifft nicht nur die klassischen Themen der Forensischen Psychiatrie und Kriminologie, sondern auch das Gebiet der rechtspsychologischen Täterforschung, in welches die Methoden der qualitativen Sozialforschung und der biographischen Psychologie inzwischen auch bereits vorgedrungen sind[1]. Vielmehr könnte ich mir eher vorstellen, dass unsere Projekte als methodische Folie da von Nutzen sein könnten, wo sich Rechtswissenschaftler und Soziologen mit den unausgesprochenen, nichtkodifizierten und unbewussten Regeln auseinandersetzen, die den Rechtsalltag ebenso bestimmen wie das kodifizierte Recht.

Man könnte die Parallelen zwischen den von uns durchgeführten Untersuchungen an diagnostischen Beurteilungsprozessen erfahrener psychotherapeutischer Kliniker und den Aushandlungsprozeduren im Alltag der Rechtssprechung somit in den Kontext der soziologischen *Verwendungsforschung* stellen, die seit den sechziger Jahren antrat, um in ganz unterschiedlichen Berufsfeldern die konkrete Praxis jenseits normativer und wissenschaftlich kodifizierter Lehrbuchwahrheiten zu untersuchen. Sie ging dabei von der Annahme aus, dass „sich die Produktion wissenschaftlicher Argumentationen nach anderen Regeln vollzieht als ihre Verwendung“[2]. Zusammengefasst konnte diese Forschungsrichtung nach-

---

1 Vgl. *Kühne*, Biographische Forschung in der Rechtspsychologie, in: Jüttemann/Thomae (Hrsg.), Biographische Methoden in den Humanwissenschaften, 1988, S. 347 ff.

weisen, dass die traditionelle wissenschaftszentrische Wahrnehmung der Verwendung von Wissen im beruflichen Alltag zu Verzerrungen führt und letztlich nicht in der Lage ist, die von diesen Regeln abgekoppelten Aspekte der Handlungspraxis zu erfassen. Hier, im beruflichen Alltag einer Profession, entscheidet oft das „tacit knowledge"[3] des Praktikers mehr über den Ablauf des Geschehens als Normen, Lehrbücher, Vorschriften und Gesetze.

Medizin und Jurisprudenz haben in diesem Zusammenhang als Handlungswissenschaften und Praxisfelder gemeinsam, dass die Anwendung des Paradigmas der Verwendungsforschung in besonderem Maße Ethik und professionelles Selbstverständnis herausfordert. Beides sind Berufe, die einen Großteil ihrer Legitimation und ihres Prestiges aus der Wissenschaftlichkeit, Neutralität und Transparenz ihrer Handlungsmaximen und Anwendungsprozeduren ziehen. Die Unwissenschaftlichkeit einer medizinischen Diagnose stellt ebenso ein Skandalon dar wie die Parteilichkeit eines Richters. Beides sind Faktizitäten, die die Legitimation der jeweiligen Profession im Kern erschüttern. Der letztgenannte Topos wurde als das Problem der Rechtssicherheit bereits im ausgehenden deutschen Kaiserreich diskutiert. Der Jurist *Ludwig Bendix*, dessen Sohn Reinhard als Soziologie und Sozialhistoriker den Intellektuellen in der bürgerlichen Gesellschaft als *marginal man*[4] interpretiert, sieht in seinen rechtssoziologischen Schriften vor dem Hintergrund seiner biographischen Erfahrungen als jüdischer Bildungsbürger eine erhebliche Einflußmacht irrationaler Kräfte im Alltag deutscher Rechtspraxis seiner Zeit. In einer Arbeit über *Das Problem der Rechtssicherheit* schreibt *Ludwig Bendix* 1914: „Diese in der Irrationalität des Menschen gelegene Vieldeutigkeit seines Tuns, diese mit dem Interesse und der Machtverschiebung eintretende Umdeutung und Wirkungslosigkeit gesetzlicher und vertraglicher Bestimmungen bringt es mit sich, daß der Ausgang jedes echten Rechtsstreites im Zivil- oder StrafProzess – und nur von diesem ist hier überhaupt die Rede! – grundsätzlich ungewiß ist, und daß die letztgetroffene Entscheidung grundsätzlich keinen Anspruch auf allgemeine Gültigkeit erheben kann"[5].

---

2 *Beck/Bonß,* Verwendungsforschung – Umsetzung wissenschaftlichen Wissens, in: Flick/v. Kardorff/Keupp/ v. Rosenstiel/Wolff (Hrsg.), Handbuch Qualitative Sozialforschung, 1991, S. 417; vgl. auch *dies.*, Weder Aufklärung noch Sozialtechnologie? Studien zur Verwendung sozialwissenschaftlichen Wissens, 1989.

3 Vgl. *Polanyi,* Tacit knowing, in: Marx/Goodson (Hrsg.), Theories in contemporary psychology, 1976, S. 330 ff.

4 Vgl. *Reinhard Bendix,* Von Berlin nach Berkeley, 1985, S. 29 ff.

5 *Ludwig Bendix,* Das Problem der Rechtssicherheit, zit. nach *ders.*, Zur Psychologie der Urteilstätigkeit des Berufsrichters, 1968 (zuerst 1914), S. 168.

Ludwig Bendix vertritt in dem zitierten Aufsatz die Auffassung, dass die Anwendung einer Rechtsnorm auf einen Rechtsstreit immer Ausdruck der Gesamtpersönlichkeit des Richters ist, in ganz ähnlicher Weise, wie ein Kunstwerk den Ausdruck der Gesamtpersönlichkeit des Künstlers darstellt. Am Beispiel der psychiatrischen und psychotherapeutischen Diagnostik werde ich im folgenden allgemeine Modelle diskutieren, die den hier angesprochenen komplexen Prozess der praxeologischen Urteilsbildung prägen und beeinflussen.

I. Vorbegriffliche Aspekte im Prozess psychiatrischer und psychotherapeutischer Diagnostik

Michael Schwartz und *Osborne Wiggins*[6] haben bereits in den achtziger Jahren darauf hingewiesen, dass klinisch-psychiatrische Diagnosen zwei im Lichte wissenschaftlicher Betrachtung verwunderlich erscheinende Eigenschaften aufweisen: Erstens kommen sie meistens sehr schnell zustande, und zweitens kann der Diagnostiker in vielen Fällen nicht genau angeben, aus welchen Gründen er die Diagnose gestellt hat. Die erste der genannten Besonderheiten ist durch zahlreiche empirische Studien belegt. *Sandifer*, *Hordern* und *Green*[7] zeigten Gruppen von 14–18 Psychiatern aus North Carolina und England Filme diagnostischer Interviews mit 30 nicht selektierten erstmals aufgenommenen Patienten aus einer staatlichen Nervenklinik in North Carolina. Die Filme hatten eine durchschnittliche Länge von 25 Minuten, wurden aber bei der Vorführung mehrmals unterbrochen, damit die Psychiater ihre Eindrücke protokollieren konnten. Ergebnis der Untersuchung war, dass die Hälfte der insgesamt erkannten Symptome bereits in den ersten drei Minuten angegeben wurde und dass die nach drei Minuten vermuteten Diagnosen in 3/4 der Fälle mit den Enddiagnosen übereinstimmten. *Gauron* und *Dickinson*[8] vertreten aufgrund ihrer Untersuchungen die Überzeugung, dass der diagnostische Eindruck bereits in den ersten 30 bis 60 Sekunden entsteht. *Kendell* verglich die nach zwei und 5 Minuten abgegebenen Verdachtsdiagnosen bei 28 Interviews mit den Entlassungsdiagnosen der Patienten. Immerhin fand er eine Übereinstimmung von 48 % zwischen

6 Vgl. *Schwartz/Wiggins*, Typifications: The first step for clinical diagnosis in psychiatry, in: Journal of Nervous and Mental Diseases, 175, 1987(a), S. 65 ff.; *dies.*, Diagnosis and idealtypes: A contribution to psychiatric classification, in: Comprehensive Psychiatry, 28, 1987(b), S. 277 ff.; *dies.*, The limits of psychiatric knowledge and the problem of classification, in: Sadler/Wiggins/Schwartz, (Hrsg.), Philosophical perspectives on psychiatric diagnostic classification, 1994, S. 89 ff.

7 *Sandifer/Hordern/Green*, The psychiatric interview: the impact of the first three minutes, in: American Journal of Psychiatry, 126, 1970, S. 968 ff.

8 *Gauron/Dickinson*, The influence of seeing the patient first on diagnostic decision making in psychiatry, in: American Journal of Psychiatry 126, 1969, S. 199 ff.

den beiden Gruppen nach zwei Minuten und von 60% nach 5 Minuten. Zieht man in Betracht, dass die Interrater-Übereinstimmung bei psychiatrischen Diagnosen auch bei Vorliegen der vollständigen Information nicht sehr viel höher ist, so muss man sich *Kendells* zusammenfassender Beurteilung anschließen, „daß der größte Teil der diagnostisch wichtigen Information eines klinischen Interviews in den ersten Minuten gesammelt wird, und daß ein hoher Anteil der Diagnosen in diesem Stadium richtig gestellt wird oder jedenfalls gestellt werden könnte“[9].

Bezüglich der zweiten oben erwähnten Besonderheit psychiatrischer Diagnosen ist besonders *Rümke*[10] zu erwähnen, der es zu seinem zentralen Anliegen machte, darauf hinzuweisen, dass es nicht die Symptome des Patienten sind, die eine reliable Diagnosezuschreibung erlauben, sondern etwas schwer in Worte zu fassendes Anderes, das zu tun hat mit der Art und Weise, in der der Patient zu anderen Menschen in Beziehung tritt. Für die Schizophrenen nannte er diese spezifische Anmutung Praecoxgefühl und charakterisierte sie als eine durch den Kranken induzierte Unfähigkeit des Diagnostikers, mit der Person des Patienten als einheitlichem Ganzen in Beziehung zu treten.

Damit ist die zentrale Bedeutung der Individualität des Kranken im psychiatrisch-diagnostischen Prozess angesprochen. Bereits kurz nach der Jahrhundertwende erkannten *Weygandt*, *Gaupp* und schließlich *Jaspers*[11], dass es für die nosologische Zuordnung entscheidend ist, ob es sich bei den beobachteten Symptomen um verständliche Zusammenhänge im Rahmen der individuellen Entwicklung der betreffenden Persönlichkeit handelt, in die sich der neutrale Beobachter innerlich hineinversetzen kann, oder aber um psychische Prozesse, die nur als Ausdruck objektiv zugrundeliegender Gehirnvorgänge wie Kausalzusammenhänge der psychischen Welt zu begreifen sind. Die Erfassung dieses zentralen differentialdiagnostischen Kriteriums zu verstehen, schließt aber, wie *Gruhle*[12] betont, zwangsläufig intuitive Momente und das Hineinverlegen selbsterlebter Innenereignisse in den anderen ein, wodurch der Horizont einer distanzierend-klassifizierenden Diagnostik überschritten wird.

---

9 *Kendell,* Die Diagnose in der Psychiatrie, 1978, S. 58.

10 Vgl. *Rümke*, Die klinische Differenzierung innerhalb der Gruppe der Schizophrenien, in: Nervenarzt 1958, S. 49 ff.

11 Vgl. *Gaupp*, Über die Grenzen psychiatrischer Erkenntnis, in: Centralblatt für Nervenheilkunde und Psychiatrie, 26, 1903, S. 1 ff.; *Weygandt*, Hirnanatomie, Psychologie und Erkenntnistheorie, in: Centralblatt für Nervenheilkunde und Psychiatrie, 24, 1901, S. 1 ff.; *Jaspers*, Allgemeine Psychopathologie (1./9. Aufl.), 1913/73; *J. Frommer/S. Frommer*, Max Webers Bedeutung für den Verstehensbegriff in der Psychiatrie, in: Nervenarzt 61, 1990, S. 397 ff.

12 Vgl. *Gruhle,* Verstehen und Einfühlen. Gesammelte Schriften. 1953.

In diesem Sinne fand *Langen*[13] bei 100 psychiatrischen Patienten, dass sich in 83 Fällen aufgrund des ersten Eindrucks zwischen organischer, neurotischer, psychopathischer und endogener Störung differenzieren ließ, und *Göppert* schreibt: „Gerade als Psychotherapeut erfährt man es immer wieder, wie ein erster flüchtiger Blick auf einen Menschen, der zur Tür hereinkommt, uns etwas vermittelt, was sich dann in der folgenden Unterhaltung verwischt. Erst später zeigt sich oft, dass man in jenem ersten Augenblick das Wesentliche an diesem Menschen erfaßt hatte, daß aber gerade dieses Wesentliche in der bewußten Auseinandersetzung mit ihm einem wieder entglitten ist“[14]. Zusammenfassend kommt *Avenarius* zu dem Schluss, dass in der diagnostischen Anfangssituation gegenüber dem späteren, vorwiegend objektivierend-naturwissenschaftlichen Vorgehen, „der geisteswissenschaftlichen Hermeneutik nahestehende, intuitiv-subjektive Methoden“[15] vorherrschen.

Schwartz und *Wiggins* werten die genannten beiden Charakteristika des diagnostischen Prozesses als Argumente dafür, dass die Anwendung von Kategorien und Kriterien eine basalere Fähigkeit zur unmittelbaren kommunikativen Objektwahrnehmung voraussetzt, die die Autoren *Typifikation* nennen. Sie schließen sich damit an *Husserl* an, der postulierte: „Die faktische Welt der Erfahrung ist typisiert erfahren“[16]. Begriffliches Erfassen erfordert nach seiner phänomenologischen Auffassung eine passive Vorkonstruktion des zu Erfassenden auf dem Boden einer zunächst unreflektierten Matrix, auf der Menschen – und somit auch Diagnostiker – ihre alltägliche Erfahrung einordnen. Typisierungen sind einerseits gerichtet auf die „individuellen Merkmale“ des aufgefassten konkreten realen Dings, andererseits leiten sie „uns auf den allgemeinen Begriff des Typus, in dem wir es auffassen“[17]. In dieser Zwitterstellung „erwächst, über den wirklichen und durch wirkliche Erfahrung gewonnenen jeweiligen Begriff hinausgehend, eine präsumtive Idee, die Idee eines Allgemeinen, zu welchem neben den schon gewonnenen Merkmalen noch ein unbestimmt offener Horizont unbekannter Merkmale (begrifflicher Bestimmungen) gehört ...“[18].

In seinen phänomenologisch-soziologischen Analysen zur Struktur des Alltagswissens greift *Alfred Schütz* später *Husserls* Typusbegriff auf unter Betonung sozialer und handlungstheoretischer Aspekte. Typisie-

---

13 Vgl. *Langen,* 1954, zit. n. *Avenarius;* Die diagnostische Anfangssituation. Über die Bedeutung des Verstehens in der initialen diagnostischen Situation, in: Nervenarzt 39, 1968, S. 51 ff.

14 *Göppert,* 1950, zit. n. *Avenarius* (FN 13), S. 55.

15 *Avenarius* (FN 13), S. 56.

16 *Husserl*, Erfahrung und Urteil, 1948, S. 398.

17 Ebd., S. 399.

18 Ebd., S. 401.

rungen sind seiner Sicht zufolge keineswegs allein durch innerpsychische Faktoren bedingt, vielmehr sind sie abhängig von situativen Momenten. Im Gegensatz zu Wahrnehmungsstereotypen geht es bei ihnen nicht um kognitive Akte, sondern um eine auf das jeweilige Objekt zentrierte vorbegriffliche soziale Beziehungsaufnahme: „Typifications operate below the level of explicit conceptualization, and they prestructure the experiential field within which such conceptualization can occur“[19]. Klinische Diagnosen – so *Schwartz* und *Wiggins* – schließen sich an derartige Typisierungen an.

II. Max Webers Idealtypenkonzept

Bereits *Jaspers* und *Gruhle* hatten erkannt, dass klinische Diagnosen, die stets das individuelle Ganze des konkreten Patienten berücksichtigen, als Typen aufzufassen sind. Beide stützen sich dabei auf den Idealtypusbegriff *Max Webers*, der damit Modellvorstellungen meint, die gewonnen werden, „durch einseitige Steigerung eines oder einiger Gesichtspunkte und durch Zusammenschluß einer Fülle von diffus und diskret, hier mehr, dort weniger, stellenweise gar nicht, vorhandenen Einzelerscheinungen, die sich jenen einseitig herausgehobenen Gesichtspunkten fügen, zu einem in sich einheitlichen Gedankenbilde“[20]. Idealtypen sind also erstens hypothesenähnliche Leitvorstellungen empirischer Forschung. Dabei ist oft missverstanden worden, dass *Weber* keineswegs die Auffassung vertritt, die Wirklichkeit solle nun einseitig – quasi durch die Brille eines bestimmten Vorurteils – wertend beurteilt werden. Für sein Konzept empirischer Sozialforschung gilt vielmehr: „Ob der empirisch-historische Verlauf der Entwicklung tatsächlich der konstruierte gewesen ist, wäre nun erst mit Hilfe dieser Konstruktion als heuristischem Mittel zu untersuchen im Wege der Vergleichung zwischen Idealtypus und ‚Tatsachen‘“[21]. Ideal konstruierte Typen können folglich ihren Wert als forschungsleitende Ideen vor allem dadurch erweisen, dass die Tatsachen ihnen nicht entsprechen. Sie haben zwar subjektive Sachverhalte zum Gegenstand und sind selbst abhängig von Fragestellungen und Perspektiven des Forschers, doch gleichwohl betrachtet es *Weber* als

---

19 *Schwartz/Wiggins* (FN 6, 1987a), S. 71; vgl. auch *Schütz*, Wissenschaftliche Interpretation und Alltagsverständnis menschlichen Handelns, in: ders., Gesammelte Aufsätze, Bd. 1, 1971 (zuerst 1953), S. 3 ff.; *ders.*, Typus und Eidos in Husserls Spätphilosophie, in: ders.: Gesammelte Aufsätze, Bd. 3, 1971 (zuerst 1959), S. 127 ff.; *Schwartz/Wiggins* (FN 6, 1987b).

20 *Weber*, Die „Objektivität“ sozialwissenschaftlicher und sozialpolitischer Erkenntnis, in: ders.: Gesammelte Aufsätze zur Wissenschaftslehre, 4. Aufl. 1973 (zuerst 1904), S. 191; vgl. auch *Jaspers* (FN 11); *Gruhle*, Verstehende Psychologie, 2. Aufl. 1956.

21 *Weber* (FN 20), S. 203.

„eine elementare Pflicht der wissenschaftlichen Selbstkontrolle und das einzige Mittel zur Verhütung von Erschleichungen, die logisch vergleichende Beziehung der Wirklichkeit auf Idealtypen im logischen Sinne von der wertenden Beurteilung der Wirklichkeit aus Idealen heraus scharf zu scheiden“[22].

Ein zweiter wesentlicher Aspekt des Idealtypenmodells ergibt sich aus seinem Bezug zu Subjektivität und Individualität. *Weber* zufolge ist der Idealtypus eine „gedankliche Konstruktion zur Messung und systematischen Charakterisierung von individuellen, d.h. in ihrer Einzigartigkeit bedeutsamen Zusammenhängen“[23]. Mit diesen Zusammenhängen sind soziale Ordnungen gemeint, die durch sinnhaftes menschliches Handeln konstituiert werden. Damit wird die implikative Verknüpfung des Idealtypenkonzeptes mit *Webers* Handlungstheorie deutlich. Im Gegensatz zum Konzept des Verhaltens, das menschliche Lebensäußerungen ohne Rücksicht auf mit ihnen einhergehende introspektive Prozesse als kausal-analytisch untersuchbare, auf bestimmte Reize als Ursache zu beziehende Reaktionen thematisiert[24], ist *Weber* zufolge von Handeln nur dann zu sprechen, „wenn und insofern als der oder die Handelnden mit ihm einen subjektiven Sinn verbinden“[25].

Ein anderes weitverbreitetes chronisches Missverständnis der *Weberschen* Handlungstheorie erklärt diese deshalb als ungeeignet für psychologische und psychodynamische Forschung, weil sie irrationalen und affektuellen Sinnzusammenhängen keinen adäquaten Platz einräume. Die herausragende Bedeutung, die *Weber* dem Idealtypus zweckrationalen Handelns des homo oeconomicus für die Entwicklung der modernen okzidentalen Gesellschaft und Kultur zuschrieb, führte bei zahlreichen Autoren[26] zu der Annahme, *Weber* erhebe diesen Typus zum alleinigen Maßstab des genetisch Verstehbaren. Übersehen wird dabei, dass *Weber*, gestützt auf das Studium der Schriften *Hellpachs* und *Freuds*, sich im Rahmen der Entwicklung seiner handlungstheoretischen Grundkategorien auch mit den Typen menschlicher Lebensäußerungen auseinandersetzte, die – eine spezifische Mittelstellung einnehmend – weder bewusst rationalen Motiven entspringende Handlungen darstellen, noch mit letzt-

---

22 Ebd., S. 200.

23 Ebd., S. 201.

24 Vgl. *Graumann*, Verhalten und Handeln – Probleme einer Unterscheidung, in: Schluchter (Hrsg.), Verhalten, Handeln und System, 1980, S. 16 ff.

25 *Weber*, Soziologische Grundbegriffe, in: ders., Gesammelte Aufsätze zur Wissenschaftslehre, 4. Aufl. 1973 (zuerst 1921), S. 541 ff.

26 Vgl. *Hahn*, Max Weber und die Historische Psychologie; In: Jüttemann, (Hrsg.), Wegbereiter der Historischen Psychologie, 1988, S. 115 ff.; *Gerhards*, Affektuelles Handeln. Der Stellenwert von Emotionen in der Soziologie Max Webers, in: Weiß (Hrsg.), Max Weber heute, 1989, S. 335 ff.

lich unverstehbaren Vorgängen des psychophysischen Apparates gleichzusetzen sind. Am Beispiel der Erklärung der Änderungen in der Leistungskurve von Arbeitern beschäftigte er sich in der Aufsatzfolge *Zur Psychophysik der industriellen Arbeit* mit Fällen, in denen Affekte und Stimmungen eine Änderung der Leistungskurve bewirken. Die verursachende Gefühlslage – so *Weber* – ist in diesen Fällen „introspektiv nachbildbar“[27]. Gemeint sind hier das Handeln motivierende affektbeladene psychische Vorgänge, die bewusstseinsfähig sind, ohne dass zugleich – insofern erscheinen sie irrational – der Hergang dieser Beeinflussung immer auch bewusst erlebt wird. Vorgänge dieser Art nennt *Weber* „psychologisch verständlich“[28].

Psychologisches Verstehen, das konnte an anderer Stelle[29] eingehender gezeigt werden, ist dabei für *Weber* im Unterschied zu *Dilthey* und *Jaspers* nicht mit Einfühlen gleichzusetzen, orientiert sich vielmehr an seinem Begriff von Soziologie als einer Wissenschaft, „welche soziales Handeln deutend verstehen und dadurch in seinem Ablauf und seinen Wirkungen ursächlich erklären will“[30]. Das heißt aber, dass *Weber* hier die begrifflichen Möglichkeiten eröffnet für eine in der Subjektivität des Individuums verankerte psychologische, psychopathologische und psychodynamische Verstehenslehre, die den Forschungsprozess versteht als schrittweise vorgehende rational kontrollierte Rekonstruktion subjektiver Sinnzusammenhänge bis hinein in nur partiell subjektiv Bewusstes, in dem gleichwohl „eine unbemerkte, (uneingestandene) relativ weitgehende Rationalität des scheinbar gänzlich zweckirrationalen Verhaltens“[31] waltet.

Der dritte wesentliche Aspekt des Idealtypenkonzeptes besteht darin, die zu untersuchenden Sinnzusammenhänge in ihren sozialen, historischen und kulturellen Bezügen zu thematisieren. Der Mensch wird als „historisches Individuum“ verstanden, eingebettet in den „Strom des unermeßlichen Geschehens“, in dem sich die Kulturprobleme, die die Menschen bewegen, „immer neu und anders gefärbt bilden“[32]. Die Erforschung historischer Wirklichkeit unterscheidet sich aber grundlegend

---

27 *Weber*, Zur Psychophysik der industriellen Arbeit, in: Schluchter/S. Frommer (Hrsg.), Max Weber-Gesamtausgabe. Bd. I/11, 1995 (zuerst 1908/09), S. 247.

28 Ebd.

29 Vgl. *J. Frommer/S. Frommer* (FN 11); *S. Frommer*, Bezüge zu experimenteller Psychologie, Psychiatrie und Psychopathologie in Max Webers methodologischen Schriften, in: Wagner/Zipprian, (Hrsg.), Max Webers Wissenschaftslehre, 1994, S. 239.

30 *Weber* (FN 25), S. 542.

31 *Weber*, Über einige Kategorien der verstehenden Soziologie, in: ders., Gesammelte Aufsätze zur Wissenschaftslehre, 4. Aufl. 1973 (zuerst 1913), S. 435.

32 *Weber* (FN 20), S. 184.

von naturwissenschaftlicher Forschung: „Die Beziehung der Wirklichkeit auf Wertideen, die ihr Bedeutung verleihen, und die Heraushebung und Ordnung der dadurch gefärbten Bestandteile des Wirklichen unter dem Gesichtspunkt ihrer Kulturbedeutung ist ein gänzlich heterogener und disparater Gesichtspunkt gegenüber der Analyse der Wirklichkeit auf Gesetze und ihrer Ordnung in generellen Begriffen. Beide Arten der denkenden Ordnung des Wirklichen haben keinerlei notwendige logische Beziehungen zueinander.“[33]

Dieser letztgenannte Aspekt des Idealtypenkonzeptes hat in jüngerer Zeit in der medizingeschichtlichen Forschung Bedeutung erlangt. Hier stellt *Labisch* beispielsweise die Frage, „wie der Leib des Menschen in modernen Gesellschaften zu einem besonderen Bereich des Denkens und Handelns wurde“[34]. Als Orientierung bei der Untersuchung dieser Entwicklung dienen die historisch entstandenen Idealtypen theoretisch-rationaler Deutung von Gesundheit als Leitlinie, um so die wechselseitige Abhängigkeit von Medizin und Gesellschaft zu erhellen. Auch für die Psychotherapieforschung ist dieser Aspekt des Idealtypenkonzeptes erkannt worden[35].

III. Idealtypenkonzept und Prototypentheorie als empirische Forschungsstrategien

Von medizin-soziologischer Seite hat sich in jüngerer Zeit vor allem *Uta Gerhardt* mit der empirischen Anwendung des Idealtypenkonzeptes beschäftigt. Ihrer Auffassung zufolge ist dieser Ansatz anderen qualitativen Untersuchungsverfahren, etwa der Objektiven Hermeneutik[36], der

---

33 Ebd., S. 176.

34 *Labisch*, Homo Hygienicus. Gesundheit und Medizin in der Neuzeit, 1992(a), S. 39; vgl. auch *ders.*, Max Weber – der Historiker? Max Weber – für Historiker?, in: Medizinhistorisches Journal 27, 1992(b), S. 156 ff.

35 Vgl. die Beiträge von *J. Frommer* und Mitarbeitern und von *Klotter*, in: Faller/J. Frommer (Hrsg.), Qualitative Psychotherapieforschung. Grundlagen und Methoden, 1994 sowie *J. Frommer*, Qualitative Diagnostikforschung, 1996; in jüngster Zeit findet das Idealtypenkonzept in diesem Feld auch international Resonanz: Vgl. *J. Frommer/Langenbach*, The psychoanalytic case study as a source of epistemic knowledge und *Stuhr/Wachholz*, In search for a psychoanalytic research strategy: The concept of ideal types, beide in: J. Frommer/Rennie, Qualitative psychotherapy research: Methods and methodology, 2001.

36 Vgl. *Oevermann/Allert/Konau/Krambeck*, Die Methodologie der objektiven Hermeneutik und ihre allgemeine forschungslogische Bedeutung in den Sozialwissenschaften, in: Soeffner (Hrsg.), Interpretative Verfahren in den Sozial- und Textwissenschaften, 1979, S. 352 ff.; vgl. kritisch hierzu *J. Frommer/Tress*, Wie kommt qualitative Psychotherapieforschung zu ihren Ergebnissen? Anmerkungen zum Bericht von I. Kühnlein über das Katamneseprojekt der Münchner Projektgruppe für Sozialforschung, in: Psychotherapie Psychosomatik Medizinische Psychologie 44, 1994, S. 172 ff.

Lebensweltanalyse[37] und der grounded theory[38] insofern überlegen, als *Weber* „nicht der Ansicht war, durch einen erkenntnistheoretischen Kunstgriff am Problem der Perspektivität und Relativität der Hypothesenkonstruktion und der Hypothesenprüfung vorbeisegeln zu können“[39]. In ihrer idealtypischen Analyse von Patientenkarrieren chronisch Nierenkranker geht diese Autorin von einem zweistufigen Forschungsprozess aus, der ein wertbeziehendes – im Gegensatz zum wertenden – Urteilen des Forschers ermöglicht: Der erste Schritt besteht in der Bildung des Idealtypus durch kontrastierende Benutzung von Fallwissen (Alltags- und/oder Wissenschaftseinsichten, Datenmaterial, das vorliegt oder erhoben wird); im zweiten Schritt wird dann der Idealtypus zur Fallerklärung verwandt, d.h. zum vergleichen Verstehen der zu untersuchenden Sinnphänomene. Versuchsweise werden so Idealtypen an der Realität geprüft, gegebenenfalls ausgeschieden und ersetzt oder modifiziert, bis eine hinsichtlich Reichhaltigkeit und Schlüssigkeit befriedigende Modellvorstellung gefunden ist.

Subjektive Momente auf seiten des Forschers gehen zwar unvermeidlich in die Idealtypenkonstruktion ein, zu fordern und zu realisieren ist aber, dass die Phase der Verifikation von Idealtypen an Einzelfällen in kontrollierten methodischen Schritten abläuft, die einer subjektiven Verzerrung korrigierend entgegenwirken. Dies kann vor allem dadurch erreicht werden, dass das komplexe Wechselspiel von in die Idealtypenbildung eingehenden Deutungen auf verschiedenen Ebenen (Deutungen im Narrativ des Interviewten, von diesem sich selbst oder anderen zugeschrieben; Deutungen des Interviewers; Deutungen des Auswerterteams) hinsichtlich seiner Einzelkomponenten beleuchtet und ausdifferenziert wird.

Neben dem *Weberschen* Idealtypenkonzept beschäftigen sich in der empirischen Diagnostikforschung einige Forscher mit einem verwandten Theorieansatz der von *Ludwig Wittgensteins* Konzept der Familienähnlichkeiten ausgeht. *Wittgensteins* Auffassung, dass die Grenzziehung zwischen Begriffen nicht primär formallogischen Gesichtspunkten folgt, sondern eher den je nach Situation variierenden Zwecken von Sprachhandlungen, impliziert, dass sich für Kategorien typische und weniger typische Fälle unterscheiden lassen: „Nur in normalen Fällen ist der Ge-

---

37 Vgl. *Schütz/Luckmann*, Strukturen der Lebenswelt, 2 Bde., 1979/84.

38 Vgl. *Strauss*, Grundlagen qualitativer Sozialforschung, 1991.

39 *Gerhardt*, Erzähldaten und Hypothesenkonstruktion (Überlegungen zum Gültigkeitsproblem in der biographischen Sozialforschung), in: KZSS 1989, 230 ff.; vgl. *dies.*, Idealtypische Analyse von Statusbiographien bei chronisch Kranken, in: dies. (Hrsg.), Gesellschaft und Gesundheit. Begründung der Medizinsoziologie, 1991, S. 9 ff.

brauch der Worte uns klar vorgezeichnet; ... Je abnormaler der Fall, desto zweifelhafter wird es, was wir nun hier sagen sollen"[40]. Innerhalb des empirischen Kognitivismus wurde diese Auffassung Ausgangspunkt der Prototypentheorie, deren zentrale These lautet, „daß Kategorisierung auf allen Strukturebenen natürlicher Sprachen bei prototypischen Fällen beginnt, die den Kern der Kategorien bilden, und daß Kategorien vom Prototyp ausgehend gemäß verschiedener, überwiegend metaphorischer Prinzipien erweitert werden"[41]. Anders als Merkmale garantieren Prototypen in der Perspektive einer kognitiven Ökonomie maximale Kontraste und sind zugleich Modelle, nach denen empirische Erscheinungen konzeptualisiert werden. Die Prototypentheorie erweist sich damit als eine auf qualitative Unterschiede zielende empirische Geisteswissenschaft, die sich in ihren Wurzeln grundsätzlich von formallogischen Theorieansätzen abgrenzt.

Dieser letztgenannte Aspekt scheint in der aktuellen Rezeption der Prototypentheorie in Psychiatrie und Psychotherapieforschung tendentiell verlorenzugehen. Hier wird Prototyp verstanden als „abstraction across judges"[42]. *Horowitz* und *Malle* schlagen als Definition vor, „first to describe a prototypical ideal, composed of the most frequent characteristics of members of the category, and then to specify the degree to which a particular instance approximates the ideal"[43]. Mit dieser quantitativen Operationalisierungsstrategie, die den Autoren zufolge vor allem den Ausschluß nicht eindeutig zuzuordnender Fälle und damit die Erhöhung der Interrater-Reliabilität zum Ziel hat, werden Prototypen von *Horowitz* und *Malle* in eins gesetzt mit mathematischen „fuzzy concepts".

Zu der gegenwärtigen Ambiguität des Prototypenkonzeptes zwischen metaphernanalytisch geschulter qualitativ-empirischer Geisteswissen-

---

40 *Wittgenstein,* Logische Untersuchungen, 1980, S. 92.

41 *Streeck,* Sprachanalyse als empirische Geisteswissenschaft. Von der „philosophy of mind" zur „kognitiven Linguistik", in: Flick u. a. (FN 2), S. 95; vgl. auch *Mervis/Rosch,* Categorization of natural objects, in: Annual Revue of Psychology 32, 1981, S. 89 ff.

42 *Horowitz/Malle,* Fuzzy concepts in psychotherapy research, in: Psychotherapy Research 3, 1993, S. 140; vgl. auch *Frances,* Categorical and dimensional systems of personality diagnosis: A Comparison, in: Comprehensive Psychiatry, 23, 1982, S. 516 ff.; *Horowitz/Post/French/Wallis/Siegelman,* The prototype as a construct in abnormal psychology: 2. Claryfying disagreement in psychiatric judgement, in: Journal of Abnormal Psychology, 90, 1981(a), S. 575 ff.; *Horowitz/Wright/Lowenstein/Parad,* The prototype as a construct in abnormal psychology: A method for deriving prototypes, in: Journal of Abnormal Psychology, 90, 1981(b), S. 568 ff.; *Livesley,* Trait and behavioral prototypes of personality disorders, in: American Journal of Psychiatry, 143, 1986, S. 728 ff.; *Mezzich,* An empirical prototypical approach to the definition of psychiatric illness, in: British Journal of Psychiatry, 154 (Suppl.), 1989, S. 42 ff.

43 *Horowitz/Malle* (FN 42), S. 131.

schaft einerseits und modernen mathematischen Zuordungsprozeduren andererseits tritt ein grundsätzliches Problem: Letzter Bezugspunkt für *Wittgensteins* philosophische Untersuchungen war in endgültiger Weise die Normalsprache: „Die Bedeutung des Wortes ist das, was die Erklärung der Bedeutung erklärt"[44]. Damit ist gemeint, dass sprachliche Ausdrücke nicht im Rekurs auf innersubjektive Vorstellungen erklärt werden, sondern in der Erläuterung der Verwendungsregel, nach der der sprachliche Ausdruck in der intersubjektiven Verständigung funktioniert[45]. Sowohl der innersubjektive Erfahrungszusammenhang, als auch der intersubjektive gesellschaftliche und kulturelle Hintergrund menschlicher Existenz sind in dieser Gegenstandsbestimmung zwar angesprochen, jedoch in einer auf die Klärung der Verwendungsregeln von Begriffen reduzierten Form. Diese Verkürzung ist von verschiedenen Seiten kritisiert worden. So unterschiedliche Richtungen wie die moderne soziologische Systemtheorie auf der einen und phänomenologisch-philosophische Ansätze auf der anderen Seite gehen davon aus, dass nicht zu sehen ist, wie die „Sprachtheorie den Sinnbegriff ausreichend klären könnte, da sie ihn in all ihren Grundbegriffen ... immer schon voraussetzt"[46], d.h. dass Sprache nicht nur auf kognitiven Grundlagen fußt, sondern auch die klassischen Topoi bewusstseins- und selbstbewusstseinstheoretischer Ansätze zu gewärtigen hat[47]. Es wundert daher nicht, wenn etwa der Phänomenologe und Sprachforscher *Elmar Holenstein* die Auffassung vertritt, dass es bei der Aufklärung der prototypischen Struktur menschlicher Erfahrung sinnvoller wäre, an die phänomenologischen Wahrnehmungsanalysen von *Carl Stumpf*, *Edmund Husserl* und *Maurice Merleau-Ponty* anzuschließen als an *Wittgensteins* Familienähnlichkeits-Idee.[48]

IV. Idealtypenkonzept und qualitative Urteilsforschung

Die genannten Argumente lassen m.E. den Schluss zu, dass sich die Handlungstheorie und das Idealtypenkonzept *Max Webers* besser als allgemeine Rahmentheorie praxeologischer Urteilsforschung eignen als das Prototypenkonzept. Für die Erforschung von Prozessen der Urteilsbil-

---

44 *Wittgenstein* (FN 40), S. 236.

45 Vgl. *Tugendhat,* Vorlesungen zur Einführung in die sprachanalytische Philosophie, 1976, S. 188 f.

46 *Luhmann,* Sinn als Grundbegriff der Soziologie, in: Habermas/Luhmann, (Hrsg.), Theorie der Gesellschaft oder Sozialtechnologie, 1971, S. 71.

47 Vgl. *Tugendhat,* Selbstbewußtsein und Selbstbestimmung. Sprachanalytische Interpretationen, 1979; *Henrich,* Selbstverhältnisse, 1982.

48 Vgl. *Holenstein,* Prototypische Erfahrung, in: ders., Von der Hintergehbarkeit der Sprache, 1980, S. 71 ff.

dung kommt – hier kehren wir zum Ausgangspunkt unserer methodologischen Überlegungen zurück – der Bildung von Idealtypen in zweierlei Hinsicht besondere Bedeutung bei: Erstens lassen sich die vom Praktiker im Anschluss an inhaltlich vage und inexplizite Typisierungen zur Anwendung gebrachten bewußten Ordnungssschemata als Idealtypen verstehen: „On the basis of their preconceptual seeing, physicians are then able to conceptualize these different sorts of disorder. The ideal types that provide the explicit categories of nosology thus presuppose these more fundamental psychiatric skills for identifying mental distress."[49] Zweitens bedient sich auch der diesen Prozess untersuchende Forscher idealtypischer Konstrukte.

Der zweite der beiden genannten Aspekte hat uns im zurückliegenden Jahrzehnt in der Absicht der Begründung eines Forschungsprogramms für die psychotherapeutische Diagnostikforschung beschäftigt. Resümierend war Anfang der neunziger Jahre festzustellen, dass sich die Diagnostikforschung in Psychiatrie, Psychotherapie und Psychosomatik ganz überwiegend mit Problemen der Implementation der neuen Klassifikationsschemata beschäftigte. Da eine Validierung, etwa durch biologische Korrelate oder Verlaufsparameter, bei Persönlichkeitsstörungen und Neurosen noch unsicherer erscheint als bei den psychiatrischen Kernsyndromen, konzentrierte sich das Interesse auf die Reliabilität, d.h. auf die Überprüfung der Ergebnisse verschiedener Diagnostiker bei der Beurteilung ein und desselben Materials. In den meisten Studien wurde überprüft, ob der Praktiker die Operationalisierungskriterien „richtig", d.h. übereinstimmend mit der Mehrzahl anderer Praktiker zur Anwendung bringt. Die eingangs diskutierte Frage, ob diese Rollenzuweisung des Praktikers als bloßem „Anwender" wissenschaftlicher Erkenntnis nicht zu kurz greife hinsichtlich seiner durch Ausbildung und Erfahrung gewonnenen klinisch-diagnostischen Kompetenz, blieb unberücksichtigt. Sie einzubeziehen, und somit einen Beitrag zu leisten, zur „Transformierung eines in Generationen angesammelten Erfahrungswissens in ein empirisch belegbares und nachprüfbares Faktenwissen"[50] war Aufgabe einer auf den Diagnoseprozess selbst bezogenen Diagnostikforschung. Da sie, wie gezeigt wurde, nicht nur die Klassenzuordnung von Objekten anhand von operational definierter Merkmalskonstellationen zum Gegenstand hat, sondern vor allem den Prozess der Typisierung und idealtypischen Erfassung individueller Personen, handelt es sich in erster Linie um *qualitative Diagnostikforschung*[51].

---

49 *Schwartz/Wiggins* (FN 6, 1987b), S. 282.

50 *Janzarik,* Geschichte und Problematik des Schizophreniebegriffes, in: Nervenarzt, 57, 1986, S. 681 ff.

51 Vgl. *Frommer* (FN 35, 1996).

Diese These impliziert, dass das *Webersche* Idealtypenkonzept nicht nur als begriffliches Modell zur Beschreibung der vom Kliniker verwandten Typologien herangezogen werden kann, sondern auch als Methode der Erforschung der impliziten Determinanten dieses Prozesses aus der neutralen Warte des teilnehmend-beobachtenden Forschers. Der Unterschied beider Perspektiven liegt vor allem darin, dass der Praktiker Typisierungen und idealtypische Zuordnungen unter dem Gesichtspunkt seiner erlernten schulenabhängigen „Wertorientierungen" vornimmt, ohne seine erkenntnisleitenden Überzeugungen zugleich kritisch zu hinterfragen, während sich der Forscher kritisch für das fundamentum in re interessiert und so zugleich prüft, ob dem diagnostischen Urteil nicht auch andere als die vom Praktiker angenommenen Determinanten zugrunde liegen.

Eine am Idealtypenkonzept orientierte qualitative Urteilsforschung kommt dieser Aufgabe auf dreierlei Weise nach: Erstens durch empirische Forschung; zweitens durch die Beschäftigung mit der Subjekthaftigkeit der zu beforschenden Individuen und drittens durch die Einbeziehung des sozialen und kulturhistorischen Kontextes. Alle drei Aspekte sind eng miteinander verflochten.

Ad (1): Im Anschluss an die neukantianische Position *Windelbands* geht *Weber* von einem weiten Empiriebegriff aus. Sowohl nomothetische als auch idiographische Ansätze sind im Sinne eines methodologischen Dualismus zu berücksichtigen[52]. In ihrer Forschungslogik folgen beide Bereiche unterschiedlichen Regeln, zu prüfen ist aber auch, an welchen Punkten zwischen beiden Erkenntniswegen Adäquanzverhältnisse[53] auftauchen. Für die Anwendung des Idealtypenkonzeptes in der Urteilsforschung ergeben sich *Schwartz* und *Wiggins*[54] zufolge aus diesen Prämissen folgende Fragen: (1) Erscheint eine idealtypische Beschreibung auf deskriptiver (a) oder theoretischer (b) Ebene angezeigt? (2) Lassen sich hier invariante (a) Konstituenten des Gegenstandsbereichs von mehr variablen (b) Eigenschaften unterscheiden? (3) Welche Eigenschaften lassen sich nur qualitativ (a) beschreiben und welche sind einer quantitativen (b) Beschreibung zugänglich? (4) Welche sind die zentralen Eigenschaften, worin besteht ihr innerer Sinnzusammenhang?

Ad (2): *Webers* Idealtypenkonzept bezieht sich zum einen auf subjektiv gemeinten Sinn, zum anderen auf sozial eingebundenes Handeln menschlicher Individuen. Damit ist der Kern der Persönlichkeit im Sinne des Zentralbereiches psychischer Steuerung zum Forschungsgegenstand er-

---

52 Vgl. *Weber* (FN 31).

53 Vgl. *Weber* (FN 27).

54 Vgl. *Schwartz/Wiggins* (FN 6, 1987b).

klärt. Zugleich wird dieser Gegenstand nicht monadologisch als abgekapseltes Einzelwesen verstanden, sondern in enger intersubjektiver Verflechtung und in seinen Bezügen einerseits zum basalen Affektleben, andererseits zu überindividuellen Norm- und Werthaltungen[55].

Ad (3): Der dritte Aspekt, die Historizität und kulturelle Einbindung idealtypischer Konzepte, bedeutet für die Urteilsforschung, dass weder das reine Interesse an der Implementierung von Normen ihre Operationalisierung am Anfang des Forschungsprozesses steht noch ein rein induktives, empirisch-qualitatives Vorgehen. Vielmehr hat dieser Prozess mit einer kritischen Sichtung der praxisrelevanten Konzepte, deren sich der Praktiker bei seiner Urteilsbildung bedient, zu beginnen. Im Bereich meines Forschungsinteresses hat sich dabei gezeigt, dass es sich hierbei nicht um einheitliche theoretische Konstrukte handelt, sondern um historisch gewachsene Konglomerate zum Teil einander widersprechender Annahmen, die – verschiedenen Epochen der Problemgeschichte entstammend – jeweils nur Teilaspekte des Gegenstandsbereichs erfassen, oder, theorieabhängig unter einem Begriff sogar völlig unterschiedliche Typologien bezeichnet werden.

Aufgabe einer auf das Idealtypenkonzept gestützten Urteilsforschung ist es, diese drei Ebenen zueinander in Beziehung zu setzen. Die historisch gewachsenen, vom Praktiker zur Anwendung gebrachten normativen Konzepte, d.h. im juristischen Kontext bspw. die vorliegenden Gesetze, Verordnungen und Vorschriften, sind auf eine sie validierende empirische Basis zu beziehen und hinsichtlich des Zusammenhangs zwischen den von ihnen zu regelnden sozialen Sachverhalten zu beleuchten. Aufgrund der Unstimmigkeiten und Heterogenitäten dieser Konzepte darf sich die empirische Prüfung dabei nicht auf erkenntnissichernde hypothesentestende Untersuchungsschritte beschränken, sondern muss auch durch erkenntniserweiternde qualitativ-induktive Schritte klären, welche – auch impliziten und von der Praktikererfahrung vernachlässigten – Determinanten die tatsächlich ablaufenden Entscheidungsprozesse prägen. Ziel dieses Unternehmens könnte es dann sein, durch Vergleich zwischen normativer Setzung und faktischem Ablauf zu theoretisch homogeneren, hinsichtlich Reichhaltigkeit und Schlüssigkeit befriedigenderen idealtypischen Modellbildungen in Bezug auf die zu regelnden sozialen Sachverhalte zu gelangen.

---

55 Vgl. *Weber* (FN 25).

RECHTSTHEORIE 32 (2001), S. 289–304
Duncker & Humblot, 12165 Berlin

RECHTSPRAXIS UND HABITUS

Von Martin Morlok, Hagen, und Ralf Kölbel, Jena

I. Soziologie in der Methodenlehre?

Juristische Methodenlehren strukturieren und steuern die Vorgänge beim praktischen rechtlichen Entscheiden. So lautet jedenfalls ihr Anspruch. Sie werden scheitern, wenn sie an diesem Vorhaben unreflektiert festhalten. Benennt man die einzelnen anleitungsbedürftigen Arbeitsschritte der Rechtsgewinnung und gliedert sie möglichst voraussetzungslos, trifft man auf die bekannte Sequenz von Rechtsnorminterpretation – Sachverhaltsrekonstruktion/-subsumtion – Entscheidungsbegründung. Diese Elemente mögen zwar verschieden formalisiert und normativiert werden, doch stets bleiben die „dafür erforderlichen ‚Übersetzungsschritte', genauer: die spezifischen Handlungsformationen, die diesen ‚Dreiklang' praktisch erst ermöglichen, (...) im Rahmen der rechtswissenschaftlichen Theoriebildung und Methodenlehre, für die jene ein stets virulentes Problem darstellen, weitgehend implizit".[1] Das oft notierte Praktikabilitätsmanko der Methodenlehre hat auch darin seine Gründe. Die handlungslogischen Strukturen sichtbar zu machen, verspricht den Juristen nun eine neuere Variante der soziologischen Professionstheorie[2]. Dabei zeigt die Rekonstruktion ihrer Konzepte, dass sie in ihren rechtstheoretischen Dimensionen zwar bekannte Begriffe oft nur reformuliert, tatsächlich aber die etablierten Sichtweisen in spezifischer Weise akzentuiert und über unhintergehbare Bedingungen in der Praxis juristischen Entscheidens aufklärt. Auf professionssoziologischer Grundlage erscheint der Bruch zwischen Rechtsmethodik (Theorie) und Rechtspraxis als unvermeidlich[3].

---

1 *D. Eidmann,* Schlichtung, 1994, S. 21.

2 Diese „revidierte Professionalisierungstheorie" beruht wesentlich auf Arbeiten von *U. Oevermann* (zu ihrer Verortung innerhalb der herkömmlichen, etwa von *K. Macdonald,* The sociology of the professions, 1995, repräsentierten, professionssoziologischen Modelle vgl. *K.-O. Maiwald,* Die Herstellung von Recht, 1997, S. 12 ff., 39 ff.); für eine komprimierte Zusammenfassung der verstreuten und zum Teil unveröffentlichten Texte vgl. *U. Oevermann* Theoretische Skizze einer revidierten Theorie professionalisierten Handelns, in: A. Combe/W. Helsper (Hrsg.), Pädagogische Professionalität, 1996, S. 70 ff.

3 Der eventuelle Bruch zwischen Methodenlehre und rechtswissenschaftlicher „Auslegungspraxis" bleibt hier unberücksichtigt. Im Übrigen impliziert die Frage-

II. Allgemeinere Aussagen der sog. revidierten Professionalisierungstheorie

Mit der angesprochenen soziologischen Konzeption wird versucht, professionalisiertes Handeln von anderweitigen Berufstätigkeiten durch die Offenlegung des spezifischen strukturellen Handlungsproblems abzuschichten. Professionen sind nach diesem Konzept jene Berufe, die in Krisenlagen involviert werden und dabei routinisiert die Bedingungen lebenspraktischer Autonomie wieder herstellen. Dabei müssen sie unter Berufung auf universale (abstrakte, methodische, formale) Kriterien vorgehen, konkrete Krisenbewältigung also mit der Sphäre universellen Wissens vermitteln. Während der (ingeneurale) Experte sein Fachwissen direkt umsetzen und rein technisch anwenden kann, weil sich die jeweiligen Betätigungsanforderungen, d.h. die situativen Umstände und die fraglichen Zielvorgaben vollständig in den terms seines Fachwissens ausdrücken lassen, reichen die Anforderungen an professionalisiertes Handeln weiter. Hier ist das zu lösende Problem sinnhafter Art und gebunden an individuelle Personen mit konkreten Umfeldern und Biographien. Die allgemeinen Geltungskriterien des Fachwissens bilden demnach nur ein Teilelement professionalisierten Handelns, dessen Gegenstandsbereich zugleich über Subjektcharakter verfügt und als ein sinnstrukturiertes Gebilde nicht technisch zu bearbeiten ist, sondern hermeneutisch erschlossen werden muss[4].

Die handlungslogische Spannung zwischen universellem Wissen und konkreter Lebenspraxis bildet sich bei klientenbezogenen Professionen idealtypisch ab. Das hier zu bewältigende lebenspraktische Problem besteht in verschiedenen Formen individueller Hilflosigkeit, deren professionelle „Heilung die Wiederherstellung der personalen Handlungsautonomie sichern soll"[5]. Dass dabei die Anwendung entsprechenden Experten-Wissens ein vorheriges rekonstruktives Fallverstehen voraussetzt,

---

stellung ein Verständnis der Methodenlehre, wonach diese ganz wesentlich darauf abzielt, praktizierbare Handhabungen in normativer Weise anzubieten (etwas andere Färbung bei *A. Bora* in diesem Heft). Das muss die Methodenlehre zu der Frage an eine Außenperspektive veranlassen, ob ihr das Vorhaben auch gelingt. Die Kritik von *N. Luhmann* (Organisation und Entscheidung, 2000, S. 473 f.) daran, dass sich Theorie auf ihre Praxisrelevanz hin prüft, zielt dagegen auf eine solche Theorie der Außenperspektive, der es *nur* um Beobachtung (und *nicht* um Anleitung) geht. Für diese Theorie trifft es allerdings zu, dass sie sich mit der Frage nach ihrer eigenen praktischen Berücksichtigung selbst zum Beobachtungsgegenstand macht und solche Beobachtungen nicht mehr objektivieren kann.

4 Vgl. *U. Oevermann,* Die Methode der Fallrekonstruktion in der Grundlagenforschung sowie der klinischen und pädagogischen Praxis, in: K. Kraimer (Hrsg.), Die Fallrekonstruktion, 2000, S. 153.

5 *T. Roethe,* Strukturprinzipien professionalisierten anwaltlichen Handelns, 1994, S. 14.

wird etwa bei der psychotherapeutischen Tätigkeit sichtbar. Dort hat man es mit einem psychosozial manifestierten Problemgefüge zu tun, dessen Verknüpfung mit individuellen Sinnkonfigurationen und biografischen Rückbindungen innerhalb eines situativen „Arbeitsbündnisses" mit dem Patienten „szenisch verstanden" werden muss[6]. Trotz des abweichenden und wohl auch wirkkräftigeren institutionellen Kontextes liegt ein solches Modell nun auch für advokatorisches Handelns nahe. Der Rechtsanwalt wird danach eingeschaltet, wenn Konflikte innerhalb des sozialen Bezugssystems die autonome Gestaltung der Lebenspraxis derart gravierend stören, dass sie nicht mehr selbsttätig zu bewältigen sind. Dem Juristen ist damit die Aufgabe übertragen, stellvertretend für den Klienten das betreffende Problem zu deuten und aufzuheben. Im Unterschied zu „naturwüchsigen" Konfliktschlichtungen müssen die anwaltlichen Lösungen aber nach dem wissenschaftlichen Kanon material und formal begründungsfähig sein, so dass hier auch das juristische Spezialwissen zum Zuge kommt. Allerdings genügt es nicht, über eine Sinnrekonstruktion von Rechtsregeln die bestehenden Lösungen abzurufen (selbst wenn dies gelänge). Der Anwalt muss vielmehr die Individualgestalten der Konflikte und die lebenspraktisch geeigneten Lösungsvarianten entschlüsseln, indem er sich in die soziale Situierung des Problems und seine individuelle Entwicklung eindenkt, sie hermeneutisch aus Sicht des betreffenden Mandanten rekonstruiert. Das verlangt Alltags- ebenso wie Fachwissen, um das „Problem einer einzelfalladäquaten und gleichzeitig wissenschaftsadäquaten Lösung zuzuführen"[7].

Freilich ist das advokatorisch-therapeutische Moment bei anderen justiziellen Tätigkeiten eher fiktionaler Art. Ohnehin gilt die Fokussierung auf den Klientenbezug als zu „konkretistisch", um den maßgeblichen Zugang zum handlungsstrukturellen Problem juristischer Professionen abbilden zu können. Statt auf Autonomiestörungen des Klienten verweist man vielmehr auf eine Krise der geltenden normativen Ordnung, die sowohl in einer faktischen Kritik gesellschaftlicher Normen gesehen wird, wie sie in einer regelverletzenden Handlung liegt und der Restitu-

---

6 Vgl. dazu *U. Oevermann,* Die objektive Hermeneutik als unverzichtbare methodologische Grundlage für eine Analyse von Subjektivität, in: T. Jung/ S. Müller-Dohm (Hrsg.): „Wirklichkeit" im Deutungsprozeß, 1993, S. 106 ff.; *ders.* (FN 2), S. 109 ff.; letztlich entsprechen jene diagnostischen Anteile am professionalisierten Handeln einer berufspraktisch abgekürzten Variante der objektiv-hermeneutischen Fallrekonstruktion (vgl. *ders.* (FN 4), S. 58 f., 151 ff.; zum Verfahren der Objektiven Hermeneutik a. a. O., passim).

7 *Eidmann* (FN 1), S. 27; zu dieser Variante der Oevermann-Rezeption insb. *Roethe* (FN 5), S. 13 ff.; vgl. auch *B. Caesar-Wolf,* Die anwaltliche Scheidungsberatung als stellvertretende Konsensrestitution, in: ZfRSoz 1987, S. 167 ff.; zum fachlichen und alltäglichen Wissen des Richters auch *H. A. Hesse,* Experte, Laie, Dilettant, 1998, S. 54 ff.).

tion durch Strafe bedarf, als auch in Strittigkeiten innerhalb kontraktueller Beziehungen, die eine Klärung des konkret geltenden Rechts benötigen[8]. Kann die in Frage gestellte Rechtsgeltung in diesen Fällen nicht ohne Einschaltung einer Schiedsinstanz gesichert werden, gehen die Beteiligten über zu einer formalen krisenbewältigenden Prozedur.

Aber auch in dieser Perspektive ist das rechtliche Verfahren keine Veranstaltung allein formaler Rationalität, die Urteile nach dem konditionalen Programm universaler Vorschriften fällt[9]. Das Verfahren zielt vielmehr ab auf eine dialektische Vermittlung von materialer und formaler Dimension. Ebenso wie sich die gelungene Entscheidung in methodisch kontrollierter Weise auf universale Kriterien beruft, hat sie es mit einem Konflikt in all seiner Individualität zu tun. Insofern muss sie auch auf die Sachgerechtigkeit des konkret entschiedenen Einzelfalls abzielen und dem in der Lebenspraxis fallunmittelbar geltenden Konsens (materiale Rationalität) entsprechen. Das bedeutet nicht, dass die Entscheidung beiden Anforderungen stets zugleich genügen kann. Es bezeichnet vielmehr das Spannungsverhältnis, das handlungslogisch auszutragen ist und zu einer Uneindeutigkeit, Strittigkeit, Offenheit der rechtspflegerischen Entscheidung beiträgt[10]. Die konkreten Handlungsprobleme müssen gerade unter diesen Widersprüchen bewältigt werden, denn würde einer der Pole beseitigt, wäre damit auch die Spezifik des rechtspflegerischen Handelns aufgelöst[11]. Eine solche Entscheidungstätigkeit bewältigt der professionalisierte Richter nur durch beides: fachliches wie alltägliches Wissen.

---

[8] So zum Strafrecht *A. Wernet,* Professioneller Habitus im Recht, 1997, S. 275 ff.; zum Zivilrecht *Maiwald* (FN 2), S. 82 ff.

[9] Das konditionale Modell beschränkt *A. Wernet* (FN 8, S. 103 f.) in Auseinandersetzung mit *N. Luhmann* (Legitimation durch Verfahren, 4. Aufl. 1997, S. 129 ff.) auf die Verwaltungsentscheidung, bei der die konkreten Fälle nicht herausgelöst wären aus der Gesamtheit durchschnittlicher Fälle, weshalb sich das Problem der durch materielle Rationalität herzustellenden fallspezifischen Sachgerechtigkeit nicht stelle. Tatsächlich dürfte es sich hier aber nur um graduelle Unterschiede zur gerichtlichen Entscheidung handeln.

[10] Vgl. *A. Wernet* (FN 8, S. 102 ff.), der damit die rechtspflegerische Gesamthandlung des justiziellen Verfahrens bezeichnet, mit der sich bei einer Differenzierung nach Prozessrollen die richterliche Tätigkeit decke (während er die Anforderungsstruktur staatsanwaltschaftlichen Handelns mehr zur materialen Rationalität verschiebt und die des advokatorischen Handelns hin zur formalen Rationalität).

[11] Vgl. *K.-O. Maiwald* (FN 2), S. 52. Ein einseitig lebensweltliches Handeln würde zur naturwüchsigen Konfliktschlichtung, einseitiges Normapplizieren zur Verwaltungsroutine.

III. Empirische Befunde zu richterlichen Handlungsanforderungen

Bezeichnet ist damit jenes Spannungsverhältnis, das die spezifische rechtspflegerische Handlungsstruktur kennzeichnet. Danach, um es zusammenzufassen, obliegt es dem professionalisierten Juristen, eine widersprüchliche Einheit zwischen hermeneutischer Rekonstruktion und Subsumtionslogik, zwischen begründungsfreier Entscheidung und wissenschaftlicher Begründung herzustellen. Für die richterliche Tätigkeit, hier als repräsentativ herausgegriffen, lässt sich dies durch eine Reihe empirischer Befunde illustrieren, die – obwohl sie aus anderen soziologischen Forschungshintergründen herrühren – die skizzierten Thesen bestätigen[12]. Der formal-rationale Pol rechtspflegerischen Handelns kommt zunächst in der wissenschaftlichen Begründungsweise zum Ausdruck, über die das richterliche Entscheiden legitimiert werden muss. Folglich lassen sich in den Urteilstexten immer wieder solche Elemente nachweisen, mit denen das juristische Fachwissen und die rechtliche Kohärenz des vorherigen Handelns demonstriert wird. Das zeigt sich an spezifischen Argumentformen, an Verweisungen auf Normen, Schrifttum und Judikatur, aber auch an einer Art der Sachverhaltsschilderung, mit der die tatsächliche Konfliktlage zu den rechtlichen Begriffen hin stilisiert wird[13]. Solche Entscheidungsbegründungen stehen allerdings gegenüber ihrer Herstellung in einem eigenständigen Kontext und folgen den dortigen Erwartungen; eine umfassende Wiedergabe der Urteilsbildung wird nicht beabsichtigt. Die Entscheidung muss aber zumindest den Rahmen des Darstellbaren antizipieren und kann sich von der Rechtsbindung nicht vollkommen ablösen[14]. Diese formal-rationale Orientierung wird in

12 Nachfolgend verweisen wir auf ausgewählte Studien. Umfangreichere Nachweise finden sich bei *J. Schmid,* Richterliches Entscheidungsverhalten, Theorien und Befunde, in: dies./T. Drosdeck/D. Koch (Hrsg.), Der Rechtsfall – ein richterliches Konstrukt, S. 57 ff.; *M. Morlok/R. Kölbel/A. Launhard,* Recht als soziale Praxis, in: Rechtstheorie 2000, S. 36 ff.; *M. Morlok/R. Kölbel,* Zur Herstellung von Recht, in: ZfRSoz 2000, S. 387 ff.; *M. Morlok,* Recht als soziale Praxis. DFG-Antrag, Hagen 1999, S. 6 ff.

13 Dazu *A. Kaufmann/J. Schneider/U. Neumann,* Argumentationstheoretische Aspekte höchstrichterlicher Rechtsprechungsänderungen, Ms. München 1980; *T. Drosdeck,* Die herrschende Meinung, 1989; *J. Rehberg,* Mündliche Schriftlichkeit, in: L. Hoffmann (Hrsg.), Rechtsdiskurse, 1989, S. 251 ff.; *T.-M. Seibert,* Zeichen, Prozesse, 1996.

14 Zu Herstellung und Darstellung vgl. *R. Lautmann,* Justiz – die stille Gewalt, 1972, S. 175 ff.; *R. Hassemer,* Einige Ergebnisse zum Unterschied zwischen der Herstellung und der Darstellung richterlicher Sanktionsentscheidungen, in: MSchrKrim 1983, S. 26 ff.; *S. Wolff/H. Müller,* Kompetente Skepsis, 1997. Mit den Wechselwirkungen beider Ebenen korrespondierend wird die Verbindung von Fallverstehen und Recht von der Professionssoziologie auch nicht als eine allein retrospektive Rechtsbegründung gedacht, sondern als rechtsbeeinflusstes Problemlösen

jenen Studien fassbar, die signifikante Kollisionen der richterlichen Problemsicht mit den alltagsweltlichen Falldeutungen beschreiben. Gerade im Unverständnis der juristischen Laien zeigt sich, dass die sprachliche Behandlungsweise gerichtlicher Fälle und die thematische Selektion der jeweils relevanten Tatsachen gesetzesbezogen den Vorgaben formaler Rationalität folgen[15]. Andere Untersuchungen dokumentieren die richterliche Normorientierung durch die Beschreibung von Entscheidungsprozessen, in denen sich die Akteure besonders an Lösungsvorschlägen orientieren, die ähnliche Sachlagen präjudizieren[16]. Die Anbindung an das juristische Fachwissen ist also in der richterlichen Tätigkeit auf allen Ebenen präsent.

Gleichzeitig geben zahlreiche Studien wieder, in welchem erheblichen Umfang auch außerjuristische Rationalitäten in gerichtlichen Entscheidungen zur Geltung gelangen. Das betrifft in einem fundamentalen Sinne bereits den Umstand, dass sich der Richter wie in jeder Interaktionsbeziehung in eine andere Person und in einen ihm fremden Vorgang eindenken, ihn in seiner Sinngestalt nachvollziehen muss. Dies wird noch deutlicher, betrachtet man die verschiedenen Rekonstruktionsmethoden, derer er sich bei der Sachverhaltsbildung bedient. Was von ihm beispielsweise in den Vernehmungen der Parteien und Zeugen abverlangt wird, ist eine Hermeneutik der Interaktion, über die es sowohl den expliziten Bedeutungskern der jeweiligen Äußerungen als auch die gleichzeitig vermittelten, glaubwürdigkeitsrelevanten Nebeneindrücke zu deuten gilt[17]. Mittels allgemeiner, unterschiedlich bewusster Verstehensprozeduren und auf Grundlage persönlicher oder sozial-geteilter Erfahrungen werden die jeweiligen Angaben als sinnhaft erfasst und auf Stimmigkeit oder Plausibilität geprüft. Insofern demonstriert eine umfangreiche (und im einzelnen disparate) Forschung zu Alltagstheorien und Interpretationsschemata, welche konventionellen Deutungsmuster die Sachverhaltsarbeit prägen. Sie bestimmen, wem und was man glaubt, wie Informationslücken geschlossen und Mehrdeutigkeiten verstanden werden[18].

(vgl. *K.-O. Maiwald,* FN 2, S. 77 ff.). Bei der Entscheidungsherstellung geht es gerade darum, durch Rekonstruktion und Subsumtion den Fall auch normbezogen zu erklären (vgl. *U. Oevermann,* FN 2, S. 126 f.).

15 Etwa *T.-M. Seibert,* Aktenanalysen, 1981; *J. Rehberg* (FN 13); *J. Conley/W. O'Barr,* Rules versus relationships 1990; *J. Schmid* (FN 12).

16 Zur „herrschenden Meinung" vgl. *R. Lautmann* (FN 14), S. 95 ff.; *T. Drosdeck* (FN 13).

17 Vgl. *B. Caesar-Wolff/L. Breunung,* Zur Analyse von verbalen Interaktionsprozessen im gerichtlichen Verfahren am Beispiel einer Zeugenvernehmung, in: K. Ermert (Hrsg.), Sprache und Recht. Loccumer Protokolle 1980, S. 17 ff.; *R. Stichweh,* Zur Subjektivierung der Entscheidungsfindung im deutschen Strafprozeß des 19. Jahrhunderts, in: A. Gouron/L. Mayali/A. Padoa Schioppa/D. Simon (Hrsg.), Subjektivierung des justiziellen Beweisverfahrens, 1994, S. 267 ff.

Bereits diese Handlungselemente illustrieren beispielhaft, in welchem Maße vom Richter alltagsweltliches Fallverstehen benötigt wird, und es wird hinreichend deutlich, dass eine an der Realität gewonnene Soziologie juristischen Handelns diese Kompetenzen als notwendige Fähigkeiten wahrnehmen muss. Dabei reichen solche beruflichen Anforderungen noch deutlich weiter. Beispielsweise müssen Richter sozial- und naturwissenschaftliche Rationalitäten insoweit erfassen und nachvollziehen, als ihnen gutachterliches Wissen als entscheidungsleitende Tatsache präsentiert wird[19], oder sie müssen einer bürokratischen Rationalität folgen und im Interesse einer alltagspraktischen Effektivität ihre jeweiligen Fälle als Teil einer Gesamtheit sehen, so dass Entscheidungsroutinen, die sich im Arbeitsablauf entwickeln, auf die individuellen Problemlösungen einwirken[20].

Entscheidungsrelevant werden diese nicht-juristischen Rationalitäten allerdings nicht als solche, sondern meist fallweise konkretisiert und mit zumindest latentem Blick auf ihre normativen Implikationen, mit denen sie zu vermitteln sind. Einen spezifischen, weil prozessrollenkonstituierenden Akzent erlangt diese Beziehung auf der Gesprächsebene. Dort sind vom Richter jene kommunikativen Kompetenzen gefordert, die es ihm erlauben, in den Verfahrensinteraktionen die Falldaten in ihren sozial-wirksamen Bedeutungen zu erzeugen und dabei gleichzeitig die Spezifik des institutionellen Kontextes und der eigenen Prozessrolle zu reproduzieren[21]. Das gehört zu jenem Bereich, den man nicht ohne Kom-

---

18 Vgl. *D. Peters,* Richter im Dienste der Macht, 1973; *J. Bürkle,* Richterliche Alltagstheorien im Bereich des Zivilrechts, 1984; *M. Abel,* Vergewaltigung, 1988; *S. Wolff/H. Müller* (FN 14); *A. Legnaro/A. Aengenheister,* Die Aufführung von Strafrecht, 1999; zur persönlichkeitsorientierten Forschung über richterliche Attitüden und Personenmerkmale die kritische Zusammenfassung bei *G. Löschper,* Bausteine für eine psychologische Theorie richterlichen Urteilens, 1999, S. 26 ff.

19 Vgl. *N. Luhmann,* Das Recht der Gesellschaft, 2. Aufl. 1997, S. 91; *S. Wolff,* Text und Schuld, 1995.

20 Grundsätzlich: *R. Emerson,* Holistic effects in social control decision-making, in: Law & Society Review 1983, S. 425 ff.; zum Zurechtrichten der Probleme hin zu jeweils probaten Sachverhalts- und Normdaten oder zu Standardisierungsversuchen etwa *R. Lautmann* (FN 14); *W. Langer,* Staatsanwälte und Richter, 1994; vgl. auch *N. Luhmann,* Juristische Argumentation, in: G. Teubner (Hrsg.), Entscheidungsfolgen als Rechtsgründe, 1995, S. 22; zu Orientierungen am formellen Programm bei wahrnehmbarem Rechtsmittelrisiko *T. Rasehorn,* Der Richter zwischen Tradition und Lebenswelt, 1989, S. 139 ff.

21 Vgl. *J. Conley/W. O'Barr,* Just words. Law, language, and power, 1998; vgl. dazu insbesondere die konversationsanalytische Forschung, etwa *J. Atkinson/P. Drew,* Order in court, 1979; *M. Komter,* Dilemmas in the courtroom, 1998; *S. Wolff/ H. Müller* (FN 14). Dort wird deutlich, dass der Einfluss der anderen Beteiligten auf das interaktiv ausgehandelte Verfahrensergebnis abhängt von ihrer Kompetenz, die eigene Version über einen geeigneten Darstellungsmodus durchzusetzen (ebenso aus sprachwissenschaftlicher Sicht *W. O'Barr,* Linguistic evidence, 1982, S. 64 ff.).

petenzdarstellungswissen beherrscht und der für den Richter deshalb bedeutsam ist, weil seine Falllösungen und -begründungen vom sozialen Kontext vor allem dann als professionelles Handeln akzeptiert werden, wenn er sich auch im Interaktionskontext als kompetenter, d.h. eben als professionalisierter Jurist präsentieren kann. Sein Auftreten in der gemeinsam rituell inszenierten Prozedur muss danach Neutralität, Sachlichkeit und die Offenheit der Entscheidens ausstrahlen, möglichst auch Souveränität und juristische Befähigung[22].

IV. Rechtstheoretisch-hermeneutische Implikationen

Diese Skizze zum rechtssoziologischen Forschungsstand sollte vorläufig dokumentieren, dass sich der handlungsstrukturell orientierte, professionssoziologische Ansatz empirisch auffüllen lässt. Übersetzt man nun im nächsten Schritt dieses Konzept in die rechtstheoretische Theoriesprache, entsteht der Eindruck, dass die Professionssoziologie mit dem von ihr betonten Spektrum relevanter außerrechtlicher Faktoren hin zu den realistischen Rechtsschulen drängt. Wenn deren gemeinsamer Kern darin liegt aufzuzeigen, dass die juristische Entscheidungspraxis nicht durch das Recht selbst autonom bestimmt wird, sondern dass sie sich infolge der Wirksamkeit außerrechtlicher Determinanten nicht prinzipiell von politischem Handeln unterscheidet[23], spricht einiges für eine Verwandtschaft. Der spezifische Akzent, der die Professionssoziologie davon abhebt, liegt jedoch darin, dass sie diese sogenannten außerrechtlichen Faktoren nicht als äußerliche, störende, intervenierende Momente behandelt, sondern als einen integralen Bestandteil der handlungslogischen Struktur, deren Auflösung den gesamten rechtspflegerischen Handlungstypus beseitigen würde. Damit tritt sie zunächst in dezidierte Opposition zu positivistischen, aber etwa auch verbreiteten systemtheoretischen Ansätzen[24]. In den Kategorien der gegenwärtigen juristischen Methodenlehre hingegen entsprechen diese von ihr betonten, unhintergehbaren Vermittlungsanforderungen am ehesten noch dem notorisch strapazierten

---

22 Für richtliche Akteure plastisch *A. Legnaro/A. Aengenheister* (FN 18), S. 14 f., 17, 35; allgemein zur Kompetenzdarstellungskompetenz vgl. *M. Pfadenhauer,* Rollenkompetenz, in: R. Hitzler/J. Reichertz/N. Schröer (Hrsg.), Hermeneutische Wissenssoziologie, 1999, S. 267 ff.

23 Zusammenfassend *J. Habermas,* Faktizität und Geltung, 1992, S. 245 ff.

24 Das Rechtssystem wird danach autonom, wenn Normen und rechtliche Entscheidungen sich gegenseitig produzieren. In der Autopoiesis ist für außerrechtliche Entscheidungsfaktoren bislang kein Platz (vgl. *N. Luhmann,* FN 19, S. 354: „Nur sehr wenige Kommunikationen, die in der Umwelt kursieren, haben im Rechtssystem Informationswert."; kennzeichnend auch *G. Teubner,* Recht als autopoietisches System, 1989, S. 97 f.: „Das ‚Vorliegen' eines Tatbestandsmerkmals wird anhand von rechtseigenen begrifflichen Unterscheidungen, rechtseigenen Überprüfungsverfahren, rechtseigenen Gewißheitskriterien ‚entschieden'.").

Metapher vom „Hin-und-Her-Wandern des Blickes“, bildet sich darin doch die Einheit von fallverstehender materieller Wahrheit und universalen, formalen Kriterien ab, da beide Sphären jeweils im Lichte der anderen erzeugt werden[25].

Auch in anderen Passagen findet sich in den professionssoziologischen Konzeptionen eine mitenthaltene hermeneutische Denkweise, etwa wenn für sie das rechtliche Handeln ein struktureller Ort der Herstellung von gesellschaftlich Neuem darstellt. Zugrunde liegt dem die Annahme von der Bedeutungsoffenheit des Gesetzes, das erst Fall für Fall durch seine konkrete Sachverhaltsbeziehung sinnhaft wird. Danach entsteht mit jeder Bewältigung des skizzierten professionalisierungsbedürftigen Handlungsproblems, mit jeder Vermittlung von Alltags- und Fachwissen ein neuerliches Bedeutungssegment des Gesetzes, das dessen sedimentierten Bestand verändert. Da solche gesetzliche Sinnhaftigkeit also „auf der Akkumulation und Systematisierung vorangegangener Erfahrung“[26] beruht, da Dogmatik die konkret anstehende, neuartige lebenspraktische Entscheidung niemals schon mitenthält, da es stets nur ein Mehr oder Weniger an Ähnlichkeit zwischen geklärten und zu beurteilenden Fällen gibt, kann das universalistische Fachwissen den professionalisierten Akteur immer nur im praktischen, nie aber im logischen Sinne anleiten. Damit führen juristische Handlungs- und Begründungszwänge, die in jeder Entscheidungssituation präsent sind, gleichzeitig zu einer permanenten Weiterentwicklung an Gesetzesbedeutungen, weil die Norm mit stets anderen Fällen zu vermitteln ist und das Fallverstehen in jeweils einmaliger Weise erforderlich macht. Diese notwendige Geschichtlichkeit des Rechts wird für die Professionssoziologie damit zu jener verborgenen Ressource, über die sich das Recht in professionalisiertem Handeln unablässig erneuert[27].

---

25 In diesem Sinne *K.-O. Maiwald* (FN 2), S. 79; *A. Wernet* (FN 8), S. 114 f.; sofern die damit angesprochene hermeneutische Rechtstheorie die außerjuristischen Elemente der Rechtsgewinnung allerdings mit dem Konzept des „Vorverständnisses“ einfangen will, kann das einer professionssoziologischen Perspektive nicht genügen, wird dadurch doch das „how to do“ nicht erfasst (dazu vielmehr unten VI.).

26 *D. Eidmann* (FN 1), S. 24; zum Problem insbesondere auch *T. Roethe* (FN 5), S. 16.

27 Wenn der Jurist die Einschlägigkeit des vorhandenen case laws als sehr viel direkter empfindet, muss das – wie die Professionssoziologie zeigt – nicht irritieren: Es ist häufig, dass in der Lebenspraxis vorhandene Routinen nicht greifen und „Entscheidungen“ getroffen werden müssen. Nicht selten sind das Krisensituationen, weil eine Begründbarkeit der Entscheidungen, die mit dem Anspruch auf Vernünftigkeit auftreten, aktuell nicht realisierbar ist. Der Praxis kommen solche Krisen nur als Grenzfall ins Bewusstsein; Normalfall ist ihnen das routinisierte Schließen von Handlungsmöglichkeiten. Der Beobachter muss sich dagegen die Krise (d.h. das Entscheiden) zum Normalfall nehmen, weil er nur dann die

V. Theorie/Praxis-Bruch als Optimierungsproblem der Methodenlehre?

Doch was ergibt sich daraus für den Theorie/Praxis-Bruch? Welche Funktion übernimmt die juristische Methodenlehre in einer Handlungspraxis, in der es jenseits des bloß fachlichen Rechtswissens zur beruflichen Kompetenz gehört, dass gerade über die geschilderte Widersprüchlichkeit der Anforderungen sicher verfügt werden kann? Auch zu diesem Gesichtspunkt lassen sich die professionssoziologischen Konzepte rekonstruieren, wenn man ihre Analysen der handlungsstrukturellen Bedingungen juristischen Agierens heranzieht: Professionalisierungsbedürftige Situationen sind, so heißt es, strukturelle Orte „der Vermittlung von Theorie und Praxis, insofern sie im Namen methodisch kontrollierter Begründungen praktische Problemlösungen betreiben, ohne dabei die Autonomie der Praxis technokratisch in Frage zu stellen"[28]. Sofern sich reales richterliches Handeln dadurch auszeichnet, das Spannungsverhältnis zwischen formal-normativen Rechtsbindungen und lebensweltlichen Angemessenheitsvorstellungen routinisiert in sozial akzeptierter Weise auszufüllen, gelinge es ihm also zugleich, Theorie und Praxis fallweise zu versöhnen. Die individuelle Professionalisierung des juristischen Handelns bemesse sich geradezu daran, wie es dieses Element einlöst[29].

Damit ist ein Verständnis des Theorie-Praxis-Verhältnisses eingeführt, das sich gegen seine Ausgangsfassung zu sperren scheint. Ursprünglich geht es um die Vermutung, dass sich die Praxis juristischer Methoden den akademisch entwickelten Vorgaben weithin verweigert, und dazu liegt die professionssoziologische Sichtweise eher quer. Doch bei genauem Hinsehen zeigt sich eine eigentümliche Verschränkung beider Perspektiven: Jene dialektische Vermittlung von Lebenspraxis und formaler Norm, deren soziologische Befassung eingangs skizziert wurde, macht das maßgebliche professionalisierungsbedürftige Handlungsproblem der Juristen aus. Dessen individuelle Bewältigung bestimmt die persönliche professionelle Bewährung. Wenn die juristische Methodenlehre dem juristischen Handeln behilflich sein will, muss sie Techniken

---

Bedingungen reflektieren kann, unter denen sich eine potenzielle Krise zur manifesten und wahrgenommenen realisiert (vgl. *Oevermann* [FN 4], S. 130 ff.).

28 *U. Oevermann,* Die Architektonik einer revidierten Professionalisierungstheorie und die Professionalisierung rechtspflegerischen Handelns. Vorwort zu A. Wernet: Professioneller Habitus im Recht, 1997, S. 11; vgl. auch *ders.* (FN 2), S. 80.

29 Die Professionssoziologie trifft keine Aussagen zur statistischen Häufigkeit, mit der die Akteure eine professionalisierte Handlungslogik entwickeln, sondern erarbeitet eine Typologie professionellen Handelns, an der die Professionalisierung der beobachtbaren Aktivitäten gemessen werden kann.

zur Handhabung dieser handlungsstrukturellen Problemlage zur Verfügung stellen. Sie unternähme dann quasi den Versuch, die Anforderungen professionalisierter Theorie-Praxis-Vermittlung (d.h. die Theorie-Praxis-Beziehung auf Handlungsebene) auf theoretische Weise in allgemein beschriebene normative Arbeitsschritte zu transkripieren, um so ihre Anwender zu einem möglichst kompetenten praktischen Handeln zu befähigen (Theorie-Praxis-Beziehung auf Anleitungsebene). Diese Handlungsrelevanz kann der Methodenlehre aus professionssoziologischer Sicht nur zuwachsen, wenn sie das Spannungsfeld zwischen Wissenschaft und Lebenspraxis (d.h. die Handlungsebene) überhaupt reflektiert, weil ihre Modelle andernfalls an den Bedingungen juristischen Entscheidens vorbei gehen und in die Irre, hin zu deprofessionalisiertem Handeln weisen. Insofern bestünde ein Optimierungsproblem.

VI. Rechtsgewinnung durch einen professionalisierten Habitus

Die eigentliche Komplexität des Zusammenhangs zeigt sich jedoch deutlicher, wenn wir am handlungslogischen Spannungsverhältnis professionalisierter Tätigkeiten etwas genauer vorgehen: Die dem Juristen abgeforderten Vermittlungsprobleme zwischen konkretem Fallverstehen und universalistischer Begründung lassen sich aus professionssoziologischer Sicht nicht nach formalen Regeln lösen, „da sie ihre Wurzel in der Dialektik von Allgemeinem und Besonderem haben"[30]. Die oben beschriebenen Anforderungen an den Richter, sich in den Fall einzudenken und dabei über die entsprechenden (subjektiven und interaktiven) lebensweltlichen Rekonstruktionsmethoden zu verfügen, stellen sich bei jedem Entscheidungssachverhalt in anderer Weise. Diese bereits erörterte, grundsätzliche Einmaligkeit der Fälle, die das Spannungsverhältnis professionellen Entscheidens mitkonstituiert, erlaubt allenfalls eine pragmatisch vereinheitlichte Bearbeitung, und selbst dies nur mit kontextabhängigen Unschärfen. Genau besehen stellen sich daher die entsprechende Problembezüge historisch und biografisch jeweils neu. Die Vorgehenslogik professionalisierungsbedürftigen juristischen Handelns lässt sich deswegen nicht standardisieren. Selbst wenn man für die Kontextualisierung formale Regeln postuliert, bedürfen auch diese einer fallsensiblen Kontextualisierungsleistung[31]. Auf der Basis dieser ebenso norm- wie professionstheoretisch begründeten Sachlage kann sich der

30 *T. Roethe* (FN 5), S. 17; dort auch zum Folgenden.

31 Der Versuch, Anwendungsregeln zu statuieren, führt in den unendlichen Regress immer neuer Anwendungsregeln; entscheidungspraktisch muss das abgekürzt werden (vgl. zur Urteilskraft nur *I. Kant,* Über den Gemeinspruch: Das mag in der Theorie richtig sein, taugt aber nicht für die Praxis, in: ders.: Schriften zur Anthropologie, Geschichtsphilosophie, Politik und Pädagogik I, 1977, S. 127).

Jurist in jener grundsätzlich indexikalen Widersprüchlichkeit zwischen Fallverstehen und Wissenschaftlichkeit handlungspraktisch nur dann sicher und routinisiert bewegen, wenn er über einen professionsspezifischen *Habitus* verfügt[32].

Praktische Rechtsgewinnungsprozesse beruhen danach auf beruflichen Wahrnehmungs-, Denk- und Handlungsmustern, die konkretes Entscheidungsverhalten nicht normativ anleiten, sondern sich in einer allgemeinen Neigung zu bestimmten Sichtweisen und Problembearbeitungsformen ausdrücken. Der Richter befolgt nicht etwa strategisch diverse Anwendungs- und Vorgehensregeln, die ihm die Erledigungsweise seiner Aufgaben vorgeben, sondern er beherrscht diese Aufgaben einfach auf bewusste, aber vorreflexive Art, ohne intentional einer methodischen Norm zu folgen[33]. Als kompetenter Jurist *verfügt* er über den Rechtsgewinnungsmodus, und er *handhabt* das Spannungsverhältnis von formaler und materialer Rationalität. Dabei praktiziert er eine Kunstlehre, in der sich Handlungsprinzipien und Vorgehensregeln realisieren, die nicht als etwas Äußerliches appliziert, sondern die als internalisierte Handlungsmodalitäten selbstläufig im Handeln ausgeübt werden[34]. Eine selbst-

---

32 *U. Oevermann* (FN 2), S. 123; *A. Wernet* (FN 8), S. 143.

33 Regelhaftigkeiten im sozialen Leben beruhen nicht stets auf einer Regel, aber auch nur selten auf zufälligen Kausalitäten. Auf einer Zwischenebene wird vielmehr eine sozial geteilte Disposition („Habitus") wirksam, die als intersubjektive Tendenz zu bestimmtem Handeln ebenfalls Gleichförmigkeiten erzeugt, ohne als bewusste Normapplikation zu agieren (zur Operationsweise des *Bourdieuschen* Habitus' vgl. *J. Bouveresse,* Was ist eine Regel?, in: G. Gebauer/C. Wulf (Hrsg.), Praxis und Ästhetik, 1993, S. 41 ff.). Der analytische Anspruch des Habitusbegriffs ist jedoch fundamentaler. Nach *Bourdieu* beruhen gesellschaftliche Praktiken als die Reproduktionsmodi gesellschaftlicher Strukturen wesentlich auf dem Habitus, der seinerseits durch diese Strukturen bedingt ist. Feld und Habitus als die zwei Existenzweisen des Sozialen ermöglichen sich gegenseitig (vgl. z.B. *P. Bourdieu,* Sozialer Sinn, 1987; *C. Bohn,* Habitus und Kontext, 1991; *G. Gebauer,* Die Konstruktion der Gesellschaft aus dem Geist?, in: KZSS 2000, S. 428 ff.).

34 Zur vorläufigen Bestimmung der habituell zu bewältigenden Anforderungen, die von der Organisations- bis zur Gesprächsebene reichen, vgl. oben III. Soweit im richterlichen Selbstbild vor allem die formale Rationalität betont wird, beruht das auf einer inneren Haltung, mit „richtigen" juristischen Entscheidungen der Bindung des Gesetzes zu genügen. Das mag einer Selbsttäuschung aufsitzen und die eigene aktive Rolle bei der Herstellung des Gesetzes verkennen (dazu *H.-A. Hesse,* FN 7; S. 106 ff.; *M. Morlok/R. Kölbel/A. Launhardt,* FN 12, S. 12), es entspricht aber den professionstypischen Standards, die die handlungsstrukturelle Verpflichtung gegenüber dem Pol universeller Geltungskriterien einlösen (vgl. *K.O. Maiwald,* FN 2, S. 79 f. in FN 31). Im Detail freilich gibt es in dieser Professionsethik historische Änderungen; für die Moderne jedenfalls lassen sich antiformale Tendenzen im Verständnis von Rechtsbindung feststellen (vgl. *B. Caesar-Wolf,* Der deutsche Richter am „Kreuzweg" zwischen Professionalisierung und Deprofessionalisierung, in: S. Breuer/H. Treiber (Hrsg.), Zur Rechtssoziologie Max Webers, 1984, S. 199 ff.; *H. Rottleuthner,* Die gebrochene Bürgerlichkeit einer Scheinprofession, in: H. Siegrist (Hrsg.), Bürgerliche Berufe, 1988).

reflektierende Operationsweise würde den Vollzug jenes „begriffslosen Erkennens“ eher stören, wie das ebenso der Fall ist in gängigen, aber nur teilweise deckungsgleichen wissenssoziologischen Konzepten, die als „tacit knowledge“, „Betriebswissen“ oder „implizites Wissen“ firmieren.

VII. Habitusbildung durch die juristische Methodenlehre?

Gewöhnlich bleiben die mit dem Habitus bezeichneten Standards professionalisierten Agierens implizit im Handeln der Berufsgruppe, und dennoch erlauben sie über ihre intersubjektive Existenz die professionsinterne Kontrolle konkreten Berufshandelns, dass sich an ihnen messen lassen muss[35]. Mitunter wird der Habitus, wird die implizite Kunstlehre auch thematisiert, um ihre Geltung zu reflektieren und einer intersubjektiven Vergewisserung, Vereinheitlichung oder Angemessenheitsprüfung zuzuführen. Mit der juristischen Methodenlehre existiert eine solche Habitus-Kodifizierung, für deren Ausdifferenzierung sich bei anderen Professionen kaum Parallelen finden. Allerdings wird in ihr nur jener Teil der rechtspflegerischen Vorgehensprinzipien ausgedrückt, der innerhalb des juristischen Spannungsmomentes auf den Pol des Fachwissens und der Gesetzesbindung verweist und sich dort auf die wissenschaftlichen Argumentations-, Arbeits- und Begründungsweisen bezieht[36]. Dagegen verbleibt der professionalisierte modus operandi insofern im impliziten Professionshabitus, als es um die fallsensible Vermittlung mit dem Fallverstehen und der Fallgerechtigkeit geht[37]. Soll die juristische Metho-

---

35 Da sich die Kritisierbarkeit des juristischen Handelns auf die Wahrung dieser Standards und so über die korrekte Nutzung des Sonderwissens hinausgehend auch auf die konkret erfolgte Vermittlung von Sach- und Fachgerechtigkeit bezieht (vgl. *A. Wernet,* FN 8, S. 215), kann Kontrolle nur innerprofessionell erfolgen, weil auch für die Kontrolle jene Kunstlehre beherrscht werden muss. Freilich kann diese innerprofessionelle Kontrolle sehr dicht sein, bei Juristen etwa simultan durch die in der Verhandlung anwesenden Kollegen und sukzessive durch den Rechtsmittelzug (vgl. *D. Eidmann,* FN 1, S. 28 f.).

36 Dabei wird vereinzelt auch aus der Innenperspektive erkannt, dass es hier um habituelles Handeln geht. Ein Beispiel dafür – den Hinweis verdanken wir *Friedrich Müller* – bildet der frühe *Carl Schmitt* (Gesetz und Urteil, 1912), der von einem „leitenden autochthonen Prinzip menschlicher Tätigkeit“, einer „Methode der Praxis“, einem „der Praxis spezifischen Prinzip methodischer Betrachtung“ (a.a.O., S. 60, 118) spricht, um das (nicht-normative) Kriterium korrekten richterlichen Handelns (wonach die richterliche Entscheidung dann richtig ist, „wenn ein anderer Richter ebenso entschieden hätte“, S. 100) jenseits traditioneller Norminterpretation und Methodenlehren zu verorten.

37 Dass sich die Methodenlehre vor allem um normative Handlungsbestandteile kümmert, ist nach *Bourdieu* (FN 33, S. 188 f.) nicht verwunderlich. Vielmehr führe gerade die pädagogische Arbeit das Meistern der Praxis typischerweise auf regelhaftes Handeln zurück, gerade sie verdecke wiederkehrend die realen habituellen Erzeugungsmodi.

denlehre handlungsorientierende und handlungskontrollierende Funktionen effektiv übernehmen, um so den Professionalisierungsgrad alltäglichen juristischen Entscheidens zu erhöhen, kann sie es nicht dabei belassen, nur einen Ausschnitt aus dem Spektrum real erforderlicher Fertigkeiten zu beschreiben und in dieser Weise hinter der Praxis zurück zu bleiben. Sie müsste ihr thematisches Spektrum deutlicher als bislang auch auf unausgesprochene, lebensweltliche Vorgehensweisen beziehen und sie bedürfte dafür einer Ergänzung um eine juristisch-pädagogische Praxiswissenschaft, wie auch immer diese disziplinär organisiert wäre.

Freilich hätte die Methodenlehre es auch dann noch immer mit dem geschilderten Problem zu tun, dass sich die Normapplikation unmöglich standardisieren lässt, insbesondere was das Eindenken in indexikale Fälle und die lebensweltlichen Rekonstruktionsmethoden betrifft. Daher kann es ihr also nur um Annäherungen an habituelle Praktiken gehen. Dabei ließe sich der Methodenlehre in dieser Hinsicht nicht einmal ein Unterlassen vorwerfen, vermag sie sich doch durch einen Hinweis auf die nur mangelhaften soziologischen Vorleistungen zu exkulpieren. Gemessen an den Ansprüchen des hier skizzierten Habitus-Konzeptes bleiben die vorhandenen rechtssoziologischen Schilderungen sehr äußerlich. Zur eigentlichen praktischen Bewältigung des spezifisch rechtspflegerischen Handlungsproblems dringen sie nicht durch, zumal sie sich ohnehin kaum um die engere („eigentliche") Rechtsgewinnung bemühen. Eine Bewältigung dieser sozialwissenschaftlichen Fehlstelle lässt sich allerdings von solchen Arbeiten erwarten, die dem Programm der „studies of work" folgen. Diese teilen mit der Professionssoziologie das Interesse gerade für berufliches Wissen, das sich in der selbstverständlichen Handhabungen kunstfertiger Praktiken und der adäquaten und effizienten Bewältigung verschiedenster lokal-situativer Konstellationen entäußert. Bislang aber fehlen für den juristischen Kontext derartige Analysen, und es wird sie wahrscheinlich auch nur geben, wenn die Methodenlehre sie bewusst anzufordern beginnt[38].

---

38 Vgl. zu den studies of work *H. Garfinkel,* Ethnomethodological studies of work, 1986; *J. Bergmann,* „Studies of work" – Ethnomethodologie, in: U. Flick/E. v. Kardorff/H. Keupp/L. v. Rosenstiel/S. Wolff (Hrsg.), Handbuch Qualitative Sozialforschung, 1995, S. 269 ff.; ein solches Programm ergänzt die konversationsanalytischen Studien zum Wissen über das Wie juristischen Kommunizierens (zusammenfassend *M. Morlok/R. Kölbel,* FN 12) um die Analyse körperlicher Praktiken, um so die Konstituierung sozialer Institutionen zu erfassen (vgl. *C. Heath/H. Knoblauch/P. Luff,* Technology and social interaction: the emergence of ‚workplace studies', in: The British Journal of Sociology 2000, S. 299, 314); gerade im juristischen Bereich muss das auch für kognitive Praktiken geleistet werden. Die hier angesprochene Programmatik verfolgt ein Düsseldorfer Forschungsprojekt, dass sich empirisch überwiegend der Experteninterviews bedienen wird (dazu *M. Morlok* und *M. Morlok/R. Kölbel/A. Launhardt* in FN 12); für eine vorbildhafte Studie vgl. *M. Travers,* The reality of law, 1997; vgl. auch *S.Burns,* Practicing law, in:

Allerdings lassen sich auch die so erzielten Befunde nur begrenzt pädagogisieren, und so würde die Professionssoziologie sogar einer Methodenlehre, die um die handlungsstrukturellen Probleme der Juristen weiß, die Möglichkeit, praktische Kompetenzen formen und verschulen zu können, weitgehend absprechen. Das ist im Habitus-Konzept letztlich mit enthalten: Habituelles Handeln ist eine innere Strukturierung des Denkens und Handelns und als solche bedingt durch äußere Existenzbedingungen, die sich die Akteure inkorporieren. Im Hineinwachsen in die Praxisbedingungen muss sich das Handeln zwangsläufig an objektiven Strukturen des Umfeldes orientieren, und genau darüber bildet sich der „praktische Sinn". Die „Urteilskraft", die jeder praktischen Meisterschaft zugrunde liegt, entsteht in diffusen Bildungsprozessen einer „stillen Pädagogik". Sie wird im Handeln und nicht über Diskurs vermittelt. Auch im Richterberuf erwirbt man echte Professionalisierung „nur durch die praktische Einübung in eine Kunstlehre und Handlungspraxis", auch hier ist „die Ausbildung primär nicht Wissenserwerb, sondern Habitusformation"[39]. Statt der äußerlichen Kenntnis um diverse Vorgehensregeln braucht es das verinnerlichte, selbstverständlich gewordene „Machen-Können", dessen Einzelheiten man dann häufig gar nicht zu beschreiben vermag. Den Erwerbsmodus hierfür bildet notwendig die Erfahrung selbsttätigen Tuns in der außer-universitären Praxis, das begleitete Heranführen an die Situationen des Entscheidens[40]. Zwar lässt sich das Wissen darum, „wie man etwas macht", durchaus im Lehrbuch oder am papierenen Fall erwerben, doch hilft dieses Wissen allein nicht weiter, und das Beschränkt-Werden darauf erzeugt tendenziell sogar dysfunktionale Dispositionen. „Probieren geht über Studieren", heißt es, und dieses Probieren kann die Methodenlehre nicht ersetzen.

M. Travers/J. Manzo (Hrsg.), Law in action, 1997, S. 265 ff.; *S. Wolff/H. Müller* (FN 14); *A. Legnaro/A. Aengenheister* (FN 18). Die konzeptionellen Spannungen zwischen Ethnomethodologie und dem Habituskonzept (dazu *C. Bohn,* FN 33, S. 42 ff.) scheinen uns jedenfalls nicht auf die forschungspraktische Ebene durchzuschlagen. So dürfte es möglich sein, durch differenzierte empirische Befunde der Gefahr zu begegnen, mit dem Habitus-Begriff gegenüber unterschiedlichen Fertigkeiten unspezifisch zu bleiben.

39 *U. Oevermann* (FN 2), S. 123; zum Erwerb des professionellen Habitus z.B. *P. Bourdieu* (FN 33), S. 128, 188 f.); *P. Windolf,* Berufliche Sozialisation, 1981, S. 21 ff.

40 Zur Referendariatsphase *W. Schütte,* Die Einübung des juristischen Denkens, Frankfurt/New York 1982, S. 196 ff.; selbstverständlich muss die vorherige akademische Ausbildung in den wissenschaftlichen Begründungsdiskurs einführen, weil die Professionalisierungsbedürftigkeit eben auch in dieser Hinsicht besteht.

VIII. Bilanz

Das Verhältnis von juristischer Theorie und Praxis wird beobachtet und bestimmt von einer Rechtstheorie, deren Analysen auch den methodologischen Status der Methodenlehre implizieren. Dagegen kann man von einer soziologischen Analyse sicher nicht erwarten, dass sie normtheoretische Grundlagen revolutioniert (diese Impulse kommen vielmehr aus der Gegenrichtung); erwarten lassen sich jedoch Hinweise auf Handlungsformationen, die mit Rechtsgewinnungsprozessen verwoben sind und dennoch in der rechtstheoretischen Sicht in den Hintergrund rücken. Eine solche Außenperspektive nimmt auch die „revidierte Professionssoziologie" ein, und dies mit einer Akzentuierung, der sich spezifische Folgerungen auch für das Verhältnis von juristischer Methodentheorie und -praxis entnehmen lassen. Danach bildet es die sich stetig stellende Aufgabe professionalisierten rechtspflegerischen Handelns, juristisches und außerjuristisches Wissen zusammenzuführen, um so in jedem einzelnen Fall die Spannung zwischen Sachgerechtigkeit und Gesetzesbindung auszutragen. Falls die juristische Methodenlehre dieses handlungsstrukturelle Verhältnis reflektiert und sich auch um diejenigen Elemente der professionalisierungsbedürftigen rechtspflegerischen Handlungsstruktur anreichert, die gegenwärtig noch in der impliziten Praxis bleiben, würde das Spektrum erforderlicher Kompetenzen bewusster gemacht und individuelle Professionalisierungsprozesse würden unterstützt. Genau besehen beruht aber gelingendes professionalisiertes juristisches Entscheiden, und selbst wenn es in überindividuell homogener Weise gelingt, nicht auf der Befolgung von Normanwendungsregeln, eine professionalisierte Vermittlungsleistung beruht vielmehr auf einem entsprechenden Habitus des Juristen. Bezeichnet ist damit die fallsensible Beherrschung einer Praxis, die bewusste, aber unreflektierte Handhabung kontextualer Methoden der Wissenssituierung. Ein solcher Habitus bildet sich nur Fall um Fall durch Einübung in die Praxis, wohingegen er sich selbst durch eine optimierte Methodenlehre nicht vermitteln und pädagogisieren lässt. In diesem Sinne wird die Beziehung von rechtsmethodischer Theorie und Praxis eine gebrochene bleiben.

RECHTSTHEORIE 32 (2001), S. 305–323
Duncker & Humblot, 12165 Berlin

METHODENLEHRE, ALLGEMEINE LEHREN DES RECHTS UND FALL-LÖSUNG

Von Jan Schapp, Gießen

I. Zum Begriff der juristischen Methode

Die Bezeichnung einer Methode als juristisch läßt noch nicht deutlich genug erkennen, wozu diese Methode die Methode sein soll. Es kommen eine Reihe von Bezugspunkten in Betracht, die auf den ersten Blick nahe beieinander zu liegen scheinen, sich bei genauerem Hinsehen dann aber doch als unterschiedlich erweisen. In einem kodifizierten Recht wie dem unseren liegt der Gedanke nahe, daß die juristische Methode primär die Methode der Auslegung des Gesetzes sein muß. Hier stellt sich aber schon die Frage, ob nicht auch Rechtswissenschaft und Rechtsprechung einzubeziehen sind, so daß man besser von Auslegung des Rechtes sprechen würde. Dann ist die Frage, wer die Auslegung betreibt. Ist es der fertige Jurist, der lernende Jurist oder etwa der Bürger, der im Gesetz nach seinem Recht sucht? Dann ist mit der Auslegung des Gesetzes – oder des Rechtes – die Anwendung auf den streitigen Fall durch den Bürger selbst, vor allem aber durch die Rechtsprechung noch nicht angesprochen. Hier scheint offenbar neben der Methode der Auslegung des Gesetzes eine damit nicht identische zweite juristische Methode erforderlich. Verfügt schließlich die Gesetzgebung nicht über eine eigene Methode, die man ihrerseits kennen muß, wenn man das Gesetz richtig auslegen will? Hat nicht auch die Rechtsprechung ihre eigene Methode, die sich nicht allein in der Anwendung des Gesetzes erschöpft? Gibt es schließlich eine Methode der rechtswissenschaftlichen Forschung und der rechtswissenschaftlichen Lehre, die in diesem Zusammenhang berücksichtigt werden müßten? Auch die Deutung der juristischen Methode als einer Vielfalt einzelner Methoden befriedigt nicht, wenn damit nur das unterscheidungslose Gemenge einzelner methodischer Gesichtspunkte gerechtfertigt werden soll. Methode also wozu?

Methode heißt – aus dem Altgriechischen übersetzt – wörtlich Nachgang. Dem Wort liegt damit die Vorstellung eines Weges zu einem Ziel zugrunde. Der Weg ist aber offenbar nicht bekannt. Es muß jemand vorangehen, dem man nachgehen kann. Das Ziel erreicht nur derjenige, dem zuvor der Weg gewiesen ist. Wir wollen denjenigen, der den Weg weist, als

Lehrer bezeichnen, denjenigen aber, dem der Weg gewiesen wird, als Schüler oder Lernenden. Die Lehre weist den Weg. Der Lernende folgt ihm.

Die Methode ist damit der leitende Gesichtspunkt der Ausbildung des Juristen. Das Bild des fertigen Juristen wird durch zwei wesentliche Züge bestimmt. Er verfügt über genügende Kenntnis des Rechts und ist fähig, das Recht auch auf den streitigen Fall anzuwenden. Entsprechend hat die juristische Methode ein doppeltes Ziel. Sie zeigt den Weg zur Kenntnis des Rechtes und auf dieser Grundlage den Weg zu seiner Anwendung. Man kann die beiden Ziele als Theorie und als Praxis des Rechtes bezeichnen. Die in der Ausbildung des Juristen zunächst nur simulierte Praxis mündet dann in die Praxis der juristischen Berufsausübung aus. In Deutschland bestimmt bis heute das Leitbild des Richters diese Ausbildung in Theorie und Praxis des Rechtes.

Bei unserer Frage „Methode wozu?" deutete sich das Gewicht der Unterscheidung von Theorie und Praxis des Rechtes schon an. Wir können hier nun nicht die Notwendigkeit einer Unterscheidung von Theorie und Praxis weiter begründen. Sie hat ihren Ursprung in der platonisch-aristotelischen Philosophie. Von dort aus hat sie sich im abendländischen Denken als das Organisationsmodell von Wissenschaft durchgesetzt. Das gilt auch für die Rechtswissenschaft. Unsere juristische Ausbildung ist auch heute noch auf der Grundlage der Unterscheidung der beiden Aspekte der Theorie und Praxis des Rechts organisiert. Wir tun also gut daran, diese Unterscheidung zu akzeptieren, wenn wir nach der Methode des Rechts als einer Methode der juristischen Ausbildung fragen.

Auf der gewonnenen Grundlage läßt sich die von Martin Morlock gestellte Frage nach dem „Theorie-Praxis-Bruch in der juristischen Methodenlehre" in zwei Fragen aufspalten. Beschreibt die juristische Methodenlehre – gewissermaßen als Metatheorie zur Theorie als Praxis – den Weg zur Kenntnis des Rechtes zureichend? Ist es tatsächlich die Theorie des Rechtes, die – aufgrund der Methode ihrer Anwendung – in der Praxis angewandt wird? Diese Fragen stellen sich nicht von ungefähr. Wir alle wissen, daß die überkommene juristische Methodenlehre uns kaum den Weg zur Kenntnis des Rechtes zeigt. Für die Rechtspraxis ist dann die Kenntnis des Rechtes zwar unerläßlich, die überkommene Methode der Anwendung des Rechtes erweist sich dennoch als merkwürdig unbefriedigend. Damit sind wir bei den beiden Problemen, die im folgenden erörtert werden sollen.

II. Die überkommene Methodenlehre

Wir versuchen im folgenden, den gedanklichen Ansatz der überkommenen Methodenlehre bei der Lösung der aufgeworfenen methodologischen

Fragen zu skizzieren. Es kommt uns dabei auf die allgemeine Tendenz an, ohne daß wir uns hier mit einzelnen Autoren auseinandersetzen können. Einflußreich ist bis heute die „Methodenlehre der Rechtswissenschaft“ von Karl Larenz gewesen, die wir dann auch vor allem im Auge haben.

Die überkommene Methodenlehre stellt die beiden Fragen nach der Auslegung und nach der Anwendung des Gesetzes in den Mittelpunkt. Sie steht damit ganz unter dem Eindruck der großen Kodifikationen des Rechts in der Moderne im kontinentalen Europa. Die Grundvorstellung geht dahin, daß die Kodifikation das Recht abschließend zu klären vermag. Da vor allem das Zivilrecht kodifiziert wurde, scheint dieser Gedanke für das öffentliche Recht nicht zu passen. Andererseits ist das öffentliche Recht selbst – ausgehend von England – in den modernen westlichen Staaten unter dem Gesichtspunkt des Gesetzes konzipiert, so daß es sich in diesen Gedankenkreis einbeziehen läßt. Fast könnte man sagen, daß der Gedanke der zivilrechtlichen Kodifikation die Übertragung eines im öffentlichen Recht entwickelten Gesetzesbegriffs auf das Zivilrecht ist.

Der auf das Gesetz zentrierte Ansatz der überkommenen Methodenlehre hat für deren Konzeption gravierende Konsequenzen. Zur einen Seite hin erscheinen die Bezüge des Gesetzes zur Rechtswissenschaft kaum noch als essentiell, wenn sie nicht überhaupt ausgeblendet werden, zur anderen Seite hin erscheint die Rechtsprechung nur noch als Vollzug des Gesetzes. Zum Leitbild der Gesetzesanwendung wird die Subsumtion des zu entscheidenden Falles unter das Gesetz.

Die überkommene Methodenlehre hat nun allerdings Techniken entwickelt, diese Verabsolutierung des Gesetzes abzumildern und in Grenzen zu halten. So ist der Wortlaut des Gesetzes unter dem Aspekt des – vorausgesetzten – Rechtssystems auszulegen. Der historische Wille des Gesetzgebers findet seine Schranken in objektiv-teleologischen Prinzipien des Rechts, die auch dem Gesetz zugrunde liegen. Der Wille des Gesetzgebers wird fast unmerklich in den Willen des Gesetzes transformiert, den man besser als den Sinn des Rechtes bezeichnen würde. Zur anderen Seite hin löst sich die Subsumtion – jedenfalls teilweise – in ein hermeneutisches Verfahren der Annäherung von Norm und Fall auf. Diese Relativierungen sind aber insgesamt doch weiter durch den vorgegebenen Ausgangspunkt gekennzeichnet, nämlich der These von der Allmacht des gesetzgeberischen Willens. Sie beschreiben damit nicht den Weg zum Recht, wie er tatsächlich gegangen wird, sondern versuchen, diesem Ansatz eine akzeptable Fassung zu geben.

Erforderlich ist damit für eine Methodenlehre zunächst einmal eine Besinnung, welche Bedeutung das Gesetz auf dem Wege zum Recht hat.

Offenbar ist das Gesetz ein Merkposten für den schon fertigen Juristen. Auf der einen Seite abstrahiert das Gesetz von dem zugrunde liegenden Rechtssystem, das es mit seinen Regelungen aber doch voraussetzt, auf der anderen Seite erweist es sich in den allermeisten Fällen durch seine Aufgliederung in Tatbestand und Rechtsfolge als auf streitige Fälle anwendbar, ohne daß es sich in der Aufzählung von Falltypen erschöpfen würde. Das Gesetz, so scheint es, wird damit für den schon fertigen Juristen zum Mittler von Rechtssystem und Falltyp.

Das kann allerdings nur eine erste ganz grobe und notwendig vereinfachende Annäherung sein. Für uns ist im vorliegenden Zusammenhang entscheidend, daß man den Gesetzgeber nicht als Rechtslehrer mißversteht. Die Rechtslehre führt zum Gesetz hin, macht es verständlich, aber sie ist erst der Schlüssel zum Gesetz, der mit ihm nicht verwechselt werden darf. Das Gesetz ist erst das auf die Anwendung des Rechts hin konzipierte Ergebnis der Rechtslehre.

III. Die allgemeine Rechtslehre

Wenn in einem weitgehend kodifizierten Recht die juristische Methode – bezogen auf die Theorie des Rechts – den Weg des Lernenden zum Verständnis des Gesetzes darstellt, dann muß an ihrem Anfang eine allgemeine Lehre des Rechtes stehen. Diese allgemeine Rechtslehre umfaßt alles, was bei der Lehre der einzelnen Rechte notwendig vorausgesetzt werden muß. Ich habe in meiner „Methodenlehre des Zivilrechts“[1] im ersten Teil die Grundzüge einer solchen allgemeinen Rechtslehre skizziert, so daß ich mich hier auf wenige Bemerkungen beschränken kann.

Nach Klärung des Verhältnisses von Moral und Recht, das in rechtsphilosophische Tiefen hineinreicht und in diesem Zusammenhang sicher nur kursorisch abgehandelt werden kann, bedarf die Aufgabe des Rechtes selbst einer Klärung. Für sie scheint mir die genauere Erfassung des Verhältnisses von Recht und Unrecht zentral. Diese legt wiederum die Unterscheidung von zwei unterschiedlichen Perspektiven auf das Recht nahe. Das Recht legt einerseits die Verhaltenspflichten der Bürger fest und ordnet andererseits für den Fall des Unrechts Sanktionen an, die der Wiederherstellung des verletzten Rechtes dienen. Das Unrecht wird damit gewissermaßen von zwei Seiten vom Recht eingerahmt. Hegel hat den Zusammenhang treffend zum Ausdruck gebracht, wenn er das Recht als die Negation der Negation des Rechtes bezeichnet.[2] Die Verhaltenspflichten lassen sich als Primärpflichten von den Sekundärpflichten

1 Tübingen 1998.

2 Grundlinien der Philosophie des Rechts, § 82, Zusatz zu § 97.

unterscheiden, die erst die Folge der Sanktionierung des Unrechts sind. Wenn man so will, folgen einander also heile, verletzte und geheilte Welt.

Diese Deutung des Verhältnisses von Recht und Unrecht eröffnet die Möglichkeit zu einer für den Anfang ausreichenden Unterscheidung der drei Rechtsgebiete Zivilrecht, öffentliches Recht und Strafrecht, die unerläßliche Voraussetzung für die folgende Lehre dieser Rechte ist. In den drei Rechtsgebieten sind nämlich die Verhaltenspflichten in signifikant unterschiedlicher Weise festgelegt, was wiederum eine entsprechende Typisierung des Unrechts und der an das Unrecht anschließenden Sanktionierung zur Folge hat. Es liegt auf der Hand, daß die Verhaltenspflichten im Zivilrecht durch Eigentum und Vertrag, im öffentlichen Recht und im Strafrecht dagegen durch das Gesetz festgelegt werden. Damit entsprechen einander im Hinblick auf die Statuierung dieser Verhaltenspflichten private und öffentliche Autonomie. Während nun allerdings das Zivilrecht und das Strafrecht fast ausschließlich unter dem Gesichtspunkt der Sanktionierung dieser Pflichten im Falle ihrer Verletzung in den Blick rücken, erscheint das öffentliche Recht zunächst unter dem Gesichtspunkt der Vollziehung des Gesetzes durch die Verwaltung. Die Sanktionierung dient nur der Abwehr von Unrecht der Verwaltung durch Verwaltungsrechtsschutz.

In die allgemeine Rechtslehre gehört jedenfalls in den Grundzügen auch die Darstellung des Verhältnisses von Rechtswissenschaft, Gesetzgebung und Rechtsprechung. Da die Rechtswissenschaft Erforschung und Lehre des Rechts umfaßt, wäre hier einmal das Verhältnis von Forschung und Lehre darzustellen. Dann wäre in diesem Zusammenhang auch die Bedeutung der Rechtslehre für das Verständnis des Gesetzes und für seine Anwendung zu thematisieren. Wir sind damit bei der Reflexion der Methode des Rechtes in dem unter I. kurz umrissenen und gleich unter IV. noch zu entfaltenden Sinne.

Schließlich sollte in der allgemeinen Rechtslehre dann auch der Begriff des Rechtssatzes eine genauere Darstellung finden. Rechtssätze werden unbeschadet unterschiedlicher Geltungsqualität nicht nur vom Gesetzgeber, sondern auch von der Rechtswissenschaft und der Rechtsprechung statuiert. Die Rechtssätze sind selbständig verständliche Sinneinheiten, die in der Regel aus Tatbestand und Rechtsfolge bestehen. Dabei findet der Rechtssatz einerseits seinen Ort und damit seinen Halt in dem gesamten Rechtssystem, andererseits ist er auf Anwendung auf einen von der Rechtsprechung zu entscheidenden Fall hin angelegt. Für diesen Fall wird der Eintritt der Rechtsfolge vom Vorliegen der Tatbestandsmerkmale abhängig gemacht. In dem Tatbestand liegt dabei zugleich die Begründung des Eintritts der Rechtsfolge.

Von großer Bedeutung für die Möglichkeit des Verstehens von Rechtssätzen und damit auch für die Anwendung dieser Rechtssätze ist, daß Tatbestandsmerkmale von Rechtssätzen häufig selbst wieder durch Rechtssätze spezifiziert werden. Wir bezeichnen den spezifizierenden Rechtssatz als Hilfsnorm. In der Hilfsnorm wird das zu spezifizierende Tatbestandsmerkmal selbst Rechtsfolge, deren Eintritt nun vom Vorliegen des Tatbestandes dieser Hilfsnorm abhängig gemacht wird. Dieses Spezifikationsverfahren läßt sich dann auch im Hinblick auf die Hilfsnorm selbst und auf etwa sich anschließende weitere Hilfsnormen wiederholen. Die Rechtssätze des Gesetzes finden eine derartige Spezifikation häufig nicht durch andere Rechtssätze des Gesetzes, sondern durch Rechtssätze, die die Rechtswissenschaft oder die Rechtsprechung zur Verfügung stellt.[3]

IV. Die Lehre der Allgemeinen Teile der Rechte als Weg zum Verständnis des Gesetzes

Auf der skizzierten Grundlage geht unsere Hauptthese nun dahin, daß die Lehre der Allgemeinen Teile der Rechte den Weg zum Verständnis des Gesetzes erschließt, das dieses Recht kodifiziert. Diese These soll unter zwei Gesichtspunkten näher erläutert werden. Zunächst ist das Verhältnis von Lehre und Gesetz näher zu betrachten. Dann stellt sich die Frage, was in diesem Zusammenhang unter dem „Allgemeinen Teil eines Rechtes“ zu verstehen ist.

Zunächst kommt es uns in diesem Zusammenhang entscheidend auf die Unterscheidung von Lehre und Gesetz an. In einem kodifizierten Recht wie dem unseren kann das Verständnis des Gesetzes mit allen hier sicher noch zu machenden Vorbehalten mit der Kenntnis des Rechtes gleichgesetzt werden. Diese Kenntnis des Rechtes durch Verständnis des Gesetzes ist das Ziel des hier zu beschreitenden Weges. Der Weg selbst wird aber nicht durch das Gesetz, sondern durch die Lehre des Rechts gewiesen, das im Gesetz seinen vor allem auf die Anwendung bezogenen Niederschlag gefunden hat. Diese Lehre wird von den Lehrern des Rechts in Lehrbüchern und Vorlesungen vorgetragen. Plato hat diesen Gesichtspunkt wohl schon von Augen gehabt, wenn er schreibt, man solle den Gesetzen Einleitungen voranstellen, in denen ihr Sinn erläutert wird.[4]

---

3 Zur Lehre vom Rechtssatz vgl. ausführlicher meine Methodenlehre des Zivilrechts, 5. Kapitel, S. 64 ff.

4 Plato, Gesetze, 722 e, 723 a.

Schwieriger ist schon die Klärung, was in diesem Zusammenhang unter dem „Allgemeinen Teil eines Rechtes“ zu verstehen ist. Wir unterscheiden mehrere Bedeutungen dieses Begriffs, von denen der zuerst abzuhandelnde uns der wichtigste zu sein scheint.

Zunächst ist allerdings noch eine Klärung zur negativen Seite hin erforderlich. Der Allgemeine Teil eines Rechtes darf nicht mit den Allgemeinen Teilen verwechselt werden, die der Gesetzgeber seinen Regelungen in den großen Gesetzeswerken – so im Bürgerlichen Gesetzbuch und dem Strafgesetzbuch – häufig voranstellt. Diese Allgemeinen Teile der Gesetzeswerke beruhen im wesentlichen auf dem sogenannten Ausklammerungsprinzip, das dem Gesetzgeber die straffeste Präsentation des zu regelnden Stoffes ermöglicht. Dieses gesetzestechnische Interesse darf nicht von vornherein mit einem didaktischen Interesse gleichgesetzt werden. Andererseits fügt es sich, daß es häufig gerade die wesentlichen Teile einer gesetzlichen Regelung sind, die auf diese Weise als Allgemeiner Teil vor die Klammer gezogen werden. Dennoch bleibt die Unterscheidung zwischen „Allgemeinem Teil eines Rechtes“ und Allgemeinem Teil eines Gesetzes bedeutsam, weil Lehre und Gesetz sich in der Zielrichtung unterscheiden. Der Allgemeine Teil des Gesetzes bedarf selbst der Erschließung durch die Lehre des Allgemeinen Teils des entsprechenden Rechtes. Die hier gemachte Unterscheidung ist im übrigen in der Rechtswissenschaft geläufig. So liegt sie dem Vorwort zugrunde, das Larenz der ersten Auflage seines „Allgemeinen Teils des deutschen bürgerlichen Rechts“ (1967) voranstellt.

Im Lehrbetrieb ist der Begriff des „Allgemeinen Teils eines Rechtes“ für das Bürgerliche Recht, für das Strafrecht und für das Verwaltungsrecht etabliert. Es handelt sich hier in der Tat um den Lehrstoff, der die Gesetzeswerke des BGB, des StGB und der Verwaltungsgesetze erschließt. Es ist dann allerdings eine Frage der Gestaltung im einzelnen, wie weit sich die Lehre dabei auch an den Allgemeinen Teilen der Kodifikationen orientiert. Dieses Problem weist für jedes Rechtsgebiet seine Eigenheiten auf und müßte daher von Fall zu Fall einer eigenen Prüfung unterzogen werden.

Ich möchte mich hier auf das Zivilrecht beschränken. Ich habe selbst mit den „Grundlagen des bürgerlichen Rechts“[5] einen Allgemeinen Teil des bürgerlichen Rechts in dem hier ins Auge gefaßten Sinne vorgelegt. Diese „Grundlagen“ präsentieren dem Studenten ausgehend von der Lehre vom Anspruch das Wesentliche der drei ersten Bücher des BGB. Didaktisches Ziel ist es, ihn in diesen drei Büchern heimisch werden zu lassen. Im Titel habe ich den Begriff des Allgemeinen Teils vermieden,

---

[5] 2. Auflage, München 1996.

weil mit ihm herkömmlich dann doch eine stärkere Orientierung am ersten Buch des BGB verbunden ist, die hier gerade nicht verfolgt wird. Der Sache nach handelt es sich mit der Darstellung des wesentlichen Funktionsgefüges der drei ersten Bücher des BGB um einen Allgemeinen Teil des bürgerlichen Rechts im hier zugrunde gelegten Sinne und damit um die Lehre des Weges (als der Methode) zum Verständnis dieser drei Bücher und darüber hinaus des bürgerlichen Rechts überhaupt. Noch stärker ins Methodologische gewandt skizziere ich diesen Weg in meiner „Methodenlehre des Zivilrechts". Auch hier[6] wird die Lehre vom Anspruch als Schlüssel für das Verständnis der zivilrechtlichen Rechtssätze begriffen. Diese umfaßt dabei in der Tradition der Institutionen des Gaius auch das Verhältnis von Schuldverhältnis i. w. S. und Eigentum zum Anspruch, im Sinne von Gaius also das Verhältnis von res und actio.

Während nun die Einführungen oder Grundkurse zum bürgerlichen Recht das bürgerliche Recht meistens auf ähnlichem Wege erschließen, bleiben die „Allgemeinen Teile des bürgerlichen Rechts" überwiegend am Allgemeinen Teil des BGB orientiert. Dieser beruht auf einer ganz entscheidenden Modifikation des Gaius-Systems gegen Ende der Aufklärung, die an die Stelle der actio als Rechtshandlung das Rechtsgeschäft setzt. Damit wurde der das bürgerliche Recht kennzeichnende Verbund von Schuldverhältnis, Eigentum und Anspruch aus dem Blick gerückt. An seine Stelle traten mit Person, Sache und Rechtsgeschäft hochabstrakte Begriffe. Ihre Herkunft aus der Philosophie der Aufklärung läßt sich nicht leugnen. Der Begriff der Sache spiegelt dabei nicht nur die Emanzipation des Eigentums aus den Feudalverhältnissen, sondern auch den naturwissenschaftlich-technischen Naturalismus des 19. Jahrhunderts. Die Regelungen des Gesetzes haben überwiegend rechtstechnische Natur. Die auf sie bezogene Lehre des Allgemeinen Teils läßt die geistigen Hintergründe mehr oder weniger deutlich anklingen. Mit ihrer Ausarbeitung hätte man die Grenze zur Rechtsphilosophie allerdings wohl schon überschritten.

Vor gar nicht langer Zeit wurde der Erziehungseffekt, der in der anfänglichen und intensiven Befassung mit den Grundbegriffen der Person und des Rechtsgeschäftes liegt, außerordentlich hoch eingeschätzt. Daß das Funktionsgefüge des bürgerlichen Rechts, das ohne die Lehre vom Anspruch und ohne den Zugriff auf das Schuldrecht und das Sachenrecht nicht deutlich zu machen ist, sich dem Anfänger noch nicht erschloß, wurde dabei hingenommen. Allerdings hatte eine dann folgende an der gesetzlichen Regelung orientierte Lehre des Schuldrechts und des

6 Vgl. insbesondere das 4. Kapitel.

Sachenrechts die Aufdeckung dieses Funktionsgefüges auch nicht unbedingt zum Gegenstand. Es blieb nur, daß es sich gewissermaßen „bei Wege“ erschloß. Irgendwann – etwa im fünften oder sechsten Semester – ging dem Studenten, wie man sagte, „ein Licht auf“. Wer heute den Allgemeinen Teil des bürgerlichen Rechts mit der Orientierung am Gesetz liest, wird in der Regel entweder auf einer Einführung in das bürgerliche Recht aufbauen oder eine solche Einführung in der Vorlesung des Allgemeinen Teils selbst geben, so daß die im Ansatz durchaus unterschiedlichen Konzeptionen sich im praktischen Ergebnis weitgehend annähern.

Der entwickelte Begriff einer Lehre eines Allgemeinen Teils des bürgerlichen Rechts ist also auf das ganze bürgerliche Recht bezogen, wobei wir uns im vorliegenden Fall aus naheliegenden Gründen auf die drei ersten Bücher des BGB beschränkt haben. Der Allgemeine Teil in diesem Sinne umfaßt damit den Zusammenhang von Allgemeinem Teil und Besonderen Teilen des Gesetzes. Wenn wir hier den Begriff des Allgemeinen Teils des bürgerlichen Rechts trotz der vorstehend aufgedeckten Gefahr von Mißverständnissen verwenden, so tragen wir damit einem eingebürgerten Sprachgebrauch im Vorlesungsbetrieb Rechnung. Unserer Intention wäre vielleicht noch besser Rechnung getragen, wenn wir statt von Lehre des Allgemeinen Teils des bürgerlichen Rechts von allgemeiner Lehre des bürgerlichen Rechts sprechen würden. Von dem damit für die Lehre gewählten Ansatz erscheint dann die anschließende Befassung mit den Besonderen Teilen des bürgerlichen Rechts nicht als etwas kategorial anderes, sondern nur als weiterer Ausbau und Vertiefung der schon gewonnenen Kenntnisse. Die Lehre der Besonderen Teile führt die Lehre des Allgemeinen Teils nur fort, da diese die Besonderen Teile ihrer Grundstruktur nach schon mit erfaßt.

Der entsprechende Allgemeine Teil des Strafrechts wird vor allem den Aufbau der Straftat einschließlich der Irrtumslehre vortragen, der Allgemeine Teil des Verwaltungsrechts das Verhältnis von öffentlich-rechtlichem Gesetz und Verwaltungshandeln und die Lehre vom Verwaltungsakt. Kontroversen beziehen sich hier weniger auf die Konzeption der Lehre als auf inhaltliche Aspekte. Stichworte sind für das Strafrecht etwa kausale und finale Handlungslehre und für das Verwaltungsrecht die Frage nach der Gewichtung des Verwaltungsrechtsverhältnisses.

Von dem entwickelten Begriff des Allgemeinen Teils der großen Rechtsgebiete Bürgerliches Recht, Strafrecht und Verwaltungsrecht wird nun zweckmäßigerweise ein zweiter Begriff des Allgemeinen Teils unterschieden. Es ist der Allgemeine Teil, der häufig noch wieder Besonderen Teilen des Gesetzes vorgeordnet ist. Beispiel ist etwa der „Allgemeine Teil des Schuldrechts“, unter dem in der Regel die ersten sechs Abschnitte des zweiten Buches des BGB zusammengefaßt und dem siebenten Abschnitt als Besonderem Schuldrecht gegenübergesetzt werden. Gelegentlich werden auch die beiden ersten Abschnitte des dritten Buchs als Allgemeines Sachenrecht bezeichnet und den Abschnitten drei bis neun als dem Besonderen Sachenrecht gegenübergesetzt. Dieser Begriff des Allgemeinen Teils ist ein Begriff der Lehre, der Gesetzgeber gebraucht ihn nicht. Die Lehre trägt hier aber dem gesetzgeberischen „Ausklammerungsprinzip" Rechnung, so daß die Verwendung des Begriffs der Sache nach doch durch das Gesetz begründet ist. Entsprechend ist der Sinn der Allgemeinheit hier auch durch die Notwendigkeiten der gesetzlichen Gliederung und nicht vom Sinn des Rechtsbereichs her bestimmt. So lassen sich allein aus dem Regelungszusammenhang des zweiten Buchs des BGB weder die Begriffe des Schuldverhältnisses im engeren noch des Schuldverhältnisses im weiteren Sinne verständlich machen. Nur die Gliederungstechnik des Gesetzes läßt es als akzeptabel erscheinen, daß das Gesetz das Erlöschen des schuldrechtlichen Anspruchs durch Erfüllung vor der Begründung dieses Anspruchs regelt.

Es gibt dann noch einen dritten Begriff des Allgemeinen Teils, der mit dem ersten Begriff zusammenzuhängen scheint und hier noch Erwähnung finden sollte. Jede in bezug auf einen bestimmten gesetzlichen Regelungskomplex bezogene Lehre ist allgemein im Verhältnis zu dem gesetzlichen Regelungskomplex selbst, der ja schon im Hinblick auf die Anwendung auf zu entscheidende Fälle hin konzipiert ist. Hier tritt die Allgemeinheit der dem Gesetz zugrunde liegenden und von ihm vorausgesetzten Prinzipien der Besonderheit der im Gesetz formulierten Streitentscheidung gegenüber. Es sind zwei miteinander nicht übereinstimmende, aber doch aufeinander bezogene Perspektiven, mit denen wir es hier zu tun haben. Dieser Begriff von Allgemeinheit und Besonderheit gilt für jeden gesetzlichen Regelungskomplex, wo auch immer er im Aufbau des Gesetzes verortet sein mag. Wir beschränken uns auf einige signifikante Beispiele. Die Rechtsgeschäftslehre ist allgemein gegenüber dem Regelungskomplex, den der Gesetzgeber des BGB im dritten Abschnitt des ersten Buches normiert hat. Dem steht nicht entgegen, daß sich die einzelnen gesetzlichen Regelungen – gewissermaßen als Fragmente – natürlich in die Rechtsgeschäftslehre integrieren lassen und in der Lehre auch in sie integriert werden. Das Recht der Allgemeinen Geschäftsbedingungen als Gegenstand der Lehre ist nicht mit dem AGB-Gesetz identisch, sondern wird von ihm vorausgesetzt und macht die gesetzliche Regelung überhaupt erst verständlich. Die von der Lehre zu entwickelnden Zusammenhänge transzendieren notwendigerweise die gesetzliche Regelung, weil diese nur auf diesem Wege in ihrer Bedeutung klarzumachen ist. Das gesamte Sachenrecht läßt sich in seinen Grundzügen im übrigen aus § 903 S. 1 BGB entfalten, der damit einen Merkposten für die Lehre darstellt. Die Eigentümerfreiheit dient wirtschaftlich dem Gebrauch oder Verbrauch der Sachen, rechtlich ermöglicht sie die Verfügung über das Eigentum und Teilrechte aus dem Eigentum gemäß dem Prinzip des sachenrechtlichen Typenzwangs. Diese Eigentümerfreiheit ist gegen den Störer durch Ansprüche auf Abwehr der Störung geschützt.

Diese Dimension der Allgemeinheit der Lehre kann jedem gesetzlichen Regelungskomplex zugeordnet werden, also auch solchen, die nicht über allgemeine Vorschriften verfügen und die nicht im Sinne der Tradition des Lehrbetriebs als Allgemeine Teile eines Rechts gelehrt werden. Natürlich ist auch dieser Begriff der Allgemeinheit von methodologischem Interesse.

Gründe der Praktikabilität legen nun allerdings nahe, den gesuchten Begriff einer Methode zum Erwerb von Kenntnissen des Rechts an den Erfordernissen des Lehrbetriebs zu orientieren. Methoden des Rechts sind damit die Lehren der Allgemeinen Teile des bürgerlichen Rechts, des Strafrechts und des Verwaltungsrechtes. Im öffentlichen Recht treten neben den Allgemeinen Teil des Verwaltungsrechtes noch die Allgemeinen Lehren zu den Grundrechten und zum Staatsorganisationsrecht. Alle diese allgemeinen Lehren der Rechte, wie wir jetzt abgekürzt sagen können, erschließen in der besonderen Art ihrer Fragestellung die ihnen zugeordneten Bereiche der gesetzlichen Regelung. Diese auf die großen Rechtsbereiche bezogenen allgemeinen Lehren finden wiederum eine Ergänzung und Ausdifferenzierung in den Lehren, die den Regelungsgehalt einzelner miteinander zusammenhängender gesetzlicher Regelungskomplexe vorstellen. Im Hinblick auf die jeweils erfaßte gesetzliche Regelung lassen auch diese Lehren sich – wie wir gesehen haben – noch als allgemein bezeichnen. Insgesamt ergibt sich damit bereits im Hinblick auf das von der überkommenen Methodenlehre ins Auge gefaßte Ziel einer Auslegung des Gesetzes das Bild einer Pluralität der Methoden, die erst die Erschließung des Sinnes der Gesetze in der juristischen Ausbildung ermöglichen.

Die Gesetzgeber Justinians haben diesen Zusammenhang erfaßt, wenn sie mit den Institutionen das maßgebliche Lehrbuch des römischen Rechts den Digesten voranstellten. Die Institutionen allein hätten für die Rechtsanwendung keine genügende Grundlage gegeben. Den Digesten ohne die Institutionen hätte die juristische Grammatik und systematische Quintessenz gefehlt.[7] Die Digesten wären kaum, mit Sicherheit aber nur sehr viel schwerer lernbar gewesen. Erst beide Aspekte machen das corpus iuris civilis aus. Das gilt heute nicht anders als zu römischer Zeit.

---

7 Darin sehen *Behrends/Knütel/Kupisch/Seiler,* Corpus Iuris Civilis, Die Institutionen, Heidelberg 1993, S. V, das Wesentliche der Institutionen.

V. Die Lehre von der Anwendung des Rechts auf den Fall

Das Ziel der juristischen Ausbildung ist nun nicht nur die Vermittlung von Rechtskenntnissen, sondern auch die Vermittlung der Fähigkeit, diese Rechtskenntnisse zur Entscheidung von Fällen fruchtbar zu machen, sie auf den Fall „anzuwenden“. In diesem Sinne haben wir Theorie und Praxis des Rechtes unterschieden. Leitbild der Ausbildung ist bekanntlich die Befähigung zum Richteramt, die unter dem Gesichtspunkt des „Einheitsjuristen“ als notwendiges Erfordernis zur Ausübung aller juristischen Berufe angesehen wird. Wir können in diesem Zusammenhang auf die langjährige Diskussion der damit angesprochenen Problematik nicht eingehen, sondern wollen uns an dieser Zielvorgabe orientieren.

Die Lehre von der Anwendung des Rechtes auf den Fall ist die Lehre von der Fallösung. Es wird sich zeigen, daß der Ausdruck „Lehre von der Fallösung“ umfassender ist und damit den jetzt zu beschreitenden Weg der Rechtsfindung genauer bezeichnet als der Begriff der Anwendung. Zugleich ist damit auf eine umfassende Literatur Bezug genommen, die bezogen auf einzelne Rechtsgebiete Fallösungen präsentiert und damit lehrt. Die überkommene Methodenlehre hat diese Literatur bisher nicht integrieren können.

Zweckmäßigerweise unterscheidet man im Hinblick auf die Lehre von der Anwendung des Rechts auf den Fall, also die Lehre von der Fallösung, wieder mehrere Schichten. Eine Theorie der Gesetzesanwendung befaßt sich mit deren allgemeinen Strukturen. Die Entwicklung dieser Theorie bildet – neben der Lehre von der Auslegung des Gesetzes – bisher das zweite große Thema der überkommenen juristischen Methodenlehre. In einer zweiten Schicht wird in den einzelnen Rechtsgebieten die Lösung repräsentativer Fälle gelehrt. Im ersten Ausbildungsabschnitt an der Universität geschieht das vor allem in den Übungen, Repetitorien und Klausurenkursen. Ganz im Vordergrund steht die Lösung des unstreitigen Falles. In dieser zweiten Schicht wird also die Theorie der Anwendung selbst wieder in der Anwendung geübt. In einer dritten Schicht wird die Fallösung nunmehr im berufspraktischen Zusammenhang eingeübt. Der Begriff der praktischen juristischen Ausbildung wird erst auf diese dritte Phase bezogen. Es ist das Referendariat, das sich nun allerdings schon aus unterschiedlichen Berufsperspektiven mit der Lösung nicht nur streitiger, sondern auch wirklicher Fälle befaßt.

Diese drei Phasen der Fallösung sollen im folgenden etwas näher betrachtet werden.

1. Die Theorie der Gesetzesanwendung

Die Theorie der Gesetzesanwendung hat Geltung für alle Rechtsgebiete. Sie wird von der überkommenen Methodenlehre gelehrt. Im Mittelpunkt steht hier das Subsumtionsmodell der Gesetzesanwendung, das dann allerdings durch Theorien einer gegenseitigen Annäherung von Norm und Fall eine hermeneutische Verfeinerung erfährt. Der Bezug auf die tatsächliche Fallösung, also auf die Anwendung der Theorie, wird dabei in diese Theorie nicht genügend einbezogen, so daß sie für den Studierenden unbefriedigend bleibt. Ein zutreffenderes Bild der allgemeinen Strukturen der Fallösung gewinnt der Studierende dann „bei Wege“ in der zweiten Phase, also in der Einübung von Lösungen unstreitiger Fälle.

Die überkommene Theorie der Gesetzesanwendung mit dem Subsumtionsmodell im Mittelpunkt scheint uns in der angedeuteten Richtung – durch stärkere Einbeziehung des tatsächlichen Vorgehens bei der Fallösung – ergänzungsbedürftig, allerdings auch ergänzungsfähig zu sein. Der lange Weg des Lernenden zur Kenntnis des Rechts im Sinne einer Kenntnis des Gesetzes wird ja vor allem mit der Absicht und in der Hoffnung begangen, in Gestalt des Gesetzes feste Maßstäbe für die sich dann stellende Aufgabe der Fallösung in die Hand zu bekommen. Was liegt näher, als daß dann schließlich von diesen Maßstäben auch Gebrauch gemacht wird. Das Gesetz ist mit der Zuordnung von Tatbestand und Rechtsfolge auf die Notwendigkeit der Anwendung hin konzipiert. Mit der Subsumtion von Umständen des zu entscheidenden Falles unter den Tatbestand des Gesetzes kommt der Jurist also nur am Ziel seines langen Weges an. Er erntet jetzt den Lohn für seine Mühe. Das Subsumtionsmodell beansprucht also in der Lehre von der Gesetzesanwendung zu Recht einen wichtigen Platz.

Das skizzierte Bild ist aber nicht vollständig. Wir müssen in jedem Fall in zwei Hinsichten Wasser in den Wein gießen. Aus der Vielzahl der Gesetze muß der Anwender selbst erst die Gesetze auswählen, die er für seine Fallösung meint „gebrauchen“ zu können. Die Subsumtion unter den Tatbestand des Gesetzes ist erst nach einer solchen Auswahl möglich. Wir sprechen davon, daß erst eine Hypothese aufgestellt werden muß, die dann ihre Antwort in der Subsumtion findet. Im Zivilrecht ist Ansatzpunkt für diese Hypothese die Anspruchsnorm. Das Gutachten zur Fallösung beginnt in aller Regel mit einer Anspruchshypothese. Mit der richtigen Auswahl eines oder mehrerer Rechtssätze des Gesetzes, die angewendet werden sollen, ist es dann auch noch nicht getan. In aller Regel bedürfen die gewählten Rechtssätze selbst einer weiteren Spezifikation durch den Einsatz von Hilfsnormen, die ihrerseits wieder richtig ausgewählt werden müssen. Der Anwender muß also, bevor er überhaupt das erste Mal subsumiert, unter Einsatz verschiedener Rechtssätze eine zur Lösung seines Falles geeignete Hypothese erarbeiten.

Die Konzeption dieser Hypothese erfordert vom Juristen sowohl die Kenntnis des Falles wie auch die Kenntnis des Rechtes. Der Fall gibt ihm die zu entscheidenden Rechtsfragen vor, die er durch Heranziehung der entsprechenden Rechtssätze beantworten kann. Die Kenntnis des Rechts ist dabei Kenntnis der Rechtssätze in ihrem systematischen Zusammenhang. Die Fallösung kann nur gelingen, wenn die richtigen Fragen des Falles ihre richtige rechtliche Antwort finden.

Der für die Lösung des Falles erforderliche Überblick über das Recht umfaßt nun nicht nur die Rechtssätze des Gesetzes, sondern auch die vielen Rechtssätze, die Rechtswissenschaft und Rechtsprechung in Ergänzung des Gesetzes zur Verfügung stellen. Bei der Subsumtion unter Generalklauseln oder sonst ausfüllungsbedürftige Tatbestandsmerkmale von Rechtssätzen fehlen aber häufig derartige spezifizierende Hilfsnormen, die der Rechtsanwender nun erst selbst bilden muß, um dann unter sie ihrerseits subsumieren zu können. Häufig genügt statt einer neuen Hilfsnorm auch die Entwicklung einer zustimmungsfähigen Argumentation. Es handelt sich dabei gewissermaßen um eine noch nicht in Tatbestand und Rechtsfolge aufgegliederte Vorform einer Hilfsnorm.

Das Subsumtionsmodell der Gesetzesanwendung nimmt als Ausgangspunkt nicht die Fallfrage, sondern stattdessen den gesetzlichen Obersatz. Damit wird der ganz entscheidende Schritt der Hypothesenbildung übersprungen. Dann wird die Subsumtion wohl weitgehend als logisches Schlußverfahren mißverstanden. Tatsächlich handelt es sich um eine vom Richter getroffene Wertentscheidung. Es gelingt dabei dem Richter nicht etwa, einen Rechtsbegriff auf eine Tatsache zu beziehen und damit die kategoriale Kluft von Recht und Tatsache zu überspringen, sondern er entscheidet – so oder so – über die in der Regel von den Parteien durch Vortrag der Tatsache selbst schon in Anspruch genommene Wertung.[8]

2. Die Übung von Fallösungen

Wer die Theorie der Gesetzesanwendung verstanden hat, hat damit zwar einen ersten Schritt zur Fähigkeit der Fallösung getan, kann darum aber noch keine Fälle lösen. Diese Fähigkeit wird erst durch eine ausreichende Übung von Fallösungen selbst erworben. Wir sind damit bei der zweiten Phase des Lernens von Gesetzesanwendung. Der alte Satz, daß erst Übung den Meister macht, zeigt sich auch hier als zutreffend. In der Übung wird die Fallösung gelehrt und gelernt.

---

8 Vgl. dazu im einzelnen meine Methodenlehre des Zivilrechts, S. 93 ff.

Die Übung erfolgt rechtsbereichsspezifisch, d.h. es werden Übungen zur Lösung von Zivilrechtsfällen, von Strafrechtsfällen und von Fällen des öffentlichen Rechts abgehalten. In den Fachsparten sind besondere Übungen häufig auch einzelnen Fächern zugeordnet. So finden in der Zivilrechtsausbildung Übungen im Arbeitsrecht, im Gesellschaftsrecht und im Zivilprozeßrecht statt. Ein entsprechend differenziertes Bild bietet die Literatur zur Fallösung.

Die fachgruppen- und fachspezifische Präsentation der Fallösungen erscheint auf den ersten Blick mehr oder weniger selbstverständlich. Wir möchten darin allerdings den Ausdruck der unterschiedlichen Methoden der Rechtsfindung im Sinne unserer Ausführungen vorstehend unter IV. sehen. Wie der Allgemeine Teil des bürgerlichen Rechts sich von dem des Strafrechts und dem des Verwaltungsrechts unterscheidet, so unterscheiden sich auch die entsprechenden Fälle und Fallösungen. Wie die Wege zur Kenntnis der Rechte sich unterschieden, so unterscheiden sich jetzt auch die Wege der Lehre und des Lernens der Anwendung dieser Rechte. Es ist kein Zufall, daß das Zivilrecht die Ansprüche gewährt, nach denen dann im Zivilrechtsfall gefragt wird. In der zweiten Phase der Gesetzesanwendung – dem Üben von Fallösungen – kommt es also zu einer frappierenden Entsprechung mit den Allgemeinen Teilen der Rechte im vorstehend skizzierten Sinne. Was dort als Methode im Hinblick auf die Kenntnis des Rechts und damit auf die Theorie begriffen worden war, wird jetzt im Zuge der Fallösung auch praktisch. Hier besteht kein Bruch zwischen Theorie und Praxis der Rechte.

Es kommen auf diesem Wege allerdings nicht nur die Allgemeinen Teile der Rechte zur Anwendung, die Fallösungen repräsentieren in hervorragender Weise vielmehr zugleich auch die durch diese Allgemeinen Teile erschlossenen Besonderen Teile der entsprechenden Rechte. Die Fallösungen gelten geradezu als Aufbereitung des Stoffes der Besonderen Teile der Rechte, der jetzt in Gestalt der Fallösung gelehrt und gelernt wird. Die Bezeichnung dieser Art der Stoffdarbietung als Repetitorium trifft den Kern der Sache.

Das Ausbildungsprogramm ist oder wir wollen vorsichtiger sagen sollte so konzipiert sein, daß die eingeübten Fallösungen für den Stoff in systematischer Hinsicht repräsentativ sind. Dieses Ziel läßt sich nur über die sogenannten Standardfälle erreichen, die dann in der Übungspraxis auch ganz im Vordergrund stehen. Es mögen dann auch „abseitige" Fälle zur Lösung aufgegeben werden, aber doch mehr, um das Interesse nicht unter einen gewissen Pegel sinken zu lassen. Sie bestimmen das Bild nicht. Die Präsentation des Stoffes in Gestalt der ein Fach ausreichend abdeckenden Standardklausuren stellt damit in Wirklichkeit eine zweite Art der Rechtslehre neben der bisher schon geschilderten dar. Durch sie wird das Verständnis des „angewendeten Gesetzes“ erworben. Die Gesamtheit der Standardfälle eines Faches genießt durchaus den Status eine Kanons, der gekonnt sein muß.

Die didaktische Bedeutung dieses Ausbildungsprogramms liegt nicht ohne weiteres zutage. Der Studierende erkennt sie häufig nicht oder zu spät oder mißt ihr zu geringes Gewicht zu. Er geht von der Vorstellung aus, daß die Unzahl der denkbaren Fälle die Beschäftigung mit den Falllösungen im Grunde zu einem Lotteriespiel macht. Wieso sollte man durch Lösung eines Falles, der dieser Einschätzung nach nie wieder vorkommt, zur Lösung eines davon zu unterscheidenden anderen Falles befähigt sein? Damit wird die Repräsentationsfunktion des Standardfalles jeweils für einen wichtigen systematischen Zusammenhang eines bestimmten Faches verkannt. Der Standardfall läßt sich näher dahin charakterisieren, daß er in der Regel ein typisches Ensemble von Problemen eines bestimmten Faches erfaßt. Damit unterscheidet er sich vom Schulbeispiel, das sich nur auf ein Problem bezieht. Durch die Lösung des Standardfalles mitgeübt sind daher zugleich auch alle Fälle, die sich aus der Variation des einen oder anderen Problems aus diesem Ensemble ergeben. Damit eröffnet die Lösung jedes Standardfalles den Zugang zu einer Vielzahl von Fällen, die in seinem „Einzugsbereich“ liegen. Weil der Standardfall repräsentativ für systematische Strukturen ist, vermag er auch alle Fälle zu repräsentieren, die von diesen Strukturen her erschlossen werden.

Ich schätze, daß es in diesem Sinne für das Zivilrecht vielleicht 200 Standardfälle gibt, für das Strafrecht und für das öffentliche Recht je 100. Natürlich kommt es bei dieser Zahl auf die Dichte an, mit der man die einzelnen Fächer besetzen möchte. Auch unterliegt der Fundus dieser Standardfälle im Laufe der Zeit einer Wandlung. All das vermag nichts an der großen grundsätzlichen Bedeutung der Lehre und des Lernens des Kanons der für jedes Fach maßgeblichen Standardfälle zu ändern. Der Schwerpunkt der Lehre dieses Kanons liegt im übrigen in der Falllösungsliteratur, weniger in den Lehrveranstaltungen, die die Breite des hier erforderlichen Wissens kaum zu bieten vermögen.

Noch ein Wort zur Technik dieses Lernens. Die Fallösung wird häufig schon lange vor den Übungen und Klausurenkursen in den die Standardvorlesungen begleitenden Tutorien und Arbeitsgemeinschaften eingeübt, die den Vorlesungsstoff in die Fallösungsperspektive umsetzen. Die Falllösung bleibt dann auch in der Vorlesung der dogmatischen Fächer nicht ausgespart. Bei der Klausur wird der Studierende gehalten, sein vorhandenes Wissen nur mit Hilfe des Gesetzes in die Fallösung umzusetzen. Der didaktische Erfolg setzt natürlich die Beteiligung an der Besprechung der Lösung voraus, weil nur auf diesem Wege aus den gemachten

Fehlern gelernt wird. Da nicht alle Standardfälle klausurmäßig geschrieben werden können, ist die Durcharbeitung schriftlicher Klausurlösungen – zur Wahrung des Kanons – unerläßlich. Da hier das Fehlererlebnis fehlt, bedarf es anderer Techniken der Einprägung. Als sinnvoll hat sich das *selbst* verfaßte Exzerpt der Klausuren erwiesen, das auch deren Aufbau spiegeln sollte. Die Lösung prägt sich schon beim Exzerpieren ein. Sie ist aufgrund des Exzerpts dann auch in kürzester Zeit wiederholbar.

Daß die juristische Ausbildung den geschilderten Weg nimmt, wird dann schließlich auch im Referendarexamen deutlich, das den ersten Ausbildungsabschnitt abschließt. Im Verlauf dieses Examens wird vor allem die Fähigkeit des Kandidaten zur Fallösung geprüft.

3. Die Entscheidung des wirklichen Falles

In der dritten Phase der Gesetzesanwendung lernt der angehende Jurist den wirklichen Fall zu entscheiden. Es ist die Zeit des Referendariats, der praktischen juristischen Ausbildung bei Gerichten, Behörden, Anwälten und Wirtschaftsorganisationen. Die jetzt zu bewältigenden Probleme kündigen sich in der universitären Ausbildung schon an und hören auch mit der zweiten juristischen Staatsprüfung nicht auf, sondern stellen sich – in sich abschwächender Weise – das ganze juristische Berufsleben lang. Sie sind nur im Referendariat besonders deutlich greifbar. Der Referendar macht jetzt die Erfahrung, daß das bisher Gelernte zwar ein wichtiges Werkzeug für die tatsächliche Bearbeitung von Fällen sein mag, daß es dann aber dafür doch nicht ausreicht. Viele Fälle scheinen quer zu den systematischen Strukturen zu liegen, mit deren Hilfe man sie im ersten Ansturm meint bewältigen zu können. Es zeigt sich dann allerdings, daß sie sich doch befriedigend lösen lassen. Daß dem so ist, entnimmt der Referendar nicht zuletzt aus der Zustimmung der Kollegen, der Ausbilder, wohl gar der wirklichen Parteien, die jetzt die Bühne betreten. Dabei wird zugleich die Erfahrung gemacht, daß der bisher für erforderlich gehaltene Anspruch an die systematische Konsistenz der Entscheidung vielleicht doch überhöht war. Die Entscheidung gewinnt häufig an Qualität, wenn er etwas zurückgenommen wird. Das bedeutet allerdings noch nicht, daß das, was hier geschieht, damit auch analytisch prägnant erfaßt ist.

Ein Beispiel scheint mir für die neue Perspektive besonders aufschlußreich. Zivilrechtsfälle lassen sich häufig überzeugender durch Auslegung von Verträgen als durch Anwendung der gesetzlichen Institute, insbesondere des Leistungsstörungsrechtes lösen. Entscheidend wird damit, wie man den Punkt der Anwendbarkeit dieser Institute bestimmt.

Wenn wir einen Vergleich aus der Geographie bemühen dürfen, so ist es, als ob man sich ein Gebiet zunächst durch Autobahnen erschließt (Theorie der Gesetzesanwendung), dann auf die Bundes- und Landstraßen hinausfährt (Übung von Standardfällen), um schließlich Kreis- und Dorfstraßen zu benutzen, um an sein Ziel zu kommen, ja sogar dieses nur zu Fuß querfeldein zu erreichen vermag. Jedes dieser Verkehrssysteme setzt die anderen voraus. Um im Vergleich zu bleiben, es ist unmöglich, nur auf Autobahnen an sein Ziel zu gelangen.

Die Dimension der jetzt zu bewältigenden Schwierigkeiten kündigt sich schon während des Studiums an. Während die Standardklausuren um den thematisierten systematischen Zusammenhang herumgebaut sind, gehen schon die Hausarbeiten in den Übungen häufig nicht mehr einfach auf. Dieses Erlebnis vermittelt auch die einigermaßen sorgfältige Lektüre der höchstrichterlichen Rechtsprechung. Sie löst die Probleme der zu entscheidenden Fälle weniger durch direkten systematischen Zugriff als dadurch, daß sie sie vorsichtig annähernd umkreist. Die Lösung von Hausarbeiten in den Staatsexamen ist dann schließlich häufig ganz durch das Erlebnis bestimmt, daß die Entscheidung zwar rechtlich begründet sein muß, daß das Recht dem Bearbeiter aber die Entscheidung nicht abnimmt.

Die jetzt ins Auge gefaßte Perspektive auf die Rechtsfindung hat in der juristischen Methodenlehre ihre Würdigung unter sehr unterschiedlichen Gesichtspunkten gefunden. Man hat die besondere Qualität der juristischen Entscheidung mit dem Begriff des Judizes zu kennzeichnen versucht. Freirechtsschule, Interessenjurisprudenz, Topik und Argumentationstheorie haben sich des Problems je auf ihre Weise angenommen. Wir versuchen eine Lösung durch das hier vorgetragene „Drei-Phasen-Modell“ der Gesetzesanwendung, mit dessen Hilfe in gewissermaßen enger werdenden Kreisen unterschiedliche Perspektiven auf die Gesetzesanwendung zur Geltung gebracht werden. Diese Konzeption hat den Vorteil, daß die einzelnen Phasen nicht nur theoretische Konstrukte sind, sondern sich ihr Vorkommen in der tatsächlichen Ausbildung unserer Juristen verifizieren läßt. Was wir hier als Methode vortragen, findet seine Beglaubigung in der Wirklichkeit der Ausbildung.

Ich will hier mit einer Betrachtung schließen, die ich schon im siebenten Kapitel meiner „Methodenlehre des Zivilrechts“ vorgetragen habe. Es ist unmöglich, Recht ohne die Anschauung der Lebensverhältnisse zu gewinnen. Die Rechtslehre geht von dieser Anschauung aus und die Rechtsanwendung führt auf sie zurück. Sie bildet gewissermaßen die Welt, in der sich Recht erst entfaltet. Wir hätten auch keine Bedenken, statt von Lebensverhältnissen von Rechtsverhältnissen zu sprechen, wenn man diesen Begriff noch nicht in irgendeinem dogmatischen Sinne versteht.

Der Begriff der Anschauung der Lebens- und Rechtsverhältnisse ist nun wahrscheinlich noch zu distanziert. Die Plastizität dieser Verhältnisse ist letztlich zugänglich nur für denjenigen, der in ihnen auch lebt. Das scheint mir die *Magna Charta Libertatum* zu meinen, wenn sie eine Tat nur dem Urteil der Nachbarn oder Standesgenossen unterwerfen will. Wer hier nur Tatsachen sieht, auf die Recht erst angewendet werden muß, übersieht allzu leicht, welche Kunst es ist, überhaupt Tatsachen zu sehen. Ist das gelungen, scheint sich das Recht im Sinne dieser dritten Phase auch schon einzustellen.

Mit dieser Beobachtung stimmt auch überein, daß jeder Lebenskreis eine besondere Nähe zu „seinem“ Recht hat. Dazu gehören dann auch die von diesem Recht vielfach in Bezug genommenen Sitten und Gebräuche dieses Lebenskreises. Das gilt für den Kaufmann, den Handwerker, den Landwirt, den Beamten, den Soldaten, den Arbeitgeber und den Arbeitnehmer. Das legt eine juristische Spezialisierung auf entsprechende Tätigkeitsfelder der juristischen Arbeit nahe, die dann tatsächlich auch das juristische Berufsleben durchzieht. Dabei sind dann auch die einzelnen juristischen Berufe selbst wieder einer entsprechenden Spezialisierung unterworfen. Die Gerichtsbarkeit gliedert sich in sehr unterschiedliche Zweige auf, Hochschullehrer verstehen sich vor allem als Fachleute ihrer Spezialgebiete, Fachanwälte und Wirtschaftsjuristen arbeiten je in ihrer Welt. Die durch diese Spezialisierung ermöglichte Erfahrung scheint dann schließlich die letzte Voraussetzung dafür zu sein, daß das Ziel des langen Weges erreicht wird, den wir in Gedanken abgeschritten haben.

IV. Strukturtheorie des Rechts und Pragmatik der Gesetzesbindung

RECHTSTHEORIE 32 (2001), S. 327–344
Duncker & Humblot, 12165 Berlin

THEORIE UND PRAXIS AUS DER SICHT DER STRUKTURIERENDEN RECHTSLEHRE

Von Ralph Christensen, Mannheim,
und Michael Sokolowski, Heidelberg

Der Bruch zwischen methodischer Theorie und gerichtlicher Praxis verläuft diametral anders als gemeinhin angenommen. Nach landläufiger Meinung ist es die Praxis, die durch ihre Verstrickungen in die alltäglichen Kontingenzen hinter die Einsichten der Theorie auf Grund von Unzulänglichkeit und Unvermögen zurückfällt. Bei näherem Hinsehen verhält es sich jedoch genau umgekehrt. Es ist die Theorie, die hinter die Praxis zurückfällt und angesichts von deren Reichtum an Fertigkeiten dürftig erscheinen muss. Dieses Zurückbleiben der Theorie ergibt sich aus einem Missverstehen der Natur richterlicher Bindungen. Das Problem dieser Bindungen liegt darin, dass der Richter das, woran er gebunden ist, selber erst noch erzeugen muss.

Es gibt drei Möglichkeiten, auf diese Paradoxie zu reagieren. Erstens kann man das Paradox unsichtbar machen, indem man an die Stelle des fehlenden Gegenstands der Rechtserkenntnis einen philosophischen Rationalitätsmaßstab setzt. Das wäre die Strategie der Invisibilisierung. Zweitens kann man es beiseite schieben, indem man die Möglichkeit richterlicher Bindung prinzipiell ablehnt. Das wäre die Strategie der Negierung. Drittens kann man das Paradox in der Zeit entfalten, indem man die Bindungen in das richterliche Handeln selbst verlegt. Das wäre die Strategie der Explikation.

Diesen drei Haltungen entsprechen die klassischen Textsorten. Die Textsorte der Romanze ist mit der Invisibilisierungsstrategie der herkömmlichen Lehre besetzt. Danach taumeln durch die Gerichtssäle orientierungslose Subsumtionsautomaten. Das Gesetz hilft ihnen nur extrem selten. Sie greifen nach Prinzipien, für deren Abgrenzung und Gewichtung aber ein fester Haltepunkt fehlt. Erst die übermenschliche Anstrengung der Theorie verschafft ihnen einen philosophischen Wahrheits- oder Gerechtigkeitsmaßstab und damit den festen Halt, den sie brauchen. Die Textsorte der Tragödie ist besetzt mit der Strategie der Negation. Danach muss der Richter in seinem Versuch, der Gesetzesbindung genüge zu tun, notwendig scheitern. Es gibt keinen Gegenstand der Rechtserkenntnis. Diesen Zustand fehlenden Halts kann man nur heroisch oder zynisch ertragen. Es bleibt für die Strategie der Explikation also nur noch die Form der Komödie: Danach hinkt die juristische Methodik hinter der Praxis her. Sie versucht verzweifelt die komplexen Bindungen zu rekonstruieren, welche sich für die Praxis aus einer Flut von Texten und den Rollenzwängen des Verfahrens ergeben. Dabei ist sie gezwungen eine Vielzahl wissenschaftlicher Perspektiven zu integrieren, wie etwa Linguistik und Soziologie, was mit dem Risiko verbunden ist, ständig über Dinge zu reden, die man nicht genau versteht. Trotzdem bleibt juristische Methodik immer einen Schritt hinter der Praxis zurück und nervt außerdem durch gelegentliche Besserwisserei von der Verfassung her.

Was ist der Vorteil der Komödie? Zunächst vermeiden wir die Überanstrengung der Romanze. Wenn man die Gesetzesbindung durch eine philosophische Wahrheitstheorie ersetzt, muss man den meist unergiebigen Streit über letzte Dinge führen. Den Streit über die vorletzten Dinge kann man aber entspannter angehen. Die tragische Perspektive hat sicher recht, dass die Semantik des Gesetzes die richterliche Entscheidung nicht determinieren kann. Aber statt dies zu verstecken, sollte man die große Anzahl von pragmatischen Bindungen, die für die Richter bestehen, erst einmal sichtbar machen. Es gibt also, wenn man nicht in Trauer um den alten Positivismus verharren will, jede Menge interessanter Gegenstände zu entdecken.

Bleiben wir also bei der Komödie, auch wenn es gar nicht viel zu lachen gibt. Zunächst der Überblick über das folgende Geschehen. Auf eine Kurzformel gebracht behauptet die Strukturierende Rechtslehre folgendes: Die herkömmliche Auffassung ist im Irrtum, wenn sie die Bindungen des Richters semantisch begreift. Vergessen werden dabei die wirksamen Bindungen auf pragmatischer Ebene. Diese sind von einer Theorie der Praxis im Rahmen eines verfahrensbezogenen Rechtsstaatsverständnisses zu erfassen.

I. Theorie der Praxis

Eine Theorie der Praxis ist darin explikativ, dass sie „ausdrücklich" sagt und „in Sätze fasst", was sich in der Praxis stillschweigend, „ohne große Worte zu machen" vollzieht[1]. Sie liefert mit ihrer Ausformulierung der entsprechenden Kriterien die Gründe dafür, dies im Einzelfall so oder so zu tun. Dafür kann und braucht sie nicht auf irgendwelche ominösen, der Praxis vorgegebenen Normen zu verweisen. Vielmehr kann eine Theorie der Praxis nur auf einen der jeweiligen Praxis inhärenten,

---

1 *R. B. Brandom,* Making it explicit. Reasoning, Representing and Discursive Commitment, 1994, S. 3 ff., 18 ff.

durch das Handeln der beteiligten Akteure in deren Vollzug immer wieder instituierten normativen Sinn eben dieser Praxis zurückgreifen. Die verschiedenen Verrichtungen und Vorkehrungen, die eine Praxis ausmachen, enthalten selbst „implizite Normen, indem sie implizite normative Einstellungen beherbergen, durch die die betreffenden Normen instituiert werden."[2] Diese Einstellungen wiederum finden ihren „genuinen praktischen Ausdruck im sozialen Verhalten des *sanktionierenden* Reagierens auf das Verhalten eines *anderen*: Die implizite Beurteilung einer Performanz als *korrekt* oder *inkorrekt* manifestiert sich typischerweise in der Anwendung einer positiven oder negativen Sanktion".[3]

Von hier aus lässt sich die Brücke zur juristischen Praxis schlagen. Das Spiel des Rechts hat diesen Mechanismus nicht nur im Instanzenzug instituiert. Vielmehr wachen ganze Heerscharen begleitender Kritik und Beobachtung durch Wissenschaft und Rechtsgemeinde über die diskursive Kreditwürdigkeit der jeweils namens des Rechts Agierenden. In dem Maße, in dem diese auf die der rechtlichen Praxis eigenen normativen Züge pochen, erzeugen sie diese zugleich immer wieder. Dies zeigt sich immer wieder erst darin, dass die Beteiligten zur Aufrechterhaltung des „guten" Sinns, den sie mit ihrem Handeln verbinden, einander immer wieder dazu anhalten. Genau das tut denn auch eine Theorie rechtlicher Praxis. Sie macht damit ein Stück der unsichtbaren Hand des Rechts, die in der juristischen Entscheidungsarbeit waltet, sichtbar und überprüfbar.

Methodische Theorie muss also versuchen, durch Beobachtung die Struktur erfolgreicher Praxis zu konstruieren. Als Gegenstand der Beobachtung ergibt sich das sprachliche Handeln der Juristen. Streitig ist aber, wie zu beobachten ist. Muss man im Sinne des legalistischen Rechtsstaatsverständnisses auf die Beziehung achten, die zwischen dem richterlichen Bewusstsein und dem Gesetz besteht? Das wäre ein semantisch-monologischer Ansatz. Oder muss man auf das Verfahren achten und die diskursive Verknüpfung der Sprechhandlungen der Beteiligten? Das wäre ein pragmatisch-verfahrensbezogener Ansatz.

II. Das legalistische Rechtsstaatsverständnis und die Semantik des Gesetzes

Die juristische Methodik hat sich zunächst als monologisches Modell richterlicher Erkenntnis entwickelt. Obwohl das Recht als soziale Ein-

[2] *S. Knell*, Die normativistische Wende in der analytischen Philosophie. Zu Robert Brandoms Theorie begrifflichen Gehaltes und diskursiver Praxis, in: Allgemeine Zeitschrift für Philosophie 2000, S. 225 ff., 235.

[3] Ebd., S. 235; *R. B. Brandom* (FN 1), S. 34.

richtung aus Kommunikation besteht und dem Verfahren als Ausnutzung von Konfliktperspektiven für die Bildung des Rechts eine offensichtlich zentrale Rolle zukommt, wird hier die Perspektive eingeschränkt auf einen Bewusstseinsprozess in der Person des Richters. Das Richtersubjekt und der im Gesetz niedergelegte Rechtsgedanke sind die beiden Pole. Die anderen Beteiligten und das Verfahren als Ganzes bleiben außen vor. Eine juristische Entscheidung begründen, heißt demnach zeigen, dass sie aus dem Gesetz abgeleitet ist. Diese zunächst naheliegende Explikation hat eine logische und sprachliche Seite. Von der Logik wird der Mechanismus der Informationsübertragung kontrolliert. Von der Sprache wird erwartet, dass sie stabile Bedeutungen als Träger dieser Information liefert. Rechtsanwendung erscheint danach als Regelbefolgung. Trotz ihrer Einfachheit und Eleganz stößt diese Theorie auf ein Problem: Was ist zu tun, wenn die Regel nicht ohne weiteres erkennbar ist oder sogar Streit darüber besteht? Gibt es dann eine weitere Regel, welche die Anwendung unserer ersten Regel sichert?

Die logisch-analytische Richtung der Argumentationstheorie sieht diese weitere Regel in der Sprache und mit Hilfe semantischer Theorien will sie das deduktive Begründungsmodell fortführen. Sie verfolgt dabei das Ziel, Urteile intersubjektiv überprüfbar zu machen und beruft sich insoweit auf die verfassungsrechtliche Vorgabe der Gesetzesbindung[4]. Die Erweiterung des herkömmlichen Modells mit den Mitteln der „modernen Semantik“[5] soll es ermöglichen, eine Entscheidung „im Einklang mit dem semantischen Gehalt des Gesetzes“ zu treffen[6].

1. Die juristische Sprachtheorie als Legitimationsinstanz

In jeder Geisteswissenschaft ist, wie der Linguist *Fritz Hermanns* formuliert, ein Repräsentant aller anderen Wissenschaften vorhanden. Bei den Juristen ist eine implizite Sprachtheorie in der Auslegungslehre ver-

4 Vgl. *E. Hilgendorf*, Argumentation in der Jurisprudenz: zur Rezeption von analytischer Philosophie und kritischer Theorie in der Grundlagenforschung der Jurisprudenz, 1991, S. 28 ff.; sowie H.-J. Koch, Das Postulat der Gesetzesbindung im Lichte sprachphilosophischer Überlegungen, in: ARSP 1975, S. 27 ff.; *ders.*, Deduktive Entscheidungsbegründung, in: O. Behrends (Hrsg.), Rechtsdogmatik und praktische Vernunft, 1990, S. 69 ff.; *H. Rüßmann,* Möglichkeiten und Grenzen der Gesetzesbindung, in: ebd., S. 35 ff.

5 *E. Hilgendorf* (FN 4), S. 44. Dieses Urteil setzt aber die juristische Sicht voraus. Aus linguistischer Sicht ist eine intensionale Semantik nicht gerade sehr modern. Hierzu ist auch aus sprachwissenschaftlicher Sicht schon genug gesagt worden: Vgl. dazu *D. Busse* Was ist die Bedeutung eines Gesetzestextes?, in: F. Müller (Hrsg.): Untersuchungen zur Rechtslinguistik, 1989, S. 93 ff., 97 ff.

6 Vgl. *H.-J. Koch*, Einleitung: Über juristisch-dogmatisches Argumentieren im Staatsrecht, in: *ders.,* Die juristische Methode im Staatsrecht, 1977, S. 15 ff., 58 ff.

steckt. Im Mittelpunkt der tradierten Auslegungskonzeption steht eine bestimmte Theorie sprachlicher Bedeutung.

Allerdings hat sie eine wesentliche Schwachstelle. Sie beruht auf der Voraussetzung, dass sich eine volle und mit sich selbst identische Textbedeutung als sicherer Ausgangspunkt für weitere Ableitungen nachweisen lässt, welche die Rechtfertigungsfrage weg vom Richter hin zur objektiven Instanz des Gesetzes verschiebt. Die Bedeutung ist im Text objektiv vorgegeben und dient damit als Brücke zwischen dem Normtext und der darin repräsentierten Rechtsnorm. Auf dieser Brücke kann der Richter den nicht abreißenden Strom neuer Fälle überqueren ohne sich die Last eigener Verantwortung aufzuladen. Wenn man „normativ" all die Umstände nennt, die der anstehenden Entscheidung ihre Richtung geben, so ist die Normativität in der klassischen Lehre sowohl vom Entscheidungssubjekt als auch vom Argumentationsprozess vollkommen abgelöst und in die Sprache projiziert. Die Sprache wird hier zur Quelle der Normativität.

Die juristische Sprachtheorie misst sich die normalerweise der Hauptperson der Theologie vorbehaltene Position des absoluten Beobachters an. Sie geht davon aus, dass eine versionslose Beschreibung der Sprache möglich ist. Deswegen muss sie ihre objektiven Daten nicht begründen. Es genügt die Behauptung. Jeder, der die Augen Gottes hat, kann die Bedeutung sofort erkennen. Eine solche „alles-oder-nichts"-Argumentation ist aber riskant. Entweder sie überzeugt, unser Gegner erhebt die Hände, wendet die Augen gen Himmel und gibt sich geschlagen, oder sie wirkt als Provokation. Deswegen sind sprachliche Argumente in juristischen Entscheidungen auch selten. Und wenn sie als explizites Argument anzutreffen sind, wirken sie seltsam willkürlich und inhaltslos.

Daraus ist abzuleiten, dass der ganze Reichtum und die ganze Weisheit der Sprache, ihr Potential für Widerstand und Orientierung in der juristischen Arbeit noch weitgehend unerschlossen ist. Wenn man diesem Zustand abhelfen will, ist ein Blick in die zuständige Disziplin der Linguistik von Nutzen.

2. Sprache funktioniert nicht nach Rechtsregeln

Auch in der Sprachwissenschaft wurde lange um die adäquate Position des Beobachters gerungen. Zu Beginn war die Linguistik von einem formorientierten Sprachbegriff dominiert, wie er sich deutlich etwa im „Cours" von *Ferdinand de Saussure* artikuliert. Dort wird die System- und Regelhaftigkeit der Sprache als Axiom eingeführt und mit Beispielen lediglich illustriert[7]. Darin spricht sich ein naturwissenschaftliches

[7] *F. de Saussure,* Grundfragen der Allgemeinen Sprachwissenschaft, 1967, S. 135.

Verständnis der Linguistik aus, welches die gefundenen Regeln nicht als Beschreibungen des bisher praktizierten Sprachgebrauchs („fitting rules") begreift, sondern als das konkrete Sprechen hervorbringende zeitlose Regeln mit notwendiger Wirkung entsprechend den Naturgesetzen („guiding rules")[8]. Daraus erklärt sich auch die in der älteren Sprachwissenschaft häufig anzutreffende Stilfigur, die Ergebnisse der jeweiligen Analyse in der Form des Induktionsschlusses darzustellen. Damit sollte nahegelegt werden, dass man die im Sprecher verankerten linguistischen Regeln gefunden hat, welche erst die Regelhaftigkeit des Sprechens hervorbringen.

Auffällig ist an dieser Form der Erkenntnisstilisierung die dem Sprecher zugewiesene Position. Er ist lediglich ein Terminal, worin zentral schon festgelegte Programme einfach abgespult werden. Eine Interaktion zwischen den Einheiten mit Rückwirkung auf das Gesamtprogramm ist nicht vorgesehen. Die Personen sind nur die Behälter des Allgemeinen. Sie werden in ihrem Sprachverhalten von den Strukturen geformt, ohne umgekehrt die Strukturen zu formen.

Es sind vor allem zwei Sachprobleme, welche die Anerkennung einer ursprünglichen Komplexität im Grundansatz der Sprachwissenschaft beförderten. Zum einen war dies die Frage des Sprachwandels. Sprach- und Bedeutungsgeschichte lässt sich nicht von der Speichermetapher her betreiben, wonach das Individuum der Behälter eines Regelsets ist, der im Vollzug des Sprechens nur abgespult wird. Nur Unfälle und äußere Faktoren könnten dann eine Veränderung bewirken. Von der Sprache her gäbe es dazu keine innere Notwendigkeit. Gerade der Bedeutungswandel zeigt, dass Sprechen weder als Abspulen eines Programms im Sinne eines objektiven Vorgangs ohne Handlungssubjekt gedacht werden kann, noch im Gegenteil einfach auf Sinnsetzung und Absichten des Individuums reduziert werden kann. In der Veränderung der Sprache sind Regel und Regeldurchbrechung, Konvention und Intention ineinander verwoben, so dass eine Erklärung beide Größen vereinen muss. Von der Sprachgeschichte her wird damit deutlich, dass die Speichermetapher unzureichend ist und ersetzt werden muss. Angemessener ist für die Problematik des Sprachwandels das Bild von der Sprache als kommunikatives Netz. Sprachwandel vollzieht sich nicht im Speicher des Individuums, sondern sozial in der Interaktion zwischen den Individuen. Der Wandel ist „die kausale Konsequenz einer Vielzahl individueller intentionaler Handlungen, die mindestens partiell ähnlichen Intentionen dienen"[9]. Mit diesem Verständnis der Sprache als „Phänomen der dritten

---

8 Zu dieser an *Quine* anknüpfenden Unterscheidung in der Linguistik vgl. *J. Lagemann/K. Gloy*, Dem Zeichen auf der Spur, 1998, S. 25.

9 *R. Keller*, Sprachwandel, 2. Aufl. 1994, S. 88.

Art" ist natürlich auch die herkömmliche Vorstellung sprachwissenschaftlicher Arbeit als monologische Erkenntnis überwunden. Wenn Sprache sich in der sozialen Interaktion verändert, kann die Innenschau auf die eigene Sprachkompetenz, sei sie auch noch so systematisch betrieben, niemals zu einer privilegierten und nicht mehr bestreitbaren Erkenntnis führen.

Das zweite Problem ist die praktische Frage der Bedeutungsbeschreibung. Die Vorstellung von Kommunikation als Tätigkeit, die sich darauf beschränkt, offenbar fertige Absichten mit Hilfe eines vorgegebenen Codes zu transportieren, erweist sich in der Praxis als nicht einlösbar. Linguistik als strukturalistische Unternehmung neigt dazu, „die System- und Regelhaftigkeit ihres Phänomenbereichs zu axiomatisieren und Universalien auch dort zu postulieren, wo tatsächlich nur historische oder gesellschaftsformativ bedingte Formen des (Sprech-)Handelns vorliegen. Für eine Analyse des realen Sprachgebrauchs taugen ihre formulierten Gesetzmäßigkeiten nicht, denn diese erlauben nur Hinweise dieses Typs: ‚Da eine Person A x erfragt, weiß sie x nicht – *vorausgesetzt, es liegen Normalbedingungen der Rede vor.*' Und ob solche Normalbedingungen in einem gegebenen Fall vorliegen oder nicht, wird (...) zur kontingenten Angelegenheit erklärt; Systematisierungsmüll (...)."[10]

Die in der Kommunikation von Sprecher und Hörer erbrachten Leistungen gehen grundsätzlich nicht in der Regelbefolgung auf, sondern die empirischen Untersuchungen von Konversationsanalyse und Diskursanalyse zeigen, dass sich der Sinn erst zwischen den Kommunikationsteilnehmern innerhalb des Diskurses konstituiert[11]. Gerade empirisch erweist sich die Erklärung nach dem Muster Regel und Regelanwendung gegenüber der Komplexität tatsächlicher Kommunikationsvorgänge als unterkomplex. Es zeigt sich daran, dass Sprecher nicht einfach Beobachtungsobjekte sind, sondern Subjekte, die in der Sprachpraxis Sinnaneignungen und Verschiebungen vollziehen.

Bedeutungsbeschreibungen liefern selbst nichts anderes als Gebrauchsbeispiele für den fraglichen Ausdruck. Durch ihre lexikographische Festschreibung zum Wortbestand der Sprache mögen sie zwar paradigmatisch bei Zweifeln an der Bedeutung sprachlicher Ausdrücke oder im Streit darum eingesetzt werden. Eine eindeutig feststellbare Regel aber, die solche Zweifel ein für allemal ausräumen oder solchen Streit unwiderruf-

---

10 *K. Gloy*, Unbehagen an der Linguistik, in: Osnabrücker Beiträge zur Sprachtheorie, 1984, S. 97 ff., 104 f.

11 Vgl. *G. Löschper*, Bausteine für eine psychologische Theorie richterlichen Urteilens, 1999, S. 208 ff. Siehe weiter das in der Linguistik vertretene Konzept der „variierenden Übernahme" *J. Lagemann/K. Gloy* (FN 8), S. 17 ff.; *F. Janutschek*, Arbeit an Sprache, 1986.

lich schlichten könnte, liefern die Bedeutungsbeschreibungen nicht. In der Sprachwissenschaft ist heute anerkannt, dass sich eine funktionierende Sprache nur als Gesamtheit beschreiben lässt. Die Bedeutung eines einzelnen Wortes verweist auf die entwicklungsoffene Gesamtheit aller anderen und kann nur im Zusammenhang gemeinsamer Überzeugungssysteme bestimmt werden[12]. Der Holismus ist dabei keine Einbahnstraße. Es ist nicht nur so, dass sich Bedeutung nur aus dem ganzen Lebenszusammenhang heraus erschließt, in denen der Gebrauch der Wörter seinen Sinn und seinen Zweck hat, dass also „die Gesamtheit der Zwecke und Handlungen (...) die Bedeutung bestimmt."[13] Sondern „die Möglichkeit alternativer Interpretationen ist sehr groß, weil jede Änderung der Bedeutung eines Teils die Änderung des Ganzen nach sich zieht"[14].

Daraus folgt aber auch, dass jede Korrektur eines Sprechers riskant und begründungsbedürftig ist: „Dementsprechend sind weder Artikulation noch Verständnis nur reproduktiv; sie sind vielmehr auch unkontrollierbar schöpferisch, und jede individuelle Sinnzuweisung verschiebt die geltenden Grenzen der semantischen Normalität."[15] Der Rekurs auf eine in Bedeutungsbeschreibungen bzw. -erklärungen festgeschriebene und damit dem Sprachgebrauch buchstäblich „vorgeschriebene" Bedeutung kann nicht als Vorgabe für die Entscheidung über Sinn und Unsinn und damit über die Möglichkeiten und Grenzen einer Verwendung sprachlicher Ausdrücke einspringen. Daraus ergibt sich, dass Wörterbuch, Lexikon, sowie alle sonstigen anerkannten und selbsternannten Autoritäten in Sachen Sprache mit ihren Bedeutungserklärungen und -definitionen immer wieder nur Beispiele über Beispiele für den Sprachgebrauch in bestimmten Kontexten geben können. Sie liefern „keine gemeinsame Grammatik, keine gemeinschaftlichen Regeln, keine tragbare Interpretationsmaschine, die so eingestellt ist, dass sie die Bedeutungen beliebiger Äußerungen ausspuckt."[16]

---

12 Der sogenannte Holismus der heutigen Sprachwissenschaft ist keineswegs eine radikale Neuerung. Besonders in der deutschen von Humboldt herkommenden Tradition war er immer anerkannt: „Es gibt nichts einzelnes in der Sprache, jedes ihrer Elemente kündigt sich nur als Teil eines Ganzen an" *W. v. Humboldt,* Über das vergleichende Sprachstudium in Beziehung auf die verschiedenen Epochen der Sprachentwicklung. Schriften zur Sprachphilosophie. Werke in fünf Bänden. Bd. III: Darmstadt 1963, S. 10. Der neuerliche Akzent auf diesen Holismus knüpft vor allem an die Sprachphilosophie *Donald Davidsons* an. Vgl. dazu *M. Schaedler-Om,* Der soziale Charakter sprachlicher Bedeutung und propositionaler Einstellungen, 1997, S. 35 ff.; sowie umfassend *V. Mayer,* Semantischer Holismus, 1997.

13 *V. Mayer* (FN 13), S. 221.

14 *V. Mayer* (FN 13), S. 197.

15 *K. Gloy,* Sprachnormen als ‚Institutionen im Reich der Gedanken' und die Rolle des Individuums in Sprachnormierungsprozessen, in: K. J. Mattheier (Hrsg.), Norm und Variation, 1997, S. 30.

3. Normativität wird in der Sprache nicht vorgefunden, sondern hergestellt

Natürlich ist bei alledem Sprache nicht bar jeglicher Normativität. Diese wurde von der Linguistik durchaus thematisiert. In der strukturalistischen Linguistik waren Sprachnormen zunächst die Auswahl aus mehreren Möglichkeiten des Sprachsystems. Ein Nachhall dessen findet sich noch bei *Lyotard*, wenn er das Äußern eines Satzes als Unrecht gegenüber den unterdrückten Möglichkeiten der Sprache begreift[17]. Mit der pragmatischen Wende in den Sprachwissenschaften wurde dieser methodische Begriff ersetzt durch einen sozialen, wonach Sprachnormen als Institutionen in der kommunikativen Praxis anzusehen sind[18]. Sie dienen der Vereinfachung und Stabilisierung von Kommunikation. Dabei wird aber betont, dass diesen Sprachnormen keinerlei legitimierende Rolle zukommt, sondern dass sie jederzeit gekündigt werden können, wenn die Zwecke der Kommunikation es fordern oder erlauben.

Mit diesen beiden Begriffen ist aber die Problemebene, auf welcher die Juristen auftreten, noch nicht erreicht. Juristen braucht man erst im Kommunikationskonflikt, wo unterschiedliche Sichtweisen des Sachverhalts und unterschiedliche Lesarten des Normtextes antagonistisch aufeinander treffen. In dieser Situation kann man sich nicht darauf beschränken, auf die Normativität als implizite Tendenz der Sprache zu verweisen. Vielmehr stehen sich zwei Versuche zur Instituierung dieser Normativität unversöhnlich gegenüber. Man kann sich auch nicht über diese Verschiedenheit und Vielfalt der Sprache freuen, sondern muss eine Entscheidung treffen. Damit stößt man auf das Problem der Kodifikation von Sprachregeln: „Den meisten Regeln bzw. Handlungsmustern, denen wir täglich folgen, folgen wir blind, d.h. ohne eine Beschreibung dieser Regeln im Kopf zu haben. Normen – im Unterschied zu anderen Regeln – verlangen dagegen nach Beschreibungen bzw. Formulierungen, und zwar deswegen, weil Normierer und Normenadressaten (diejenigen, die einer Norm unterliegen) auf den Gegenstand der Norm verweisen können müssen (...).“[19] Für Sprachnormen ist charakteristisch, dass sie sich Ver-

---

16 *D. Davidson,* Eine hübsche Unordnung von Epitaphen, in: E. Picardi/ J. Schulte (Hrsg.), Die Wahrheit der Interpretation. Beiträge zur Philosophie Donald Davidsons, 1990, S. 226.

17 Vgl. *G. Warmer/K. Gloy,* Lyotard. Darstellung und Kritik seines Sprachbegriffs, 1995, S. 105 ff.

18 *K. Gloy* (FN 15), S. 27 ff.

19 *R. Wimmer,* Sprachkritik und reflektierter Sprachgebrauch, in: Sprache und Literatur 1983, S. 3 ff., 7. *Wimmer* stellt den metasprachlichen Charakter der Normformulierung in den Vordergrund, während *Gloy* stärker auf den Bezug zur sprachlichen Normalitätserwartung abstellt. Das weist auf den „Charakter der Normen als Sinngrößen mit sozialer Geltung bei den Handelnden“ hin. *Gloy*

bindlichkeitscharakter beilegen und ihren Anlass in einem Sprachkonflikt finden[20]. Diese Art von Sprachnormen verhält sich zum Kommunikationskonflikt metasprachlich und es stellt sich die Frage, woher sie ihre Legitimität beziehen kann.

Gerade die „normativistische Wende" in der analytischen Philosophie bestätigt nun die schon in der Linguistik erarbeitete Position, dass die Sprache selbst diese Legitimität nicht zu liefern vermag. Die normative Tendenz ist danach der Sprache implizit und kann gerade nicht die Gestalt expliziter Regeln annehmen, weil der Sinn der dabei verwendeten Begriffe bereits die Existenz von Normen voraussetzen würde[21]. Sprache entscheidet nur über Verständlichkeit. Ob aber ein verständlicher Sprachgebrauch angemessen, korrekt usw. ist, entscheidet sich durch die normativen Einstellungen der an der jeweiligen sozialen Praxis Beteiligten. Das heißt, man kann Sprache besser verstehen, wenn man berücksichtigt, dass in konkreten Sprachspielen normative Praktiken durch entsprechende Einstellungen der Beteiligten instituiert werden. Aber nicht die Sprache entscheidet über die Legitimität oder den Konflikt dieser Praktiken, sondern die Beteiligten. Tatsächlich geht der normative Schub, sich an die eingefahrene übliche Bedeutung sprachlicher Ausdrücke zu halten, wenn man als verständiger und kompetenter Sprecher gelten will, nicht von einer als Norm etablierten Bedeutung sprachlicher Ausdrücke aus. Er kann von der Gemeinschaft ausgehen, wenn sie sich zum Sinn oder Unsinn bestimmter Sprachverwendungen äußert. Entsprechend ist es auch nicht die Bedeutung, die die Wörter in dieser Weise nun einmal haben, die solchen Zwang begründet. Es ist im Zweifelsfall die Gemeinschaft, die sich dafür zu rechtfertigen hat, darauf zu bestehen.

Das Normativitätsproblem verweist also nicht auf eine in der Sprache vorhandene normative Bedeutungssubstanz, sondern auf eine Praxis des Forderns und Lieferns von Gründen, den sogenannten „space of reason"[22]. Damit trifft sich die „normativistische Wende" der analytischen Philosophie mit den Ergebnissen der Linguistik. Denn dort wurde schon immer betont, dass eine Sprachnorm nicht durch Sprachgründe gerechtfertigt werden kann, sondern Sachgründe aus dem jeweiligen

---

(FN 15), S. 31. „Normen sind intentionale Sachverhalte; sie sind gewollt bzw. werden als von anderen gewollt (als deren normative Erwartungen) erlebt und erlegen bestimmte Verpflichtungen, etwas zu tun oder zu unterlassen auf. Als derartige Sinngebilde stellen sie interpretative Konzepte der Sprachpraxis dar, die in vielen Fällen für die Beschaffenheit der sprachlichen Vorkommnisse verantwortlich gemacht werden." *Gloy* (FN 15), S. 28.

20 *R. Wimmer* (FN 19), S. 8.

21 *S. Knell* (FN 2), S. 235.

22 *R. B. Brandom* (FN 1), S. 5.

Sprachspiel braucht. Wir müssen also davon ausgehen, dass wir in der Sprache nicht nur Bewohner, sondern auch Architekten dieses „space of reason" sind[23]. Damit wird offensichtlich, dass das Setzen einer Sprachnorm die Möglichkeit ihrer Kritik hervorbringt, und dass die Entscheidung über konfligierende Sprachnormen keinen Erkenntnisakt, sondern ein ethisches Problem darstellt.

Juristisches Entscheiden ist semantische Arbeit *an* der Bedeutung sprachlicher Ausdrücke. Diese Arbeit besteht in der Entscheidung von Bedeutungskonflikten zur Festlegung auf Sprachnormen. Sprachnormen können aber nicht einfach dadurch konstatiert werden, dass man im Wörterbuch nachschlägt. Sprachnormen deuten vielmehr auf legitimatorische Standards. Und die müssen angesichts der Vielfalt und Divergenz des Sprachgebrauchs immer wieder gesetzt und auch durchgesetzt werden. Solange Äußerungen überhaupt verständlich sind, ist jeder Versuch zu ihrer Korrektur oder Zurückweisung bereits der erste Zug in einem Normierungskonflikt, der auf bestimmte Standards der Legitimierung pocht. Die aber sind selbst zu rechtfertigen. Denn in der Situation der Entscheidung über Recht anhand von Sprache steht nicht Sinn gegen Unsinn, sondern Bedeutung gegen Bedeutung, eine vorneweg so gut wie die andere.

Normativität ist also in der Tat kein Naturprodukt der Sprache, das man abbauen kann wie Bodenschätze. Sprache ist ein Marktphänomen. Legitimität kann man sich dort nicht umsonst besorgen. Man zahlt mit Argumenten. In der Praxis ihres Entscheidens wissen die Juristen das. Nur in der Theorie ist es noch nicht angekommen.

Eine Analyse setzt zu eng an, wenn sie die Rolle des Richters auf die Feststellung einer Sprachregel reduziert. Die Situation ist weit komplexer. Der Richter ist kein Spracherzieher, der Verständlichkeit herstellt. Verstanden haben die Parteien den Text. Seine Aufgabe ist es, einen Konflikt um die Bedeutung zu entscheiden. Die Entscheidung dieses Konflikts ist an Argumenten zu überprüfen. Wenn man sie in der Bedeutungstheorie versteckt, wird sie dieser Argumentation entzogen und kann entgegen den Intentionen des logisch-analytischen Ansatzes gerade nicht überprüft werden.

Der Versuch der deduktiven Begründungslehre über die Semantik des Gesetzes einen festen Kern der Gesetzesbindung aufzuweisen, muss als gescheitert angesehen werden. Der Grund liegt bei der Unterkomplexität der „sprachphilosophischen Annahmen". Um bei der Lösung voranzukommen, müssen die sprachlichen Bedingungen differenzierter betrachtet werden.

---

23 *S. Knell* (FN 2), S. 245.

III. Das verfahrensbezogene Rechtsstaatsverständnis und die Pragmatik des Prozesses

In der monologischen Beziehung Richter und Gesetzestext gibt es keine Instanz, welche dem Richter die zu treffende Entscheidung als Erkenntnis vorgeben könnte. Die Struktur mit ihren beiden Polen Bewusstsein und Text ist, gemessen am Entscheidungsproblem, unterkomplex. Der Richter trifft seine Entscheidung nicht im luftleeren Raum allein mit dem Text. Es geht vielmehr ein streitiges Verfahren voraus, in welchem die Parteien sich bemühen, Argumente für die ihnen günstige Lesart des Gesetzestextes beizubringen. Diese Argumente hat der Richter zur Kenntnis zu nehmen, zu würdigen und der auf dem jeweiligen Stand der Kunst besseren Argumentation Vorrang einzuräumen. Deswegen gibt es in der Verfassung für die Bindung des Richters nicht nur Art. 97 GG, sondern auch Normen wie Art.103 GG, der sich mit der Garantie rechtlichen Gehörs auf die Durchführung des Verfahrens bezieht. Die Entscheidung vollzieht sich nicht im monologischen Rahmen eines Bewusstseins, sondern im sozialen Raum eines diskursiven Verfahrens.

Damit wird die Semantik des Gesetzes und die juristische Methodik vom Kopf auf die Füße gestellt. Semantische Probleme stellen sich im praktischen Argumentationsprozess als Normierungskonflikte um die Sprachregel. Juristische Methodik wird von der unlösbaren Aufgabe entlastet, den Weg zur einzig richtigen Entscheidung zu weisen und erscheint als soziale Technik zur Lösung von Bedeutungskonflikten. Kurz: man kann jetzt das, was Juristen praktisch tun, einschließlich der Anwendung der Logik, als Sozialverhalten ansehen und gewinnt damit eine Objektivität nicht in der spekulativen Ideensphäre von Willen oder Bedeutung, sondern in den tatsächlichen kommunikativen Operationen des Systems[24].

1. Der Bedeutungskonflikt als Gegenstand juristischer Entscheidung

Bisher wurde das Problem richterlicher Bindungen in Kategorien des Zuwenig gefasst. Der objektive Bedeutungsgehalt des Gesetzes wird entweder zu wenig respektiert, oder es findet sich zu wenig objektive Bedeutung im Text, so dass der Richter noch durch Werte, Moral, Gerechtigkeit usw. unterstützt werden muss. Es ist aber in der Ausgangssituation juristischer Entscheidung gerade umgekehrt: Das Gericht findet nicht zu wenig, sondern zu viel an Bedeutung. Mit dem Normtext als Zeichenkette wird eine große Anzahl von Verwendungsweisen verknüpft, die der Text in die Entscheidungssituation mitbringt. Jeder der beiden

24 *N. Luhmann*, Das Recht der Gesellschaft, 1993, S. 363, 367.

streitenden Parteien hat eine sehr spezifische Vorstellung davon, was der fragliche Normtext für ihr Regelungsproblem „sagt“ oder „bedeutet“. Es gibt außerdem meist eine Vielzahl dogmatischer Bedeutungserklärungen in der Literatur und eine gewisse Anzahl gerichtlicher Vorentscheidungen. Dazu kommen die mitgebrachten Verwendungsweisen aus der Rechtstradition, der Entstehungsgeschichte, der „Alltagssprache“ und der juristischen Fachsprache. Eine besondere Schwierigkeit liegt darin, dass die mitgebrachten Verwendungsweisen nicht nur der Parteien, sondern auch der Gerichte und der Literatur sich gegenseitig ausschließen. Mitgebracht vom Normtext in die Entscheidungssituation wird also nicht „die Bedeutung“, sondern der Konflikt um die Bedeutung. Genau diesen Konflikt um die sprachliche Bedeutung muss der Richter am praktischen Fall entscheiden.

Zu Beginn des Verfahrens ist das Gesetz nicht schon Sprachform, sondern Medium im Sinne eines Kopplungspotenzials[25]. Natürlich ist das Gesetz auch Form. Und zwar insoweit als seine Bedeutung festgelegt wurde in allen vorangehenden Entscheidungen. Aber für den neuen Fall dessen Entscheidung ansteht, weiß man noch nicht, was das Gesetz bedeutet. Die Verbindlichkeit der Bedeutung eines Wortes muss in einem sozialen Vorgang erst hergestellt werden. Die Sprache des Gesetzes ist für den neuen Fall zunächst Medium im Sinne eines Kopplungspotenzials. Wir wissen am Beginn der Arbeit, *dass* der Normtext etwas bedeutet. Darin liegt seine Geltung. Seine Bedeutung steht aber noch aus; d.h. was es für diesen konkret zu entscheidenden Fall bedeutet, muss erst noch ausdiskutiert werden. Und beide beteiligten Seiten liefern dafür Argumente. Den Weg vom Medium zur Form kann der Richter nicht alleine gehen. Es genügt dafür keine monologische Erkenntnis. Er braucht die Beteiligten, deren Argumente und ein ganzes von der Verfassung her strukturiertes Verfahren um diesen Weg zu bahnen.

Auf dem Weg vom Medium zur Form wird zumeist gestritten. Gestritten wird um den Sachverhalt, das Verfahren oder um die Norm. Beim Streit um den Sachverhalt geht es meist um die Bezeichnung des fraglichen Verhaltens, beim Streit um die Norm eher um deren Bedeutung, so dass man idealtypisch einen Bezeichnungskonflikt um die Sachverhalte von einem Bedeutungskonflikt um die Norm unterscheiden kann[26]. Die Sprachwissenschaft hat für die Analyse solcher Konflikte die Kategorie

---

25 *N. Luhmann,* Die Gesellschaft der Gesellschaft, 1998, S. 190 ff., insbes. 195 ff.

26 *J. Klein,* Wortschatz, Wortkampf, Wortfelder in der Politik, in: ders. (Hrsg.), Politische Semantik. Bedeutungsanalytische und sprachkritische Beiträge zur politischen Sprachverwendung, 1989, S. 21 ff.; sowie *F. Hermanns,* Schlüssel-, Schlag- und Fahnenwörter. Zu Begrifflichkeit und Theorie der lexikalischen „politischen Semantik“, 1994, S. 31 ff.

„semantischer Kampf"[27] entwickelt[28]. Das Element des Kampfes liegt darin, dass die in der fraglichen Auseinandersetzung vorgeschlagenen Gebrauchsweisen des betreffenden Ausdrucks sich wechselseitig ausschließen[29]. Dabei stehen hinter dem Unterschied der grammatischen Bedeutungserklärung grundlegendere Differenzen: „Der Streit geht um Gegenstände und Tatsachen in der Welt, und er kann letztlich nur dadurch geführt werden, dass man sich über die Gebrauchsweisen sprachlicher Ausdrücke auseinandersetzt".[30] Gerade im Streit um die Bedeutung des Normtextes tritt dieses letzte Moment besonders klar hervor. Das Ziel der an dem semantischen Kampf Beteiligten liegt darin, den jeweils eigenen Interpretationsvorschlag auf Kosten des Gegners so durchzusetzen, dass die betreffende Bedeutungserklärung als einzig legitime Interpretation des Normtextes im Hinblick auf den Fall akzeptiert wird.

Das Durchsetzen[31] sprachlicher Bedeutung vollzieht sich allerdings nicht als freie Erfindung ex tabula rasa. Es vollzieht sich vielmehr im Raum der Gründe, die das Verfahren liefert. Darin erweist sich der Richter in vielfacher Weise als gebunden. Der Richter ist *genau dadurch*, dass er Herr des Verfahrens ist, in seinem Handeln *unbedingt gebunden*. Dies scheint nur paradox. Denn im Grunde genommen ist dies nur Ausdruck dessen, dass der Diskurs, wie man spätestens seit *Foucault* weiß, nicht in der Hand der Sprecher liegt, nicht einmal lediglich aus ihnen spricht[32]. Vielmehr werden sie durch den Diskurs als dessen Subjekte erst ermöglicht und konstituiert und in diesem Sinne auch von ihm gesprochen[33]. Für den Richter als Herrn des Verfahrens heißt das konkret, dass er,

---

27 Zuvor schon *R. Koselleck*, Begriffsgeschichte und Sozialgeschichte, in: ders., Vergangene Zukunft. Zur Semantik geschichtlicher Zeiten, 1979 (zuerst 1972), S. 113: „Der semantische Kampf, um politische oder soziale Positionen zu definieren und kraft der Definitionen aufrecht zu erhalten oder durchzusetzen, gehört freilich zu allen Krisenzeiten, die wir durch Schriftquellen kennen."

28 *R. Keller*, Kollokutionäre Akte, in: Germanistische Linguistik 1/2, 1977, S. 1 ff., 24. Als Aufnahme der Jurisprudenz: *Th.-M. Seibert*, Zeichen, Prozesse, 1996, S. 61 ff.

29 *R. Keller* (FN 28), S. 27.

30 *R. Wimmer*, Gebrauchsweisen, sprachlicher Ausdrücke, in: H. J. Heringer/G. Öhlschläger/B. Strecker/ders., Einführung in die praktische Semantik, 1977, S. 24 ff., 33.

31 Zum Begriff „Durchsetzen" *M. Sokolowski*, Wenn zwei sich streiten, was versteht der Dritte? Zur praktischen Semantik kompetitiven Handelns als Grammatik politischen Sprechens, i. Vorb., Manuskript S. 83 f., 91 und öfter; *R. Keller* (FN 28), S. 28.

32 Vgl. zum „gesprochenen Subjekt": *D. Milovanovic*, Postmodern Law and Disorder, 1992, S. 195 f. m. w. N.

33 Dazu *C. Sauer*, Der wiedergefundene Sohn. Diskursanalyse eines Strafverfahrens vor dem niederländischen ‚Politierechter', in: L. Hoffman (Hrsg.), Rechtsdiskurse. Untersuchungen zur Kommunikation in Gerichtsverfahren, 1989, S. 63 ff., 72 f.

indem er Recht *spricht*, in seinem Handeln beständig als einer zu erscheinen hat, der *Recht* spricht. Er muss sich beständig in seinem Handeln als ein solcher darstellen und sich nicht nur dazu, sondern auch darin erklären. Er muss sich, indem er dadurch den Beteiligten einschließlich seiner selbst als ein solcher erkennbar wird, im Verfahren permanent herstellen.

2. Ist ein verfahrensbezogener Rationalitätsmaßstab denkbar?

Der Richter muss sprachlich gesehen einen Bedeutungskonflikt entscheiden, indem er eine Sprachnorm aufstellt. Fraglich ist, ob er bei dieser Sprachnormierung unter normativen Anforderungen steht. Der Bedeutungskonflikt führt uns zu einem Paradox: „Entscheidungen gibt es nur, wenn etwas prinzipiell Unentscheidbares (nicht nur: Unentschiedenes!) vorliegt. Denn andernfalls wäre die Entscheidung schon entschieden und müsste nur noch ‚erkannt' werden."[34] Was kann also an einer Entscheidung über sich ausschließende Lesarten normiert werden? Beide Lesarten sind verständlich und gehören zur Sprache. Zu entscheiden ist, welche von beiden die bessere ist. Es geht nicht um die Auffindung einer Sprachregel, sondern um Sprachnormierung. Welche der verständlichen Lesarten des Gesetzes ist vorzuziehen?

Genau hier liegt nun der Ansatzpunkt der verfahrensbezogenen Normen aus dem Umkreis des Rechtsstaatsprinzips[35]. Die aus dem Rechtsstaatsprinzip und anderen methodenbezogenen Normen abgeleitete Forderungen nach Kontrollierbarkeit und Nachvollziehbarkeit juristischen Handelns beziehen sich auf den mit der Formulierung von Sprachregeln verknüpften Prozess der Sprachnormierung. Die Notwendigkeit der Sprachnormierung, welche sich aus dem Konflikt der Lesarten ergibt, setzt auf die Möglichkeit einer Sprachkritik als metakommunikative Auseinandersetzung über die Sprachnorm. Wenn Kommunikation kein durch vorgegebene Regeln automatisierter Vorgang ist, sondern Raum für sinnkonstitutive Akte enthält, dann beinhaltet sie auch die Möglichkeit einer kommunikativen Ethik[36], die diese gestalterischen

---

34 *N. Luhmann* (FN 24), S. 308.

35 Als Maßstab für die Beurteilung der Frage, was Praxis zu leisten hat, sind in interner Betrachtung die Anforderungen der Verfassung heranzuziehen. Vgl. *F. Müller*, Juristische Methodik, 7. Aufl. 1997, S. 208 ff.; und jetzt auch *S. Brink*, Über die richterliche Entscheidungsbegründung 1999, S. 46 ff.

36 Zum Begriff einer kommunikativen Ethik *H. J. Heringer*, Sprachkritik – Die Fortsetzung der Politik mit besseren Mitteln, in: ders. (Hrsg.), Holzfeuer im hölzernen Ofen, 1982, S. 3 ff., 27 ff. Grundsätzlich auch zu Konversationsmaximen: *H. P. Grice*, Logik und Konversation, in: G. Meggle (Hrsg.), Handlung, Kommunikation, Bedeutung, 1979, S. 243 ff.

Eingriffe kritisierbar macht. Die linguistische Diskussion kann somit jedenfalls die strukturelle Möglichkeit von Bindungen beim Prozess der Regelerzeugung dartun, indem sie auf die Sprachreflexionen als Ermöglichungsbedingung für die Entwicklung einer kommunikativen Ethik hinweist. Das Rechtsstaatsprinzip mit seinen Anforderungen an die Begründung juristischer Entscheidungen kann insoweit als ein kodifizierter Sonderfall kommunikativer Ethik angesehen werden. Es kodifiziert eine bestimmte Kultur des Streitens, welche als Auseinandersetzung über sprachliche Normierung auch im alltäglichen Handeln vorkommt, im juristischen Bereich aber durch Rechtsprechung und Lehre eine spezifische Ausprägung erfahren hat. Zur Konkretisierung seiner Maßstäblichkeit muss der Ist-Zustand der praktischen Rechtsarbeit an seinen Soll-Maßstäben gemessen werden und dort, wo erforderlich, zu begrifflich verallgemeinerungsfähigen Strukturen fortentwickelt werden.

In den damit angedeuteten Grenzen sind Methodenfragen politisch rechtlicher Entscheidung zugänglich. Eine Rechtsordnung kann also etwa in ihrer Verfassung Regeln formulieren, welche der Textarbeit der Gerichte Ziele vorgeben und somit ihre eigene Anwendung mitbestimmen. Im Rahmen einer Rechtserzeugungsreflexion stellt sich damit die Aufgabe eines Normierens des Normierens[37]. Das legalistisch verkürzte Rechtsstaatsverständnis wird damit zu einem verfahrensbezogenen erweitert[38].

3. Die Pragmatik der Gesetzesbindung

Um die Bindungen der richterlichen Gewalt auf dem Weg von der Geltung zur Bedeutung des Normtextes heraus zu arbeiten, muss man also das Verfahren und die sich daraus ergebenden sprachlichen Anschlusszwänge betrachten. Im Hinblick auf die Darstellbarkeit in der Begründung und die verfassungsrechtlichen Vorgaben etwa des Art. 103 GG kann der Richter die von den Beteiligten vorgetragenen Argumente nicht einfach übergehen. Für die genauere Analyse der sich für den Richter ergebenden Einschränkungen müssen allerdings mehrere Disziplinen zusammenarbeiten. Von empirischer Seite wären die sozialen und sprachlichen Möglichkeitsbedingungen zu klären. Dabei ist an die vorhandenen Untersuchungen der Ethnomethodologie, Konversations- und Diskursanalyse anzuknüpfen[39]. Im Hinblick auf die normativen Vorgaben sind die Ergebnisse von Verfassungstheorie und Verfassungsdogmatik zu berücksichtigen. Die Rechtsprechung ist als Teil der öffentlichen Gewalt

---

37 Vgl. *G. P. Calliess*, Prozedurales Recht, 1999, S. 149.

38 *A. Somek/N. Forgó,* Nachpositivistisches Rechtsdenken, 1996, S. 357 ff.

39 Im einzelnen *G. Löschper* (FN 11), Teil II.

durch die Verfassung an Recht und Gesetz gebunden und wird in Art. 97 I GG noch einmal ausdrücklich von allen Abhängigkeiten und Bindungen außer der einen und entscheidenden freigestellt, nämlich „dem Gesetz unterworfen“ zu sein. Was aber kann Gesetzesbindung noch heißen, wenn realiter die Erzeugung von Recht nur in den Händen des Juristen liegen kann?

Löst man das Nominalkompositum „Gesetzesbindung“ auf, so zeigt sich eine Ambivalenz, die die tatsächliche Alternative zweier grundsätzlicher Betrachtungsweisen zutage fördert[40]. Das Postulat der Gesetzesbindung kann einmal verstanden werden als eine Bindung „durch“ das Gesetz. Dies zieht eine Auffassung von „Gesetz“ nach sich, die ihm einen objektiven Inhalt zumessen muss. Gesetzesbindung hieße dann zu erkennen und nachzuvollziehen, was das Gesetz an Recht als seine objektive Bedeutung enthält und somit vorgibt. „Bindung“ wird damit zu einer geheimnisvollen Kraft einer Determination, die über die richtige Erkenntnis der Gesetzesbedeutung vermittelt wird. An der Frage, worin diese Bedeutung dann im einzelnen besteht scheiden sich die beiden Varianten dieser Zugangsweise. Das Ursprungsmodell will in ihm den Ausdruck eines gesetzgeberischen Willens sehen, während das Gegenstandsmodell diese Bedeutung allein in ihrer Verkörperung durch den Gesetzestext selbst sieht.

Diesem Verständnis von „Gesetzesbindung“ lässt sich ein anderes entgegensetzen, das in seinen Konsequenzen auch den praktischen Anforderungen an die juristische Textarbeit gerecht wird: Die Bindung „an“ das Gesetz. Diese Auffassung geht von dem mit dem Gesetz tatsächlich und konkret Gegebenen aus. Sie bezieht die Bindung auf den bloßen Wortlaut des Gesetzes als einer Zeichenfolge, also, wenn man so will, ganz buchstäblich auf dessen Buchstaben. Entsprechend handfest praktisch und vor allem auch überprüfbar ist der Sinn, den dann die Rede von der „Bindung“ annehmen kann. Gegenstand der Bindung ist die Zeichenfolge des Normtextes. Mittel der Bindung sind die verfassungsrechtlich begründeten Standards einer praktischen Bedeutungskonstitution. Das Ausmaß der Bindung ist von daher auch nicht mehr eine geisterhaft unterstellte Determination, sondern die relative Plausibilität der Rechtserzeugung im Rahmen der juristischen Argumentationskultur. Der Normtext ist damit trotz Fehlens von Objektivität und Normativität der Sprache nicht den willkürlichen Launen des Richters preisgegeben. Denn dieser ist im Rahmen des Rechtsstaats nicht Gesetzgeber erster Stufe, der sich die Obersätze seiner Subsumtionen selbst schafft, sondern nur ein Gesetzgeber zweiter Stufe, der seine Entscheidung zurückführen

---

40 Ausführlich *R. Christensen*, Was heißt Gesetzesbindung? Eine rechtslinguistische Untersuchung, 1989, S. 18 ff.

muss auf einen vom Parlament geschaffenen Normtext. Zurückführen heißt dabei nicht, dass die Entscheidung dem Normtext entnommen werden oder auch nur aus ihm herausgelesen werden könnte. Der Normtext ist nicht der große Behälter für kleine Entscheidungen. Zurückführen heißt, dass sich der Richter im Rahmen einer durch Verfassung und Wissenschaft definierten Argumentationskultur vom Normtext irritieren lässt. Denn man kann im Rahmen einer solchen Argumentationskultur dem Normtext nicht jede beliebige Entscheidung zurechnen. Über die Pflicht zur Begründung der Entscheidung ist der Richter an überprüfbare Maßstäbe gebunden. Dieser Pflicht des Gerichts entspricht auf der Seite des Bürgers ein Recht auf Sprache. Er hat ein subjektives Recht darauf, dass der Richter seine Entscheidung nicht einfach nur fällt, sondern in der Begründung auch dem demokratisch legitimierten Normtext sprachlich zurechnet. Direkt mit Hilfe von Rechtsmitteln gegen die Entscheidung und indirekt mit Hilfe der fachlichen Kritik ist dieses Recht auch durchsetzbar.

RECHTSTHEORIE 32 (2001), S. 345–357
Duncker & Humblot, 12165 Berlin

AUSDIFFERENZIERUNG VON PRAXIS UND THEORIE IN JURISTISCHER SYSTEMTHEORETISCHER PERSPEKTIVE

Von Werner Krawietz, Münster

I.

1. Die Formulierung des Rahmenthemas, so wie ich es verstehe, scheint die Annahme nahezulegen, daß die „juristische Methodik", letztere hier verstanden als konventionell geprägter Umgang mit dem geltenden Recht, so wie er im rechtlichen Alltag praktiziert wird, irgendwie „gescheitert" ist, d. h. ihre Effizienz, Praktikabilität oder gar Lebensfähigkeit eingebüßt hat, so daß sie einer „Wiederbelebung" bedarf. Aber nicht selten leben die schon oft Totgesagten am längsten. Ich werde im folgenden – ohne jeden kritischen Unterton – unterscheiden zwischen (1) der *juristischen Methodik,* so wie sie im alltäglichen Rechtsverkehr – unter Einschluß der richterlichen Entscheidungspraxis – mehr oder weniger reflektiert ausgeübt wird, und (2) der *juristischen Methodenlehre,* die im Hinblick auf eben diese Alltagspraxis von der Jurisprudenz entwickelt wurde. Was diese Jurisprudenz angeht, so wird auch von „praktischer Rechtswissenschaft", „dogmatischer Rechtswissenschaft" oder kurz: von „Rechtsdogmatik" die Rede sein. Ich verwende diese Ausdrücke hier synonym.

a) Im Untertitel des Rahmenthemas wird davon ausgegangen, daß im Verhältnis von Praxis, insbesondere Rechtspraxis einerseits und Theorie andererseits, so etwas wie ein „Bruch" stattgefunden habe. Ist das so zu verstehen, daß zuvor eine Einheit zwischen beiden bestanden hat und diese Einheit nun zerbrochen ist? Einmal unterstellt, aber nicht zugestanden, daß dieser Bruch tatsächlich existiert: Wer oder was hat diesen Bruch bewirkt? Könnte oder sollte er geheilt werden? Und falls ja, wie?

b) Hieran schließen sich sogleich eine Reihe weiterer Fragen an: Wie ließe sich ein derartiger Bruch überhaupt identifizieren und analysieren? Und was hat (i) die juristische Methodenlehre und (ii) die Soziologie damit zu tun? Wenn die juristische Methodenlehre innerhalb der Rechtswissenschaft diejenige Disziplin ist, die sich mit den Regeln der juristischen Methodik befaßt, die in der Rechtspraxis und in der praktischen Rechtswissenschaft tatsächlich Verwendung finden, dann erscheint es durchaus plausibel, daß Defizite, Mängel oder gar Brüche bei der *Theo-*

retisierung dieser Praxis von Nachteil für sie selbst sind und deshalb – falls möglich – behoben werden sollten.

c) Offensichtlich ist es Aufgabe der Rechtswissenschaft, die juristische Rationalität allen rechtlichen Argumentierens und Entscheidens – soweit wie irgend möglich! – zu gewährleisten und/oder zu steigern oder gar zu optimieren. Aber was kann die Soziologie dazu beitragen? Hat sie überhaupt einen Zugang zur juristischen Argumentation, zu den Normen und Regeln des Rechts und zur rechtlichen Entscheidungspraxis? Wenn die juristische Methodik von der Eigenart des jeweiligen Rechtssystems (Kodifikation, Statuten, Fallrecht) abhängt und selbst normative Funktionen erfüllt, kann dann die Theorie und Soziologie des Rechts überhaupt einen normativen Beitrag leisten? Und wann ist ein Beitrag normativ?

2. Wir können hier nur weiterkommen, wenn wir eine Reihe von Vorfragen klären: (i) Was verstehen wir unter „juristischer Methodik" bzw. unter „juristischer Methodenlehre"? (ii) Welcher Begriff von Praxis bzw. Rechtspraxis wird hier vorausgesetzt? (iii) Wie ist das Verhältnis von Praxis und Theorie, insbesondere von Rechtspraxis und Rechtstheorie zu verstehen? (iv) Welcher praktische und theoretische Stellenwert kommt dem Einheitspostulat, letzteres verstanden als Einheit von Theorie und Praxis, eigentlich zu? (v) Sollte es in methodologischer bzw. theoretischer Hinsicht mehrere Zugangsweisen zum Recht bzw. zur Rechtswissenschaft geben: Welche sollen wir wählen? Too many questions – jedenfalls für eine halbe Stunde! Daher nur kurz:

a) Mein Zugang zur methodologischen und rechtstheoretischen Problematik ist ein empirischer, d.h. er basiert auf Erfahrung und Beobachtung der praktischen Lebensführung, des Rechtshandelns wie der wissenschaftlichen Bearbeitung des Rechts und ihrer [Selbst-]Beobachtung. Wer das menschliche Erleben und Handeln im Reich des Rechts verstehen will, kommt um das Problem der Zirkularität des Verstehens wohl nicht herum. Das handelnde oder erkennende „Subjekt", das sich selbst (und andere) verstehen will, muß sich als in der sozialen Welt selbst schon existent voraussetzen, was immer das bedeuten mag.

b) Spätestens hier wird eine Theorieentscheidung fällig. Offensichtlich gibt es, was die Theorie und Soziologie des Rechts angeht, zwei Zugangsweisen zum Reich des Rechts. Ich entscheide mich, was das Theorie-Praxis-Verhältnis angeht, im folgenden für den *Vorrang der Praxis vor der Theorie,* d.h. Ausgangspunkt aller Theorienbildung ist für mich die immer schon vorhandene rechtspraktische Lebensführung unter Einschluß der und bis hin zur gerichtlichen Entscheidungspraxis.

- Ich gehe also nicht aus von einer welttranszendenten Stellung des Subjekts, das sich – allen möglichen Welten gegenüber – als erkennendes (vernünftiges) Subjekt immer schon vorfindet, wie es der rechtstheoretische und rechtsphilosophische Idealismus des ausgehenden 20. Jhdts. prätendierte.

- Letzteres würde notwendigerweise zum *Vorrang der Theorie vor der Praxis* führen. Es würde dann nicht bloß möglich, sondern auch notwendig scheinen, nach den (immer schon vorauszusetzenden, apriorischen) Bedingungen der Möglichkeit *jeder* Praxis zu fragen, so wie sie für eine *vernünftige* Einsicht erkennbar zu sein schien.

- Wenn überhaupt, dann sind es Theorien dieses letzteren Typs, die zu einem Bruch der Einheit des Verhältnisses von Theorie und Praxis geführt haben und auch weiterhin führen können.

3. In der Jurisprudenz ist die *Unterscheidung zwischen Praxis und Theorie,* so plausibel und sinnfällig sie heute jedermann erscheinen mag, durchaus nicht selbstverständlich (Schröder 1979, S. 3 ff., 9 ff. et passim). Es handelt sich dabei um eine – in empirischer wie in analytisch-begrifflicher Hinsicht vorgenommene – *Differenzierung,* die sich im *modernen Rechtsdenken* erst nach und nach zu etablieren vermochte.

- Der Grund dafür ist *in den besonderen Umständen* zu erblicken, die in Deutschland zur Begründung der *Jurisprudenz als Fachwissenschaft* führten und bis heute fortwirken.

- Nicht nur unter Rechtspraktikern, sondern auch unter Rechtswissenschaftlern bestand noch bis ins 17. Jahrhundert hinein weitgehend Einigkeit darüber, daß die Jurisprudenz eine gänzlich *praktische Disziplin* sei, so daß für eine Theorie des Rechts bzw. eine Theorie der Rechtswissenschaft, verstanden als relativ eigenständige Disziplin, gar kein Raum vorhanden war.

- Infolgedessen sah man zunächst auch keine Veranlassung, zwischen *praktischer* und *theoretischer* Jurisprudenz zu unterscheiden. So heißt es bei *Johann Balthasar Braun,* Jurisprudentia in genere ac specie, nova et scientifica methodo publicata, Salzburg 1687, S. 200: „Jurisprudentia est scientia absolute et simpliciter practica".

- Wo diese Einteilung gleichwohl verwendet wurde, erblickte man die „praktische" Jurisprudenz zunächst allein in der *Art und Weise* und demzufolge auch das, was den Juristen auszeichnet, allein in der *Fähigkeit,* die gegebenen Gesetze *auszulegen* und auf menschliche Handlungen *anzuwenden* (prudentia leges exponendi, et eas ad actiones hominum applicandi), während sich die „theoretische" Jurisprudenz gewöhnlich darin erschöpfte, die hierbei vorausgesetzte *inhaltliche* Gesetzeskenntnis (cognitio legum) sicherzustellen.

- Auch diese Gesetzeskenntnis wurde jedoch nicht als ein systematisch geordneter bzw. zu ordnender Komplex von Erkenntnissen über das Recht, also auch nicht als Wissenschaft (scientia, episteme) verstanden. Sie wurde als *Kunst* (ars, techne) begriffen, das heißt als eine subjektive *Befähigung* (habitus practicus, leges recte interpretandi et applicandi), die den Juristen ausmacht.

4. Die Einteilung in eine „praktische" und in eine „theoretische" Jurisprudenz bezog sich somit im 17. und im frühen 18. Jahrhundert keineswegs auf eine durch *divergierende Erkenntnisinteressen* bedingte Unterscheidung zwischen mehr oder weniger verselbständigten Teildisziplinen der Jurisprudenz. Vielmehr hat sich in der Jurisprudenz eine Ausdifferenzierung in – dem jeweiligen Abstraktionsniveau nach unterschiedliche! – Wissenschaftsgebiete, vor allem in *spezielle* Rechtslehren und in eine *allgemeine* Rechtslehre oder Rechtstheorie erst sehr viel später und nur ganz allmählich herausgebildet, verselbständigt und durchgesetzt, doch blieb die Vorstellung einer inneren (systematischen) Einheit aller dieser Rechtslehren erhalten.

5. Nicht von ungefähr besteht somit im Bereich der Jurisprudenz, d.h. der praktischen (dogmatischen) Rechtswissenschaft und der juristischen Methodenlehre, seit jeher eine enge Verbindung von Praxis und Theorie.

- Beide setzen einander wechselseitig voraus und bedingen einander.

- Es wird *dieselbe* Rechtssprache benutzt. Sie dient als *Gesetzes*sprache, als *Fach*sprache und *Berufs*sprache des Juristen sowie der Jurisprudenz und basiert letzten Endes auf der Umgangssprache.

- Dies ist auch ablesbar an der *Eigenart und Einheitlichkeit der praktischen juristischen Argumentation,* die das Kernstück aller Rechtspraxis sowie der praktischen Rechtswissenschaft ausmacht.

- Offensichtlich verdankt sich die Ausbildung einer *fachuniversalen,* aber im Rahmen der Jurisprudenz *partiell verselbständigten,* genuin fachwissenschaftlichen „Allgemeinen Rechtslehre" oder Rechtstheorie einer Entwicklung des Rechtsdenkens, die in Deutschland im wesentlichen erst im 19. Jahrhundert ihren Aufschwung nahm.

6. Alle Rechtspraxis setzt somit, jedenfalls in den staatlich organisierten Rechtssystemen der modernen Gesellschaft, eine wie auch immer beschaffene Theorie des Rechts – sei es explizit, sei es implizit! – jeweils schon voraus.

7. Dies wirft jedoch die Frage auf, ob eine derartige *Theorie des Rechts und der Rechtswissenschaft* noch als genuin fachwissenschaftliche, die Theorie und Praxis übergreifende, bloß *fachuniversale Allgemeine Rechtslehre* konzipiert werden kann oder ob sie nicht zugleich die

Grenzen des Rechts und der Rechtswissenschaft in Richtung Rechts- und Gesellschaftstheorie, Soziologie und Philosophie überschreiten muß (Tay 1988; Krawietz 2000; 1993). Hier liegt auch der Ansatzpunkt für eine Theorie und Soziologie des Rechts, insbesondere für die juristische Systemtheorie des Rechts.

8. Nicht selten wird auch heute noch von einer *unreflektiert* vorgehenden Rechts*praxis* angenommen, daß man als *Rechtspraktiker* gleichsam *theoriefrei* auf die jeweils vorhandene Rechtspraxis rekurrieren bzw. *von* ihr und *über* sie sprechen könne, *ohne* dabei eine *Theorie* zu verwenden oder doch zumindest vorauszusetzen; Rechtstheorie wird als unnötig, ja sogar als überflüssig angesehen.

- Dies ist *selbst* eine sehr interessante *Theorie,* aber eine nicht zutreffende!
- Die *Annahme,* daß man *theoriefrei,* d. h. *ohne* irgendwelche rechstheoretische Annahmen, Voraussetzungen und Implikationen die Rechtspraxis begreifen und verstehen könne, ist schlicht *falsch!*
- Wer das annimmt, *setzt* seinerseits (häufig ohne es zu merken!) eine *Theorie voraus,* nämlich die Präsupposition einer Alltagswelt, die als solche *vor* jeder theoretischen Erfassung existiere.
- Demgegenüber ist davon auszugehen, daß unser menschliches *Erleben und Handeln,* jedenfalls in der modernen Informations- und Wissensgesellschaft, immer schon einer (noch ständig wachsenden) *Verwissenschaftlichung aller Primärerfahrungen* ausgesetzt ist, auf denen das Rechtshandeln seinerseits aufbaut.
- Heute geht es vor allem darum, die *rechts- und gesellschaftstheoretischen* Zusammenhänge aufzuklären.

II.

1. Die Frage nach der richtigen juristischen Methodik erscheint bis auf den heutigen Tag nicht zufriedenstellend beantwortet. Sie findet ihren Ausdruck in dem noch unabgeschlossenen juristischen Methodenstreit, der seit den 50er Jahren des vorigen Jahrhunderts nicht zum Stillstand gelangt ist. Es geht heute hauptsächlich um die Ausarbeitung einer *fachuniversalen* juristischen Methodenlehre, d. h. um eine auf die Rechtspraxis *und* die praktische Rechtswissenschaft beschränkte *Theorie der praktischen juristischen Argumentation.*

a) Um dies deutlich zu machen, werde ich im folgenden mit Blick auf die juristische Methodik, die in der Rechtspraxis Verwendung findet, bzw. auf die hier angesprochene juristische Methodenlehre den *advocatus diaboli* spielen. Ich möchte deshalb die These vertreten, daß im Bereich der praktischen juristischen Argumentation das Verhältnis von Praxis und Theorie gar nicht brüchig erscheint, wenn man von der orthodoxen, ganz eindeutig vorherrschenden Auffassung der dogmatischen Jurisprudenz ausgeht. Ich sehe demzufolge auch keine Anzeichen für ein Scheitern der juristischen Methodik im rechtlichen Alltag.

b) Die in der deutschen Rechtspraxis vorherrschende, genuin normative *Interessen- und Wertungsprudenz,* deren Methodenlehre ich hier als bekannt voraussetze, hat in den letzten Jahrzehnten alle *von außen* an sie herangetragenen Angriffe, wie sie beispielsweise (i) von der analytischen Jurisprudenz und den sprachphilosophischen Methoden (z.B. der Sprechakttheorie), (ii) von der Linguistik und (iii) von der Rechtslogik geltend gemacht wurden, ziemlich unbeeindruckt überstanden.

c) Meine These erscheint etwas weniger provokant, wenn man beachtet, daß ich einen Unterschied mache zwischen (i) der juristischen Methodenlehre der praktischen (dogmatischen) Rechtswissenschaft und (ii) der Methodologie der Wissenschaften überhaupt, d.h. der im Hinblick auf das jeweils geltende Recht einschlägigen Vorgehensweise der Geistes- und/oder Sozialwissenschaften (unter Einschluß der Philosophie). Die juristische Methodenlehre hat es nämlich mit dem praktischen Rechts*handeln* zu tun, die Methodologie hingegen mit der wissenschaftlichen *Erkenntnis*. Hier liegt ein gravierender Unterschied, der in den zeitgenössischen Auseinandersetzungen gern übersehen wird.

2. Die nicht ganz einfache Frage, wie die tatsächlich praktizierte juristische Methodik bzw. Methodenlehre überhaupt auf ihre Funktions- und Leistungsfähigkeit hin überprüft und evaluiert werden kann, läßt sich zwar an der Rechtsgewinnung im Einzelfall studieren, aber auf diese Weise nicht zureichend beantworten.

- Ich habe sie bei früherer Gelegenheit, orientiert am jeweils geltenden Recht und den zugehörigen juristischen Methodenlehren in den USA und Großbritannien, in Skandinavien und in Kontinentaleuropa, insbesondere in Deutschland, jeweils bezogen und erstreckt auf den Zeitraum der letzten 150 Jahre, untersucht, indem ich (i) die Genese und Entwicklung der einschlägigen juristischen Methodenlehren und (ii) die mitgeteilten (Selbst-)Reflexionen auf ihre Prämissen hin analysierte, um etwaige Veränderungen im methodischen Handlungs- und Forschungsdesign zu erfassen (Krawietz 1978, S. 86 ff., 97 ff., 133 ff., 162 ff.).
- Dabei zeigte sich, daß in allen diesen Rechtssystemen die Eigenart der Verwendung der juristischen Methodik und der mit ihr korrespondierenden juristische Methodenlehre sich an bestimmten, genuin normativen Operationen ablesen läßt. Es ergeben sich zumindest bestimmte

Familienähnlichkeiten in der jeweiligen juristischen Methodik, so wie sie in der Rechtspraxis und in der dogmatischen Jurisprudenz Verwendung findet, und dementsprechend in der zugehörigen juristischen Methodenlehre.

3. Es handelt sich dabei um folgende Aktivitäten, Arbeitsschritte und Operationen, die sämtlich (und in allen Rechtssystemen, zumindest in den Rechtskulturen der westlichen Welt!) zu den Standardaufgaben der dogmatischen Rechtswissenschaft (legal dogmatics, legal doctrine) gehören:

(1) Identifikation der Normen des jeweils geltenden Rechts sowie des Rechtssystems.

(2) Auslegung und fortlaufende Interpretation der Rechtsvorschriften, der Rechtsnormen und Rechtsordnung.

(3) Rechtsanwendung bis hin zur Rechtsgewinnung im Einzelfall.

(4) Juristische Begriffsbildung.

(5) Juristische Systembildung, die alles geltende Recht in einem System von Begriffen, Normsätzen und Normpropositionen dazustellen sucht.

(6) Juristische Geltungsbestimmung von Rechtsnormen (unter Einschluß der Derogation).

4. Seit den 50er Jahren des vorigen Jahrhunderts wird die Ausarbeitung einer fachuniversalen juristischen Methodenlehre, d.h. einer auf die Rechtspraxis *und* die praktische Rechtswissenschaft beschränkten *Theorie der praktischen juristischen Argumentation,* wie sie in der vorherrschenden, durch Abwägung und Bewertung der bestehenden rechtlichen Interessenkonflikte gekennzeichneten, normativen Interessen- und Wertungsjurisprudenz im Umriß schon vorliegt, nachhaltig beeinflußt durch eine Reihe von – fachsystematisch gesehen recht heterogenen – argumentationstheoretischen Bestrebungen.

– Sie laufen tendenziell darauf hinaus, die genuin fachwissenschaftliche juristische Methodik und Logik des Umgangs mit dem geltenden Recht, insbesondere die konventionelle Rechtsgewinnung im Einzelfall, schrittweise zu dekonstruieren und durch eine neue Theorie juristischer Argumentation zu substituieren.

– Ich möchte im folgenden – wenigstens kurz – auf drei Richtungen in der zeitgenössischen juristischen Methodenlehre eingehen, die als *komplementär* zur vorherrschenden *Interessen- und Wertungsjurisprudenz* angesehen werden können, nämlich (i) auf die *Topik,* (ii) die *Rhetorik* und (iii) die *Hermeneutik.*

a) Was die Auslegung und Anwendung des geltenden Rechts, insbesondere die Rechtsgewinnung im Einzelfall betrifft, aber auch die in ihren

Diensten stehende juristische Begriffs- und Systembildung anbelangt, so geht es der Topik in der Jurisprudenz hauptsächlich darum, die *Anknüpfung an die einschlägigen rechtlichen Topoi juristischen Redens, Argumentierens und Begründens* diesen zunächst bloß meinungsmäßig fixierten Prämissen rechtlichen Entscheidens normative Gesichtspunkte zu entnehmen, um sie in der praktischen juristischen Argumentation (Subsumtion, Ableitung, Folgerung) und bei allen übrigen Operationen zu verwenden. Auf diese Art und Weise soll die Gewähr dafür geschaffen werden, daß die zu treffenden juristischen Entscheidungen und deren rechtliche Begründung infolge ihrer Übereinstimmung mit dem bereits tatsächlich eingelebten rechtlichen Gemeinsinn *(sensus communis, common sense)* oder mit angesehenen, durch juristische Autoritäten gestützten Meinungen – wenn sie schon nicht gerecht, geschweige denn wahr sind! – zumindest praktisch richtig getroffen und annehmbar gemacht werden.

b) Dementsprechend sind auch die Rhetorik und Dialektik in der Jurisprudenz hauptsächlich darauf bedacht, in der praktischen juristischen Argumentation – unbeschadet der formallogischen Korrektheit ihrer jeweiligen Ableitungen – in Wiederanknüpfung an die tradierte juristische Logik vor allem die inhaltliche Richtigkeit und praktische Annehmbarkeit der von ihr präsentierten Gründe zu sichern, die zur Rechtfertigung der jeweiligen juristischen Entscheidung benannt werden. Im Hinblick auf diese Bemühungen zur Neubegründung der nicht formalen, juristischen Logik alter Prägung, die hier als Argumentations- und Methodenlehre aufgefaßt wird, wie sie von der praktischen Rechtswissenschaft stets gepflegt wurde, stellt sich daher die Frage nach dem Verhältnis dieser Bestrebungen zur zeitgenössischen juristischen Methodenlehre, insbesondere zur Interessen- und Wertungsjurisprudenz, die in Rechtspraxis und praktischer Rechtswissenschaft nach wie vor dominiert und den Mainstream des Rechtsdenkens bestimmt.

c) Genau genommen geht es hier gar nicht um topische oder rhetorische Jurisprudenz, wie von manchen Autoren behauptet wird, sondern um *Topik und Rhetorik in der Jurisprudenz*. Beide verdanken sich ihrem Grunde nach dialektischen Argumentationsweisen, so daß man – genauer und treffender – auch von einer *Dialektik in der Jurisprudenz* sprechen kann. Ganz sicher ist durch die Eigenart dieser Argumentationsweisen, d. h. durch die Art und Weise der auf noch ältere Traditionen zurückgreifenden Begründung und normativen Rechtfertigung allen rechtlichen Handelns, das konventionelle Selbstverständnis der Rechtsdogmatik und der von ihr gepflegten und praktizierten juristischen Methodik zunächst in Frage gestellt und damit relativiert worden, weil hierdurch auf eine *andere* (wenn auch bloß ältere und im Sinne einer gesteigerten wissenschaftlichen Perfektionierung keinesfalls bessere!) *Möglichkeit des Selbstverständnisses von Jurisprudenz* verwiesen wird. Es ist jedoch nicht erkennbar, wie die Interessen- und Wertungsjurisprudenz, hier verstanden als juristische Methodenlehre (und nicht als Rechtstheorie), an einer topischen, rhetorischen oder dialektischen Umformulierung der juristischen Entscheidungsprobleme scheitern könnte. Mit den bisherigen Auffassungen des Theorie-Praxis-Verhältnisses wird hierdurch nicht grundsätzlich gebrochen.

5. Wer heute die Möglichkeiten eines sprachanalytischen und sprachphilosophischen Zugangs zur Hermeneutik im Bereich des Rechts und der Jurisprudenz untersucht, tut gut daran, zwischen (i) der alten juristischen Hermeneutik und (ii) der neuen analytisch-philosophischen Hermeneutik zu unterscheiden. Es geht dabei nicht um die immer schon praktizierte Hermeneutik des Rechts, hier verstanden als *hermeneutica iuris,* d.h. um die juristische *inhaltliche* Auslegung und Interpretation, die seit jeher im traditionellen Selbstverständnis der Juristen ausgeübt wurde, gewöhnlich ohne zureichende Reflexion auf die normativen, faktischen und methodischen Prämissen ihres Umgangs mit Rechtstexten.

a) Überall dort, wo sich die juristische Argumentations- und Methodenlehre als *Hermeneutik des Rechts* entfaltete, wurde sie zunächst nahezu ausschließlich als juristische Kunstlehre *(techne, ars)* verstanden. Dies schloß naturgemäß ein tiefergreifendes Verstehen des Rechts nicht aus, doch dominierte dabei ein bloß geisteswissenschaftlicher Zugang zum Recht. Die konventionelle *philosophische Hermeneutik,* die der juristischen Methode gelegentlich durch kritische Reflexion zu einem gesteigerten Bewußtsein verhelfen wollte, mochte und konnte sie zunächst nicht ändern oder gar erneuern, da ihr selbst eine sprachphilosophisch geläuterte sowie eine normen- und gesellschaftstheoretische Fundierung fehlte.

b) Schon für Gadamer ging es in seiner philosophischen Hermeneutik jedoch darum, „nicht ein Können zum Regelbewußtsein (zu) erheben", sondern „sichtbar zu machen", was die juristische wie die philosophische Hermeneutik „mit dem Ganzen unserer Welterfahrung verbindet" (Gadamer 1978, S. 257 ff., 265 f.; Krawietz 1996, Sprachphilosophie in der Jurisprudenz, Sp. 1482 f., 1484). Die zeitgenössische juristische Hermeneutik teilt mit der philosophischen Hermeneutik – durchaus in Übereinstimmung mit der in der dogmatischen Rechtswissenschaft vorherrschenden normativen Interessen- und Wertungsjurisprudenz! – die Auffassung, daß der normative Sinn von Rechtsvorschriften (Rechtstexten) und demzufolge auch ihre Auslegung und Anwendung im Einzelfalle sich nicht bloß formallogisch, sondern nur von ihrem jeweils wirksamen Geltungsanspruch her erschließt. Die *Geltung des Rechts* wird hier verstanden in dem doppelten Sinne (i) einer entstehungszeitlichen und (ii) einer anwendungszeitlichen Deutung der institutionell auf Dauer gestellten, *mit Verbindlichkeitsanspruch auftretenden, rechtlichen Verhaltenserwartungen.* Jedoch wird durchaus gesehen, daß „jede Anwendung eines Gesetzes über das bloße Verstehen hinaus [...] eine neue Realität" schafft.

c) Infolgedessen besteht stets ein dialektisches Spannungsverhältnis zwischen der generell geltenden, kodifizierten oder auch bloß durch tatsächliche Übung in Rechtsüberzeugung „gesetzten" und rechtssprachlich fixierten oder doch fixierbaren generell abstrakten Rechtsvorschrift *und* dem individuell-konkreten Fall. Es liegt daher auf der Hand, daß die „konkrete Fällung eines Urteils in einer Rechtsfrage keine theoretische Aussage ist, sondern ein „Tun von Dingen" oder – rechtsrealistisch betrachtet und formuliert – eine praktische juristische Entscheidung (Krawietz 1978, S. IX; 84 f.; 240 f.) des Inhalts, daß etwas Bestimmtes getan/unterlassen werden soll.

Für die Rechtspraxis und die praktische Rechtswissenschaft bedeutet dies – und auch insoweit stimmen juristische Hermeneutik, philosophische Hermeneutik sowie die Theorie der praktischen juristischen Argumentation, wie sie heute von der normativen Interessen- und Wertungsjurisprudenz vertreten wird, jedenfalls im Ergebnis überein! –, daß jede Anwendung von gesetzlichen Bestimmungen „den Sinn eines Gesetzes konkretisiert und fortbestimmt" (Gadamer 1978, S. 266). Rechtsrealistisch verstanden, ist in der Tat jede normative Sinndeutung einer Rechtsvorschrift und ihre sich anschließende Anwendung auf einen zu entscheidenden Fall *nie* ein bloß *kognitiver* Erkenntnisakt, sondern in erster Linie eine *volitive, normative und evaluative* praktische Entscheidungstätigkeit (Krawietz 2001, S. 34 ff., 44 f.).

Es gibt nach allem gegenwärtig weder ein Scheitern der juristischen Methodik noch einen wirklich tiefgreifenden irreparablen Bruch im Theorie-Praxis-Verhältnis der juristischen Methodenlehre, sondern – trotz verschiedenartiger Ausgangspunkte im Handlungs- und Forschungsparadigma der Jurisprudenz – zumindest partiell sich durchaus ergänzende Denkansätze und Forschungsleistungen. Es könnte allenfalls von gewissen, noch aufklärungsbedürftigen methodologischen Defiziten die Rede sein, doch liegen die Gründe dafür vor allem im unterschiedlichen Theoriedesign einzelner Ansätze – und nicht in der juristischen Methodik als solcher.

III.

1. Wenn die in der Rechtspraxis gepflegte juristische Methodik bzw. die juristische Methodenlehre der dogmatischen Rechtswissenschaft

heute bei ihren Bemühungen um eine sozialadäquate Handhabung des Theorie-Praxis-Verhältnisses gelegentlich doch in Schwierigkeiten gerät – gegenwärtig sogar immer öfter! –, dann liegen die Gründe dafür nicht in etwaigen Mängeln der juristischen Methodik, sondern vor allem im Bereich der allgemeinen Rechtslehre oder Rechtstheorie, sofern diese nicht sozialadäquat konzipiert wird. Es fehlt der Jurisprudenz vor allem an einer *rechts- und gesellschaftstheoretischen Aufklärung der normen- und handlungstheoretischen Grundlagen* des Rechtssystems, die weder von der Rechtspraxis noch von der dogmatischen Rechtswissenschaft und ihrer Methodenlehre auf Dauer ignoriert werden können, ohne daß diese Disziplinen selbst Schaden nehmen. Hier vermögen nur Systemanalysen sowie institutionen- und systemtheoretische Forschungen Abhilfe zu schaffen, doch würden sie hier den zur Verfügung stehenden Rahmen sprengen.

2. Ich möchte nur eines der geläufigsten Mißverständnisse wenigstens erwähnen, das sich argumentativ im Recht besonders störend bemerkbar macht. Ich meine die bloß spekulative und höchst wirklichkeitsfremde Annahme, daß man im Rechtsdenken *prinzipiell von ungebundenen Individuen* oder Gruppen von Individuen auszugehen habe, deren *a priori* bestehende Freiheitsräume durch das Recht *ex post* beschränkt und reguliert werden. Das Recht erscheint hier als das universale Medium, vermöge dessen den prinzipiell freien Individuen nachträglich Grenzen und Schranken gesetzt werden. Diese liberalistische Doktrin, die bisweilen wenig reflektiert und deshalb ungeniert und mit einem durch [Selbst-] Kritik ungebrochenen Universalitätsanspruch vertreten wird, erscheint stark ideologieverdächtig, da sie den unverstellten Blick auf die Rechtswirklichkeit und auf die sozietale Wirklichkeit allen Rechts verzerrt und behindert. Demgegenüber ist es – von dem hier eingenommenen, institutionen- und systemtheoretisch fundierten Standort aus betrachtet – ganz im Gegenteil und von vornherein ausgeschlossen, anzunehmen, daß die menschliche Gesellschaft, verstanden als umfassendes Informations- und Kommunikationssystem, letzten Endes *nur* aus *Individuen* oder aus *Gruppen von Individuen* besteht, wie es der *rechts- und moralphilosophische Individualismus* behauptet.

a) Das Recht ist im wesentlichen gerade *nicht* bloß die Resultante aus den Eigenschaften und Entschließungen von Individuen und ihren Gruppierungen. Auch sind weder *das* Individuum noch *die* Gesellschaft die letzten Einheiten, Ganzheiten oder gar *horribile dictu* Wesenheiten in dem Sinne, daß aus dem vereinten und geäußerten *Willen* einer Ansammlung derartiger Individuen oder einer tragenden Gruppe dieser Individuen das Recht *seinem Wesen nach* als Mittel zur Herstellung einer verbindlichen Ordnung hervorzugehen vermöchte. Beide Kategorien, nämlich *das* Individuum und *die* Gesellschaft, gehören in der sozialen Wirklichkeit des Rechts längst nicht mehr zu den zentralen Variablen des Rechtsgeschehens bzw. seiner rechts- und sozialtheoretischen Rekonstruktion, auch wenn sie das rechts*praktische* Argumentieren und das rechts*dogmatische* Denken noch immer nachhaltig bestimmen und beeinflussen. Demgegenüber kann und muß etwa die Einigung Europas als eine – freilich transpersonale und transnationale – *neue internationale Institutionenbildung* gelten. Sie charakterisiert aber auch das neue Nationalitätsprinzip, hier verstanden als emanzipatorische dominierende Struktur der neuen Staatsbildungen in Europa, wie beispielsweise im Baltikum, die sämtlich nicht durch Individuen, sondern durch Institutionen bestimmt und gesteuert werden.

b) In der modernen Normen- und Rechtstheorie sind die in der Gesellschaft etablierten sozialen Institutionen und/oder Systeme mit ihren *immanenten normativen Erwartungsstrukturen* zu den zentralen, aber interdependenten Variablen der jeweiligen Rechtsordnungen aufgerückt. Im Ausgang von ihren stets geschichtlich und gesellschaftlich geprägten, alle sozialen Beziehungen maßgebend bestimmenden und prägenden normativen Erwartungsstrukturen, an deren Ausprägung auch das Recht maßgebend beteiligt ist, muß einem rechts- und moralphilosophischen *Individualismus* eine ebenso klare Absage erteilt werden wie einem moral- und gesellschaftstheoretischen *Holismus,* da beide die soziale, d.h. die institutionelle und systemische Wirklichkeit allen Rechts sehr weitgehend ignorieren.

c) Statt dessen muß bei der Analyse der diversen Korrelationen von Recht und Gesellschaft sehr viel genauer als bisher unterschieden werden zwischen (1) den interaktionistischen, (2) den organisatorischen und (3) den gesamtgesellschaftlichen sozialen Systemreferenzen allen rechtlichen Erlebens und Handelns. Im Hinblick auf die normative *Ordnung der modernen Rechtsgesellschaft* sowie ihre inkludierten Mitglieder, die gewöhnlich in sie hineingeboren werden, ist davon auszugehen, daß alles gesellschaftlich etablierte Recht, institutionen- und systemtheoretisch betrachtet, immer schon auf einem *tieferen sozialstrukturellen Niveau* (deep structure) angesiedelt ist als alle konkreten Individuen und ihre Gruppierungen, deren Verhalten (Erleben/Handeln) auf Grund und nach Maßgabe der jeweiligen Rechtsordnung bereits normiert und reguliert wird (Krawietz 2001, S. 36 ff., 38 ff.). Recht ist also stets eine *emergente normative Sozial- und Kommunikationsstruktur,* die man gar nicht sozialadäquat bestimmen, beschreiben und erklären kann, wenn man ausschließlich von prinzipiell freien und unbeschränkten, *a priori* ungebundenen Individuen (oder vermeintlich tragenden Gruppen derartiger Individuen) ausgeht. Wir können nur das wirklich verstehen, was wir normen- und sozialtheoretisch auch erklären können. Dabei können uns Systemanalysen und Systemforschung behilflich sein, da sie in der Lage sind, die jeweiligen sozialen Systemreferenzen von vornherein in die systemtheoretische Rekonstruktion der sozialen Wirklichkeit allen Rechts einzubeziehen.

Wer im Ausgang von der sozietalen Identität staatlich organisierter Rechtssysteme im Hinblick auf deren rechtsstaatliche Strukturen von einer arbeitsteiligen, sozialen Differenzierung in diverse Staatsfunktionen ausgeht, wird bei seiner Rekonstruktion – rechts- und sozialtheoretisch betrachtet – wohl nicht zu einem Bruch, sondern eher zur Annahme einer Einheit oder Integration der vielfältigen rechtsnormativen Funktionen gelangen, die dem Aufbau der Rechtsordnung zugrunde liegen.

Auch die Ausdifferenzierung von unterschiedlichen Denkansätzen bei der strukturtheoretischen Rekonstruktion dieses Aufbaus führt nicht zu einem Bruch im Verhältnis von Rechtspraxis und Rechtstheorie, so wie dieses in den jeweiligen Theorieansätzen thematisiert wird. Hier handelt es sich allenfalls um einen *Paradigmenwechsel im noch unausgetragenen juristischen Methoden- und Theorienstreit* am Beginn des 21. Jahrhunderts, den aufgezeigt zu haben ein Verdienst dieser Tagung ist.

Schrifttumsnachweise

Hans-Georg Gadamer, Hermeneutik als theoretische und praktische Aufgabe. In: Rechtstheorie 9 (1978), S. 257–274.

Werner Krawietz, The Concept of Law Revised – Directives and Norms in the Perspectives of a New Legal Realism. In: Ratio Iuris 14 (2001), S. 34–46.

– Fragmentierung der modernen Rechtsgesellschaft und ‚Neue Unübersichtlichkeit‘ – Individualismus versus rechtliche Kollektivsubjekte? In: Rechtstheorie 31 (2000), S. 521–534.

– Sprachphilosophie in der Jurisprudenz. In: Marcelo Dascal et al. (eds.), Philosophy of Language, Berlin/New York 1996, Vol. 2, S. 1470–1489.

– Recht ohne Staat? Spielregel des Rechts und Rechtssystem in normen- und systemtheoretischer Perspektive. In: Rechtstheorie 24 (1993), S. 81–133.

– Recht als Regelsystem, Wiesbaden 1984.

– Juristische Entscheidung und wissenschaftliche Erkenntnis, Wien/New York 1978.

Jan Schröder, Wissenschaftstheorie und Lehre der ‚praktischen Jurisprudenz‘ auf deutschen Universitäten an der Wende zum 19. Jhdt., Frankfurt a. M. 1979.

Alice Erh-Soon Tay, One World? One Law? One Culture? In: Rechtstheorie 19 (1988), S. 1–10.

RECHTSTHEORIE 32 (2001), S. 359–371
Duncker & Humblot, 12165 Berlin

VIRTUALITÄT IM RAHMEN DER STRUKTURIERENDEN RECHTSLEHRE

Von Friedrich Müller, Heidelberg

I.

Wenn wir philosophischen Wörterbüchern trauen wollen[1], dann heißt „virtuell" so etwas wie „der Möglichkeit nach oder scheinbar".

Die Etymologie führt vom lateinischen ‚vis' für Kraft über das Wort für Mann (‚vir') zu ‚virtus' (männliche Tugend), also in ein patriarchalisches Sprachspiel; ich verfolge es hier nicht weiter.

Ein anderer Ansatz versteht den zu untersuchenden Begriff als die Art, auf die das Erfahren von Wirklichkeit codiert ist, versteht ihn als ‚symbolisch bedingt': „Alle Wirklichkeit ist symbolisch vermittelt und wird somit ‚virtuell' wahrgenommen"[2]. Das ist für die Welt des Rechts, in der sich die Sachen hart im Raum stoßen, zu unverbindlich allgemein; und der hybride Ausdruck „reale Virtualität" bleibt in dem für das Recht (in dem gehandelt werden muss) unterkomplexen Rahmen des Symbolischen.

Nicht in eine Sackgasse führt dagegen eine andere Bedeutung von „virtuell", nämlich Wirkungsmacht. Wir könnten auch sagen: Wirkpotenzial und wären dann bei dem Wortfeld potentia – potenziell – Potenz. Das zeigt, dass „der Möglichkeit nach" nicht allein heißen mag: nur eventuell real sein können nach der Art einer ausgedachten Fiktion. Sondern es kann auch bedeuten: über einen Vorrat an Energie, über ein Potenzial verfügen, das es zulässt, unter veränderten Umständen, in einem anderen Medium Einfluss auszuüben oder auf einen anderen Aggregatzustand einzuwirken, in ihm effektiv zu sein.

---

1 Siehe *Vilém Flusser,* Vom Virtuellen, in: F. Rötzer/P. Weibel (Hrsg.), Cyberspace. Zum medialen Gesamtkunstwerk, o.O. 1993, S. 65 f.; ebd. das folgende Zitat. – Ebd., S. 66, zur Begriffsgeschichte von „Wirklichkeit" im Gefolge von Meister Eckhart.

2 *Frank Hartmann,* Medienphilosophie, 2000, S. 19; ebd. S. 16 ff.; S. 17: „... es wäre wohl besser, angesichts der Telefonstimmen, der Fernsehbilder, der akustischen Umwelt und der graphischen Benutzeroberflächen ..., wenn wir ... von einer zunehmend realen *Virtualität* sprechen würden".

Diese vorläufige Klärung reicht vielleicht schon aus, um damit zu arbeiten. Doch ich füge noch an, auf welchem Weg der (Medien-)Philosoph Vilém Flusser die Antwort in einem Bild zu geben versuchte. Der nach dem Fluss genannt war, wählte die schöne Metapher vom Meer: „Stellen Sie sich den Ozean der Möglichkeiten vor. Das ist ein uns bereits ziemlich geläufiges Bild. Dieser Ozean der Möglichkeiten wirft schäumende Wellen, die irgendwo nach oben greifen. Die Wellen versuchen, ... wirklich zu werden, die Möglichkeiten versuchen, sich zu realisieren, sie neigen mit Kraft in Richtung der Wirklichkeit. Die Wellen, die diesem Ziel am nächsten kommen, kann man ‚virtuell' nennen. Ich schlage Ihnen also vor, virtuell bedeutet das, was aus dem Möglichen auftaucht und beinahe ins Wirkliche umschlägt. Aber das nützt wenig, denn jetzt wissen wir zwar ein wenig, was virtuell heißt, aber wir haben noch immer keine Ahnung, was Wirklichkeit ist."

Nun wurde „Wirklichkeit" im 13. Jahrhundert von Meister Eckhart und anderen Mystikern als deutsche Übersetzung von efficiencia (von efficere = wirken, bewirken) ersonnen. Es entspricht der zweiten Bedeutungsspielart von vis (zu virtuell) im Sinn von Wirkungsmächtigkeit. Synonym für „Realität" wurde „Wirklichkeit" erst später; also für: Dinghaftigkeit als Eigenschaft von etwas, nach Art eines Dings, einer Sache (res) „da zu sein". Diese Variante einschließlich des erkenntnistheoretischen Realismusproblems beunruhigt im hiesigen Kontext weniger. Im Recht legt sich „wirklich" als „wirksam, wirkend" nahe, als effizient. Juristen geht es jedenfalls nicht in erster Linie an, was eine Norm „ist". Mehr betrifft uns die Frage nach den Eigenschaften dessen, was wir als „Norm" verwenden – genauer: nach den Anforderungen und den Mitteln, die unser Arbeiten mit „Normen" bestimmen. Rechts- und Entscheidungsnorm[3] werden erst in der Situation des bestimmten Rechtsfalls und durch die Arbeit an seiner Lösung produziert. Erst sie sollen „normativ" genannt werden. Denn erst durch ihre Texte wird konkret genug angeordnet, wie der Fallkonflikt zu lösen und wie zur Durchführung der Entscheidungsnorm zu verfahren ist. Erst Rechts- und Entscheidungsnorm, am Ende unsrer Arbeit, können dies bewirken, sind in *diesem* Sinn „wirklich".

Noch genauer gesagt, sie sind dann „aktual". Diese Redeweise folgt Gilles Deleuze, der sich dabei auf Henri Bergson stützt[4]. Bergson unter-

---

[3] Zu diesen Begriffen *Friedrich Müller,* Strukturierende Rechtslehre, 2. Aufl. 1994, z.B. S. 196 ff., 263 ff.; *ders.,* Juristische Methodik, 7. Aufl. 1997, z.B. S. 172 ff.

[4] *Gilles Deleuze,* Die Falte. Leibniz und der Barock, deutsche Ausgabe 1995, v.a. S. 170 ff. – *Ders.,* L'actuel et le virtuel, in: Gilles Deleuze/Claire Parnet, Dialogues, 1996, S. 177 ff. – Dazu auch: *Martin Stingelin,* Das Netzwerk von Gilles Deleuze. Immanenz im Internet und auf Video, 2000. – Zur Referenz auf Henri

schied die Begriffspaare „virtuell/aktual“ und „möglich/wirklich“. Demnach ist das Mögliche aktual; was ihm fehlt, ist Wirklichkeit. Und das Virtuelle ist zwar wirklich, aber nicht aktual. In meiner Sicht ist dabei aber Folgendes das Wichtigste: Das „Mögliche“ unterstellen wir als immer schon vorgegeben, präformiert. Es bleibt nur noch zu realisieren. Es steht sozusagen im stand-by, auf Abruf bereit. Sein Verwirklichen stellt dann dieses Abrufen dar, die „Anwendung“ des Vorgegebenen. Das entspricht der abgelebten Sicht des Gesetzespositivismus: das *law in the books* sei schon die Norm, stehe zum kognitiven syllogistischen Anwenden zur Verfügung.

Die nachpositivistische Rechtslehre setzt dagegen seit Mitte der 60er Jahre des 20. Jahrhunderts anders an: Im Gesetz stehen nicht bereits Normen, sondern erst „Normtexte“. Diese sind nicht „anwendbar“, da noch nicht präformiert normativ. Wenn wir sie bearbeiten, läuft kein logischer Syllogismus ab. Sondern wir „konkretisieren“; und das heißt: nach Regeln der Vertretbarkeit schaffen, erzeugen, produzieren wir erst die Rechtsnorm (und leiten anschließend aus ihr die Entscheidungsnorm, den Tenor, ab).

Diesem realistischen Konzept der Strukturierenden Rechtslehre entspricht das andere Begriffspaar „virtuell/aktual“: Das Virtuelle ist nur Vorform, Eingangsdatum. Es erfordert noch Produktion, hervorbringendes Tun, um zu einem Aktualen werden zu können; und dessen Wortgeschichte weist auf „actio“ und „actus“ zurück, auf „agere“. Es liegt schon bei diesem Stand der Überlegung nahe, Virtualität handlungstheoretisch zu interpretieren.

Das erlaubt noch zwei weitere Aussagen. Erst die nachpositivistische Rechtslehre erfasst *die Virtualität des Gesetzesrechts* sowie das Produktive seines „aktual“-Machens. Und: Das Recht ist nicht nur schon lange vor dem Internet virtuell gewesen, sondern vielleicht auch mit größerem Recht so zu nennen. Denn das Internet hat schon jetzt mit der akuten Gefahr zu kämpfen, vergegenständlicht, das heißt ent-netzt, re-territorialisiert zu werden – im technischen Bereich durch zunehmendes Abspulen vorgeformter Programme, im gesellschaftlichen Zusammenhang durch wachsende Kommerzialisierung.

Dagegen ist der Normtext – in demokratisch-rechtsstaatlicher *Allgemeinheit* – in „Gesetzeskraft“ gesetzt, lange bevor er situativ in einen bestimmten Einzelfall verstrickt wird. Der Normtext *versucht* nur, durch typisierende Antizipation in Normativität umzuschlagen. Ohne durch *diesen bestimmten Einzelfall* provoziert zu sein – also ante casum –, kann

---

Bergson v. a.: *ders.*, Materie und Gedächtnis. Eine Abhandlung über die Beziehung zwischen Körper und Geist, deutsche Ausgabe 1991.

er das aber noch nicht bewirken. So sei der Normtext denn ohne Einschränkung „virtuell“ genannt.

II.

Eher unabhängig von Wörterbüchern, von Etymologie und poetischer Metaphorik wird „virtuell“ im heutigen Computerjargon verwendet; nämlich um zu sagen, „dass etwas nur als elektronisches Bild existiert, aber sonst keine konkrete Gegenständlichkeit hat. Es ist, als wäre es da, aber es ist nicht“[5].

„Konkret“ oder „gegenständlich“ sein sind tautologische Ausdrücke für „sein“ im Sinn von „da sein“. Beim Virtuellen sei das nicht der Fall; aber es habe – so wird der Ausdruck gebraucht – etwas an sich (nämlich eine Art von Wirklichkeit), das den Anschein erweckt, es sei da.

Das Virtuelle gibt uns ein Bild von dem, wie es wäre, wäre es aktual. Da es aber nicht da ist, können wir nicht wissen, wie weit wir uns auf dieses Bild verlassen können; können wir es nicht Abbild nennen. (Falls wir dazu überhaupt je im Stande sind. Von etwas, von dem wir zu sagen pflegen, es sei da, es habe „konkrete Gegenständlichkeit“, können wir uns nur im Plural Abbilder machen.)

Das Virtuelle ist ein Vor-Bild, eine Vorform. Es fehlt diesem „es“ das Da-sein und damit auch dessen Grenze: so und nicht anders. Das zu sagen, ist aber mehrdeutig. Die Abbilder, die wir uns von einem Gegenstand verfertigen, sind eben gerade *so und auch anders*. Allerdings ist der Gegenstand schon als da-seiender begrenzt; seine Begrenztheit gibt unserer prüfenden Reflexion wichtige Hinweise: für eine Kontrolle nicht dessen, was das „so-“(sein) „ist“; wohl aber dafür, das „und/oder auch anders-“sein seinerseits einzugrenzen. Also Hinweise dafür, nicht Vertretbares von Vertretbarem zu unterscheiden – mit anderen Worten nicht mehr akzeptabel Begründbares von noch akzeptabel Begründbarem.

Das Virtuelle als Vor-Bild kann uns diese Begrenztheit des Daseienden und die Begrenzbarkeit seiner Abbilder noch nicht liefern. Aber es liefert uns durchaus Anhaltspunkte; sonst wäre es nicht einmal Vorform („virtuell“). Es zeigt uns einige Richtungen an, zwischen denen sich Pfade anlegen lassen; nicht aber bereits einen fertigen Rahmen (framework), denn ein solcher grenzt sich nach außen ab. Es lässt ein unfertiges Mosaikbild von Aktualem erscheinen. Und dieses ist (unvollkommen, fragmentarisch) gerahmt. Mit seinen Elementen können wir – auch an dem Rahmen – weiter arbeiten.

---

[5] *Jaron Lanier,* Was heißt „virtuelle Realität“? Ein Interview, in: M. Waffender (Hrsg.), Cyberspyce. Ausflüge in virtuelle Wirklichkeiten, 1993, S. 67 ff., 69.

Was dabei immer wieder ins Spiel kommt, ist unsere Arbeit. Vilém Flussers Seestück rührt ästhetisch an, bleibt aber bloße Anschauung. Im Tatsächlichen der (virtuellen) Meereswellen tun nur Schwerkraft, Strömung und Wind das Ihre. Das Virtuelle dagegen, von dem wir sprechen (und das auch Flusser anzielte), ist Menschenwerk. Es ist Ergebnis von Arbeit, von wissenschaftlich-technischer Erfindung und industrieller Produktion. Und es appelliert an unser weiteres Tun, nicht nur an passive Betrachtung.

Mit unserer Arbeit kommt noch etwas anderes ‚ins Spiel'. Ein Spiel spielt sich ab, ist dynamisch, setzt etwas in Bewegung. Es kreiert, um es so zu sagen, kinetische Energie, die ihre Masse an dem virtuellen Etwas hat, an seinem Potenzial an bildhaften Hinweisen, an seiner imaginären Kraft. In diesem Sinn sind „virtuell" und „aktual" keine einander ausschließenden Gegensätze. Analog dazu setzt der paradigmatische Wechsel vom positivistischen zum nachpositivistischen Normbegriff am Überschreiten des neukantianischen Gegensatzes von „Sein vs. Sollen" ein. Und Vilém Flusser[6] versuchte den Paradigmensprung zwischen Moderne und Postmoderne daran festzumachen, diese „habe die neuzeitliche Überzeugung ad absurdum geführt, dass wahr und falsch Gegensätze sind, dass infolgedessen auch wirklich und fiktiv Gegensätze sind, und dass zwischen diesen zwei Horizonten ... kein Kompromiß stattfinden kann".

Schon nach dem bisher Gesagten würden wir dem Virtuellen, als solchem ernst genommen, nicht gerecht, wenn wir es statisch als einen in sich ruhenden, auch in der Zeit auf sich beruhenden Zustand „sein lassen" wollten. Die Zeit ist ein Besucher, den hinaus zu komplimentieren noch niemand gelang. Anders gesagt: wie kommen wir denn dazu, das Virtuelle als etwas, das doch angeblich „nicht ist", der Virtualität zu bezichtigen, es sei (fast wie) da („es ist, als wäre es da")?

Wir kommen dazu, weil sein Anschein, sein Vorschein auf uns trifft. Das Virtuelle betrifft uns, die wir, in der Zeit da seiend, nicht umhin können, auf es wie auch immer zu reagieren – „durch Tun oder Unterlassen", wie die Juristen ebenso schlicht wie zutreffend formulieren.

Das Virtuelle provoziert uns – und wenn ich bei den Juristen bleibe: provoziert sie, eine anders als rechtlich nicht beantwortbare Frage zu beantworten, weil sie sich dazu verpflichtet haben – als Rechtsanwalt, Gutachter, Forscher und Lehrer (Tätigkeitstypus 1); bzw. dazu, einen anders als im Weg des Rechtsverfahrens nicht entscheidbaren Konflikt zu entscheiden – als Regierungsstelle, als Verwaltungsfunktionär, als Richter (Typus 2).

---

6 *Vilém Flusser* (FN 1), S. 67 f.

Wir Juristen gehen in unserer Argumentations- (Typus 1) bzw. Entscheidungsarbeit (Typus 2) von Normtexten aus, also von den Sätzen in der Kodifikation. Wir erarbeiten mit ihnen als sehr wichtigen, wenn auch bei weitem nicht einzigen, Elementen den Text der Rechtsnorm und leiten abschließend aus ihm den der Entscheidungsnorm ab. Diese ist die prozessuale Aussage des geltenden Rechts *für diesen Fall* (z.B. „Die Klage wird abgewiesen" oder „Die Vorschrift X wird als verfassungswidrig annulliert"). Die Rechtsnorm ist die inhaltliche Aussage des geltenden Rechts *für einen Fall wie diesen,* also generell formuliert; denn im demokratischen Rechtsstaat ist Normativität nur dann legitim, wenn sie generalisierbar ist. In beiden Fällen tun wir Juristen das, was der technische Begriff der nachpositivistischen Rechtslehre sagt, wir *konkretisieren.*

„Virtuell" ist somit nicht „tatsächlich gegeben"; es ist – durch unsere Arbeit ‚auf der Zeitschiene' erst zu vermitteln – noch nicht aktual. Nun wäre es zu gewaltsam, zu sagen, der Normtext sei wie das elektronische Bild (die Bild-, die Textoberfläche) der späteren Rechts- und Entscheidungsnorm. Aber es lässt sich vertretbar formulieren, dass – sowenig „virtuell" dasselbe meint wie „aktual" – *ante casum* durch Verfassungs-, Gesetz- und Verordnungsgeber nur Normtexte gegeben werden, erst unzureichend genaue und insoweit noch nicht normative Potenziale. Normativität gibt es in diesem Sinn erst *in casu.* Und damit sie demokratisch-rechtsstaatlich gerechtfertigt sei, braucht sie allgemein vertextete Vorformen ante casum. Diesen Normtexten fehlt noch die tatsächliche Provokation durch die einzelne Rechtsfrage, den aktuellen Rechtsfall. Ohne die Tatsächlichkeit dieser Provokation fehlt es dem Normtext – wie dem Phänomen des Virtuellen – noch an der „konkreten" (und in diesem Sinn bestimmbaren) „Gegenständlichkeit". Der Normtext „ist, als wäre er (sc. als Norm) da, aber er ist es nicht".

Konkretisierend erarbeiten wir die Texte von Rechts- und Entscheidungsnorm; das heißt, im Ausgang und mit Hilfe von etwas noch nicht Normativem, von etwas als Norm noch erst Virtuellem schaffen wir etwas, das den bestimmten Fall dann hinreichend konkret ‚normiert'. Die Strukturierende Rechtslehre hat diesen Ansatz seit „Normstruktur und Normativität" entwickelt. Niklas Luhmann, beispielsweise, hat ihn Anfang der 90er Jahre als eine Art Wetterleuchten wahrgenommen; und Jacques Derrida kommt in seiner Auseinandersetzung mit Walter Benjamin, auf anderem Terrain, in untechnischer Weise in die Nähe dieser Position: der Richter handle im Augenblick der auf Gerechtigkeit zielenden Entscheidung „so, als würde am Ende das Gesetz zuvor nicht existieren, als würde der Richter es in jedem Fall selbst erfinden"[7].

---

7 Gesetzeskraft. Der „mystische Grund der Autorität", deutsche Ausgabe 1991, S. 47. – Zu *Niklas Luhmann,* Das Recht der Gesellschaft, 1993, z.B. 404 f.

In der Tat, die Rechtsnorm ‚existiert' noch nicht, der entscheidende Jurist erschafft sie. Nicht *aus* Virtuellem, wohl aber im Ausgang von Virtuellem und (neben anderen Elementen) mit dessen Hilfe kreiert er sie erst.

III.

Elektronisch hervorgebrachte Virtualität in der Welt der Neuen Medien bringt, jedenfalls für Kommunikation, nach weit verbreiteter Auffassung einen Wechsel des Paradigmas mit sich. Und wie steht es damit in der Welt des Rechts? Wann können wir hier – nicht ‚zwingend richtig', aber jedenfalls vertretbar – von einem solchen reden? Bestimmen sich epochale Brüche danach, wie die Frage nach der Gerechtigkeit gestellt wird? Diese mag für das Recht aller Zeiten ein Leitstern sein, für unsere den Einzelheiten des positiven Rechts verpflichtete theoretische Frage ist sie nicht trennscharf. „Gerechtigkeit" wirkt als eine regulative Idee; als glücklicherweise nicht zum Schweigen zu bringende Unruhe im Getriebe. Sie ist aber kein Gegenstand, der dem Recht praktische Festigkeit geben könnte, ist gerade keine Gegebenheit. Oder orientieren sich solche Brüche an der Stellung zum Naturrecht? Dessen Geschichte bietet, nüchtern angeschaut, kaum mehr als ein katalogisiertes Chaos. Wie die Gerechtigkeit ist auch das Naturrecht keine Antwort; sondern ein Problem, so lange es Konflikte zwischen Menschen und Gruppen und so lange es positive Rechtsordnungen gibt. Doch ist auch es kein bestimmter, die Tätigkeit der Juristen abstützender Faktor mehr. Dagegen ist der Mittelpunkt der täglichen Rechtsarbeit etwas, das klar formuliert werden kann: die Rechtsnorm. An der konzeptionellen Stellung zu ihr unterscheiden sich Grundansätze der Jurisprudenz.

In der Demokratie ist das Gesetz der legitimierende Mittelpunkt juristischen Handelns; und es ist eine für alle Betroffenen (Juristen wie Nichtjuristen) verpflichtende Vorschrift, die – jedenfalls in letzter Instanz – vom Volk ausgehen soll. Daraus folgen zwei Forderungen: unzweideutiger Respekt vor dem Gesetz im Leben von Gesellschaft und Staat; sowie seine sorgfältige und unbestechliche Realisierung durch die fachliche Arbeit der Juristen. Dies ist das einzige, das die Herrschaft „of the people, by the people and for the people" rechtfertigen kann. Aber *was* heißt „das Gesetz", *was* wollen wir unter „Rechtsnorm" verstehen? An den Antworten auf diese Frage scheiden und unterscheiden sich längerfristige Paradigmata.

Das positivistische hat sie nicht bewusst gestellt. Denn „Gesetz" ist für den (in der akademischen Lehre noch immer vorherrschenden) Positivismus etwas fraglos Gegebenes: die Schriftzeichen auf dem Papier der

Gesetzblätter. Der die Rechtswelt der industriell entwickelten Länder seit der Mitte des 19. Jahrhunderts prägende Positivismus verwechselt die Rechtsnorm mit dem Normtext im Gesetzbuch. Er will sie daher auf den Streitfall „anwenden“[8]. Dieses Modell scheitert bei ungezählten Einzelproblemen. Das wurde seit dem Ende des 19. Jahrhunderts offenkundig und führte zu den bekannten „Überwindungs“versuchen im Verlauf des 20. – von der Freirechtslehre bis zu Soziologismus und ökonomischer Analyse des Rechts, von der Interessenjurisprudenz bis zu Hermeneutik und Neufrankfurter Diskurstheorie.

Dieses Scheitern ist kein Zufall. Es betrifft bereits die Grundfragen: Wirklichkeit und Recht, Sein vs. Sollen, die der Bedeutungs- und der Referenztheorie, der Grenzen der Leistungsfähigkeit der natürlichen Sprache und nicht zuletzt das Thema juristischer Konfliktentscheidung als eines zeitlich strukturierten Vorgangs. Die antipositivistischen Diskurse des vorigen Jahrhunderts gehen dem insoweit unüberwundenen positivistischen Paradigma in die Falle. Sie korrigieren an Oberflächensymptomen herum, überschreiten es nicht vom Normkonzept her. Sie sind für den Gesetzespositivismus in etwa das, was für das spätptolemäische System astronomischer Erklärung die immer komplizierter werdenden Vermutungen über „Epizykeln“ waren – nämlich eine (im Sinn der Wissenschaftslehre von Imre Lakatos) „degenerative Problemverschiebung“.

Nicht *Anti*positivismus kommt in der Sache weiter, sondern eine *nach*positivistische Rechtslehre (mit diesem Ausdruck eingeführt seit „Juristische Methodik“, 1971). Sie ist der Sache nach seit dem Beginn der 60er Jahre konzipiert und seit 1966 („Normstruktur und Normativität“) veröffentlicht worden[9]. Sie versteht die Rechtsarbeit als einen in der Zeit zu

---

8 Die Rede ist von dem allgemein so genannten Gesetzespositivismus, genauer: vom *Positivismus der Normbehandlung*. – Zu diesem und zu seiner Abgrenzung von anderen Formen von Positivismus: *Friedrich Müller,* Artikel „Positivismus“, in: N. Achterberg (Hrsg.), Ergänzbares Lexikon des Rechts, 1986, 2/400.

9 *Friedrich Müller,* Normstruktur und Normativität, 1966; *ders.,* Juristische Methodik, 1971; 8. Auflage 2002; *ders.,* Strukturierende Rechtslehre, 1984; 2. Auflage 1994; *ders.,* Methodik, Theorie, Linguistik des Rechts, 1997; *ders./Ralph Christensen/Michael Sokolowski,* Rechtstext und Textarbeit, 1997; *ders.,* Die Frage der Linguistik in der Strukturierenden Rechtslehre, in: ders./R. Wimmer (Hrsg.), Neue Studien zur Rechtslinguistik 2001, S. 11 ff. – *Ralph Christensen,* Artikel „Strukturierende Rechtslehre“, in: Ergänzbares Lexikon des Rechts, hrsg. von N. Achterberg, 1987, 2/560; *ders.,* Das Problem des Richterrechts aus der Sicht der Strukturierenden Rechtslehre, in: Archiv für Rechts- und Sozialphilosophie 1987, S. 75 ff.; *ders.,* Was heißt Gesetzesbindung?, 1989; *Bernd Jeand'Heur,* Sprachliches Referenzverhalten bei der juristischen Entscheidungstätigkeit, 1989; *Dietrich Busse,* Recht als Text, 1992; *ders.,* Juristische Semantik, 1993; *Frank Laudenklos,* Juristische Methodik bei Friedrich Müller, in: Fälle und Fallen in der neueren Methodik des Zivilrechts seit Savigny, hrsg. von J. Rückert, 1997, S. 259 ff.; *ders.,* Rechtsarbeit ist Textarbeit. Einige Bemerkungen zur Arbeitsweise der „Strukturierenden Rechtslehre“, in: Kritische Justiz 30 (1997), S. 142 ff.; *Olivier Jouanjan,*

realisierenden *Vorgang;* und die Sätze in den Kodifikationen als Normtexte, d.h. als legislatorische Vorformen der Rechtsnorm. Analog spricht man in der Linguistik von vorläufigen „Textformularen" gegenüber dem später in der bestimmten Situation wirkenden „Text"; und in der Sprachphilosophie seit Charles S. Peirce von Ausdrücken mit vorgängiger „Bedeutsamkeit", aber noch ohne die später situativ zu konstituierende „Bedeutung".

Die Rechtsnorm bleibt im zeitlichen Verlauf der Entscheidung erst noch hervorzubringen. Es gibt sie nicht „ante casum", der Entscheidungsfall ist für sie mit-konstitutiv. Der Normtext im Gesetzbuch ist (nur) ein Eingangsdatum der Konkretisierung, wenn auch ein – und zwar aus demokratischen und rechtsstaatlichen Gründen – hervorgehobenes Arbeitselement.

Die im Fall geschaffene Rechtsnorm kann gesehen werden als nach „Normprogramm" und „Normbereich" strukturiert, d.h. nach dem Ergebnis sprachlicher Interpretation *und* der Menge der hiermit konformen individuellen und generellen Fakten des Falles/Falltypus. „Rechtsnorm" ist demnach also ein zusammengesetzter Begriff; dies macht das seit jeher ungelöste Problem von „Sein und/vs. Sollen" operational, bearbeitbar. Damit können die unrealistischen Dualismen der jüngeren Wissenschaftsgeschichte wie „Norm/Fall" oder „Recht/Wirklichkeit" ebenso verabschiedet werden wie die Illusion der Rechts„anwendung" als Subsumtion und Syllogismus oder wie das linguistisch sinnlose Konstrukt einer definierbaren, einer lexikalisch verdinglichten „Wortlautgrenze" – all dies waren gescheiterte Zentralideen des historischen Positivismus.

An dessen Stelle kann eine rational genauer nachvollziehbare, durchgehend induktive Arbeitsweise treten; eine nunmehr realistisch werdende Rechtstheorie. Sie löst den normativen Anspruch des Rechts nicht auf, verrät nicht seine gesellschaftliche Aufgabe. Der neue Ansatz ist induktiv, indem er seine Konzepte innerjuristisch entwickelt: aus den eigenen Beobachtungen der Rechtswelt, ohne „Deduktion" oder „Übertragung" von sogenannt höherer Ebene, ohne philosophisch-weltanschauliche Kolonisierung von außen.

Er ist induktiv, indem er ‚von unten nach oben' arbeitet. Er beginnt nicht bei abstrakter Theorie – etwa bei der Allgemeinen Wissenschaftslehre oder bei sei es transzendentalen, sei es universalen Idealismen –, sondern bei den gewöhnlichen Aufgaben der Rechtspraxis in ihrem so-

---

Faillible Droit, in: Revue européenne des sciences sociales 38 (2000), S. 65 ff.; *ders.*, Nommer/Normer. Droit et langage selon la „Theorie structurante du droit", in: Le Temps des savoirs 1 (2000), S. 39 ff.; *Olivier Beaud,* Repenser la démocratie constitutionelle. Le pari d'une théorie „post-positiviste" du droit, in: Critique. Juristes et Philosophes, 642 (2000), S. 940 ff.

zialen Umfeld. Von hier aus entwickelt er, in Kontakt mit dieser Realität, schrittweise theoretische Konzepte. Diese sind induktiv, indem sie bei der Dogmatik des positiven Rechts anfangen und weitere Folgerungen für Methodik, Rechtstheorie, Verfassungslehre und Rechtslinguistik immer wieder an ihrer Auswirkung für die Dogmatik überprüfen. Sie sind induktiv auch für die Frage der Interdisziplinarität: Der zusammengesetzte Normbegriff führt dazu, die Arbeit der Sozialwissenschaften in die Rechtsarbeit einzubeziehen. Der strukturierende Ansatz versteht die Tätigkeit der Juristen als gesellschaftlich zu verantwortende und ist *handlungstheoretisch* reflektiert; auf seinem linguistischen Forschungsfeld wird die *pragmatische Dimension* betont – d.h. das Verhältnis zwischen Zeichen und Benutzer, hier: zwischen Rechtstexten und (amtlich/fachlich) Betroffenen.

Die neue Rechtslehre wird, ursprünglich von der Dogmatik ausgehend, bis in die Einzelheiten konkret in der Methodik. Der demokratische Rechtsstaat fordert Rationalität und Bestimmtheit – aber welcher Faktoren? Und was soll „bestimmt" heißen?

Realistisch gesehen, d.h. in den Grenzen der Leistungsfähigkeit der natürlichen (Rechts-)Sprache, handelt es sich nicht um ein-eindeutige Fixierungen, sondern um Methodenehrlichkeit, Nachvollziehbarkeit für die anderen Teilnehmer am Rechtsleben. Also um eine (so verstandene) Bestimmtheit der *Rechtsarbeit* und nicht um eine solche der *Rechtsbegriffe und ihrer Bedeutung.* „Bedeutung" gibt es kraft der natürlichen Polysemie der Sprache nur im Plural; umso größer wird die Mehrdeutigkeit außerhalb der relativ einfachen Semantik einzelner Wörter. Denn die Aufgaben juristischen Handelns sind ohne Satzsemantik, Text- und Kontextsemantik nicht zu bewältigen. Die Spätformen des Gesetzespositivismus, herkommend von Analytischer Philosophie und Logischem Positivismus, möchten sich nach wie vor auf die unzureichende Merkmalssemantik einzelner Rechtsterme beschränken. Dagegen muss sich eine nachpositivistische Methodik, die sich der Realität stellt, mit komplexeren Mitteln der tatsächlichen Komplexität von Rechtssprache und rechtlicher Entscheidung nähern.

Für das alte Paradigma ist das Recht ein reines Sollen; und, da notwendig Sprache, eine Anordnung. Das Sollen befiehlt dem Sein; die Sätze im Gesetzbuch, als bereits normativ missverstanden, befehlen den Fakten des Falles, der Fallgruppe. Nun gehorchen in diesem Sinn allenfalls Menschen; und wie unsicher das ist, weiß man. Der nobelste Euphemismus für diese Ungewissheit heißt „Freiheit". Da Tatsachen einem Sprachbefehl nicht gehorchen werden, musste sie der Positivismus seit anderthalb Jahrhunderten ausschalten, sie durch Verwertungsverbot aus der Arbeit der Juristen verbannen. Dass Hans Kelsen das dann „rein" nannte, war nur folgerichtig. Das Ganze konnte nicht gut gehen, und es ging auch nicht gut. Die Alltagspraxis werkelte mit Routine vor sich hin, oft mit gut vertretbaren Entscheidungen, immer wieder mit gesundem Menschenverstand und auch mit Sachkunde (jedenfalls im Sinn der „Alltagstheorien"). Die Praxis tut ohnehin, was sie tun muss, ohne auf Rechtstheorie warten zu können. Sie wird durch Funktionsimperative der Gesellschaft erzwungen. Kein bisheriges Gemeinwesen kam und kommt ohne Institutionen aus, die auf die Art des Rechts Entscheidungen treffen.

Aber unter dem alten Paradigma blieb die Praxis unbegriffen; und eben das – begreifen, was tatsächlich geschieht – sollte Theorie leisten. Der Positivismus musste, um das „reine" Sollensrecht als das wirkliche ausgeben zu können, die vom Recht angezielte Wirklichkeit *virtualisieren*. Das rächte sich, und die Antipositivismen des 20. Jahrhunderts waren die Racheengel. Doch besser als Rache ist Arbeit: vom Positivismus diejenigen seiner Ziele aufrecht erhalten, die es wert sind (z.B. Rationalität im Sinn von Nachprüfbarkeit; Konsistenz der Argumentation; Systematik, aber nicht länger als „geschlossene"); und seine Grundirrtümer fallen lassen, die sich als Illusionen herausgestellt haben. Nicht antipositivistisch polemisieren, sondern nachpositivistisch arbeiten.

Unter dem Gesichtspunkt des Pragmatismus wird das Konzept der Strukturierenden Rechtslehre etwa in Frankreich der rechtswissenschaftliche „tournant pragmatique" parallel zur Pragmatischen Wende in der Linguistik seit Wittgenstein II genannt; oder in den USA „a departure from the abstract-logical towards the empirical-pragmatical (which) brings this method closer to that of Anglo-American common law"[10]. Dabei handelt es sich beim strukturierenden Ansatz nicht um einen allgemeinen (gegebenenfalls auch ideologischen) Pragmatismus; vielmehr um einen spezifisch rechts- und sprachwissenschaftlichen, der durch seine Art der Begriffsbildung und seine Verfahrensweisen praktisch operationalisiert ist. So erscheinen, wie schon gesagt, Recht und Wirklichkeit nicht länger als abstrakte Gegenkategorien. Sie wirken jetzt als in tatsächlicher Rechtsarbeit von Fall zu Fall synthetisierbare Elemente juristischen Handelns – synthetisiert in Gestalt der jeweils hervorgebrachten Rechtsnorm.

Und unter dem Aspekt, wie der hier mehrfach so genannte Realismus zu verstehen ist, nämlich auch pragmatisch, heißt es zusammenfassend in DROITS: „Wenn sich der Wert einer Theorie danach beurteilt, wie

---

10 *Olivier Jouanjan,* Présentation du traducteur, in: F. Müller, Discours de la méthode juridique, 1996, S. 21; *Vera Bolgàr,* Legal Methodology, in: Modern Law and Society 1978, S. 160 ff.; das im Text folgende Zitat in: DROITS. Revue Francaise de Théorie Juridique 14 (1992), S. 172 f.

weit sie fähig ist, von den Tatsachen Rechenschaft abzulegen, dann kann man gewiss sein, dass der Strukturierenden Rechtslehre eine große Zukunft gehört". Ich halte es in diesem einfachen Sinn in der Tat für die Aufgabe von Theorie, von den Tatsachen zu handeln. Jedenfalls ging das Bestreben immer dahin, auf allen Arbeitsfeldern des Strukturkonzepts von der Realität Zeugnis abzulegen, in der das Recht gebraucht wird und in der es (sich) orientiert; davon, was im Recht der Fall ist.

IV.

Wenn es in der Gegenwart und von nun an Tatsachen gibt, die neuartig sind, so gehören die der digitalen Revolution sicherlich dazu[11].

Die Neuen Medien konfrontieren auch uns Rechtsarbeiter, unter anderem, mit dem Phänomen Virtualität. Untersuchen wir, was daraus werden kann. Aber räumen wir zuerst ein, dass das Recht in sich selbst an entscheidenden Punkten nicht anders als virtuell in dem Sinn genannt werden kann, der hier begründet wurde.

Die Position, die das (ohne den Ausdruck „virtuell" zu verwenden) seit einem Dritteljahrhundert, und bisher als einzige, entwickelt hat, ist die Strukturierende Rechtslehre:

(1) Gegen die Sicht der Tradition stehen in Verfassungen, in Gesetz- und Verordnungsblättern keine Rechtsnormen, steht nicht schon „das Recht". Nur *virtuelles* Recht enthalten sie, nur Normtexte als Ausgangspunkte der praktischen Rechtsarbeit.

(2) Die Rechtsnorm in praxi, das law in action, lässt sich sinnvoll als strukturiert denken, als aus Normprogramm und Normbereich zusammengesetzt – traditionell ausgedrückt: aus Sollens- *und* aus Seinselementen. Sollen als ein angeblich „reines" bleibt bloß *virtuell*. Real wirksam wird Sollen nur als ein durch Faktizität mit-konstituiertes, als durch Realität verunreinigtes.

(3) Die *einzig richtige* Lösung des Rechtsfalls, dieser Fetisch positivistischer Tradition, ist nichts als *virtuell*. Real – in allen typischen Fällen der Praxis – ist die „vertretbare". Neben ihr gibt es in aller Regel noch andere, die mit akzeptablen Gründen gleichfalls vertreten werden können. Die Aussage des geltenden Rechts zu einem einzelnen rechtlichen Problem/Konflikt bringt nichts (ein-eindeutig, wie im mathematischen Algorithmus) „auf den Punkt". Die legitimierbaren Entscheidungen reduzieren sich nicht auf die „einzig richtige". Den

---

11 Theoretisch aufgearbeitet zum Beispiel bei: *Hartmut Winkler,* Docuverse. Zur Medientheorie der Computer, o. O. 1997; *Lawrence Lessig,* Code, and other laws of cyberspace, o. O. 1999.

singulär herausgehobenen Punkt *der* Falllösung gibt es nicht, weil der Archimedische oberhalb der natürlichen Sprache, deren Teil die Rechtssprache darstellt, nicht auffindbar ist. Das geltende Recht eröffnet, nochmals bildlich gesprochen, einen Raum. Er ist nicht a priori begrenzt, wohl aber durch Rechtsarbeit im einzelnen Fall begrenzbar. Das Recht macht eine Arena für Auseinandersetzungen um Bedeutung auf, für semantischen Streit. In diesem Streitraum, Spielraum sind, in aller Regel, mehrere Lösungen rechtlich vertretbar.

Die genannten Fragen sind zentral: Welche Eigenschaften können wir einer Rechtsnorm realistisch zuschreiben? Wo überhaupt finden wir die Rechtsnormen, die unsere Arbeit rechtfertigen sollen? Und: wie kann, realistisch bewertet, die Lösung von Rechtsproblemen konzipiert werden?

In diesen drei Grundfragen weist die Strukturierende Rechtslehre – bestrebt, von den Tatsachen Zeugnis abzulegen – auf Virtualität hin: Virtualität des Rechts, noch bevor sich dieses der technisch, insofern von außen induzierten Virtualität als einer Erscheinungsweise der *Neuen Medien* zu stellen hat.

Dieser Ansatz bietet angemessene und auch schon ausgearbeitete Parameter, nicht zuletzt in der Form der Juristischen Methodik. Sie machen es besser möglich, uns (neben der Globalisierung[12] und anderen Beunruhigungen des Hergebrachten) auch mit der technisch provozierten Variante von Virtualität zu befassen.

Das neuartige technische Paradigma sollten wir Rechtsarbeiter nicht mit dem juristischen von vorgestern angehen, mit dem Gesetzespositivismus. Das gestrige war ein Versuch geblieben: die bunte Schar von Antipositivismen im Verlauf des 20. Jahrhunderts hat es nicht zum Status des detailliert konsistenten und, vor allem, des den Positivismus im normtheoretischen Zentrum treffenden, von der Wurzel her überschreitenden Neuansatzes gebracht.

Die nachpositivistische Rechtslehre erlaubt es, die Virtualitäten im Recht, an seinen strategischen Punkten, aufzudecken und zu formulieren. In ihrem nüchternen Licht sind wir in Zukunft wohl besser im Stand, zu prüfen und zu organisieren, was das Thema „Virtuelles Recht/ Recht und Virtualität“ uns noch zu sagen haben wird; und was wir angesichts seiner zu sagen haben.

---

12 Dazu, als Thema der Rechtswissenschaft: *Friedrich Müller,* Welcher Grad an sozialer Ausgrenzung kann von einem demokratischen System noch ertragen werden?, in: *ders.*, Demokratie in der Defensive, 2001, S. 73 ff.; *ders.*, Was die Globalisierung der Demokratie antut und was Demokraten gegen die Globalisierung tun können, in: *ders.*, Virtualität, Exklusion und Globalisierung. Neue Herausforderungen an Recht und Demokratie (in Vorbereitung).